杨式太极宝典丛书之六

# 杨式太极拳推手和散手诠释

## （理论篇）

王志远 著

人民体育出版社

图书在版编目(CIP)数据

杨式太极拳推手和散手诠释. 理论篇/王志远著.
-北京：人民体育出版社, 2017
(杨式太极宝典丛书；5)
ISBN 978-7-5009-5161-2

Ⅰ. ①杨… Ⅱ. ①王… Ⅲ. ①太极拳-推手（武术）②散手（武术） Ⅳ. ①G852.11②G852.4

中国版本图书馆 CIP 数据核字(2017)第 117243 号

*

人民体育出版社出版发行
中国铁道出版社印刷厂印刷
新 华 书 店 经 销

*

850×1168 32 开本 13 印张 279 千字
2017 年 10 月第 1 版 2017 年 10 月第 1 次印刷
印数：1—3,000 册

*

ISBN 978-7-5009-5161-2
定价：42.00 元

社址：北京市东城区体育馆路 8 号（天坛公园东门）
电话：67151482（发行部） 邮编：100061
传真：67151483 邮购：67118491
网址：www.sportspublish.cn
（购买本社图书，如遇有缺损页可与邮购部联系）

杨式太极拳创始人杨禄禅之曾孙，一代宗师杨澄甫先生之三子，杨式太极拳第四代嫡传人杨振铎宗师

范思尧先生系宁波天一阁第二十九代子孙，系著名宁波帮人士范桂馥先生的长子。先师傅钟文于1923年经人介绍入“盛和花行”拜范桂馥为师学做生意，因这层关系范思尧先生8岁即拜傅为师学太极，为傅最早期弟子。范思尧先生在上海圣约翰大学附属高中毕业后即留学日本早稻田大学商学部，后入研究院专肄海上保险系硕士。事业有成，晚年定居法国

2014年5月宁波师徒推手，左为作者传人石玲珠

2014年10月作者在武当丹江口接受广州电视台采访时与两位传人合照（左吕卓君、右石玲珠）

作者王志远先生敬赠武当书法，右为《武当》杂志社社长刘洪耀、左为办公室主任刘伟

2015 年 2 月作者在埃及埃德福神庙与外孙傅喆珺合照

2015 年 10 月香港永年太极拳社成立 20 周年作者与部分弟子学生合照

作者与丁雪征和传人合照（左一石玲珠、左二谭锦池、右一吕卓君、右二林逸慧）

我是冠军，15 周年香港国际武术节我会荣获最高鸿运杯金鸡奖

宁波市武协傅钟文拳学专业委员会 5 周年庆典合照

（第三排自左至右第十九位为作者）

祝楊式太極宝典丛书出版

弘揚太極拳
造福全人類

辛卯年夏 楊振鐸

楊振鐸印

杨振铎先生题词

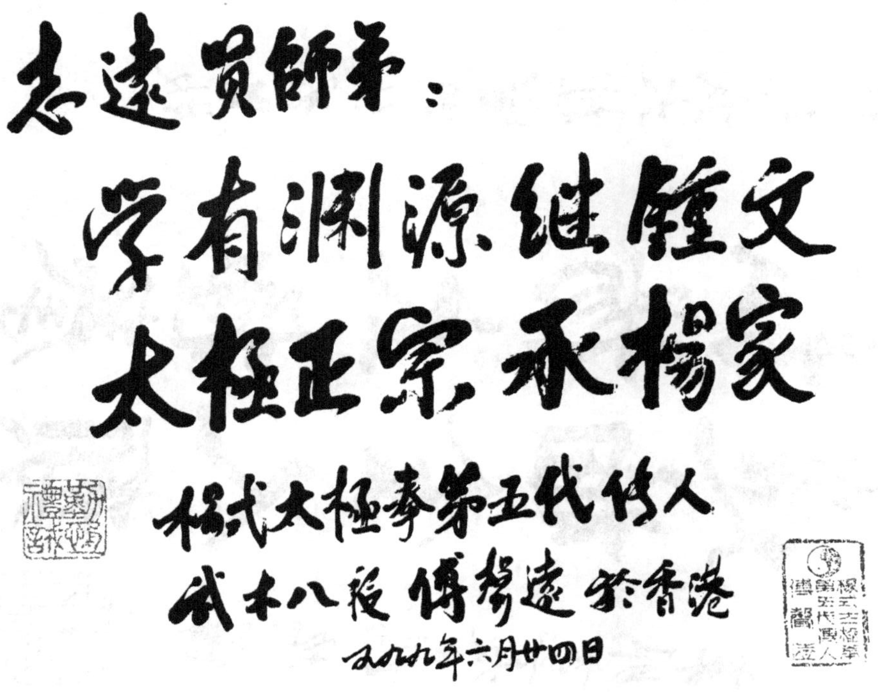
志遠贤師弟：

学有渊源继鐘文
太極正宗承楊家

楊式太極拳第五代傳人
武术八段 傅聲遠 於香港
一九九九年六月廿四日

傅声远先生题词

赵安洲先生题词

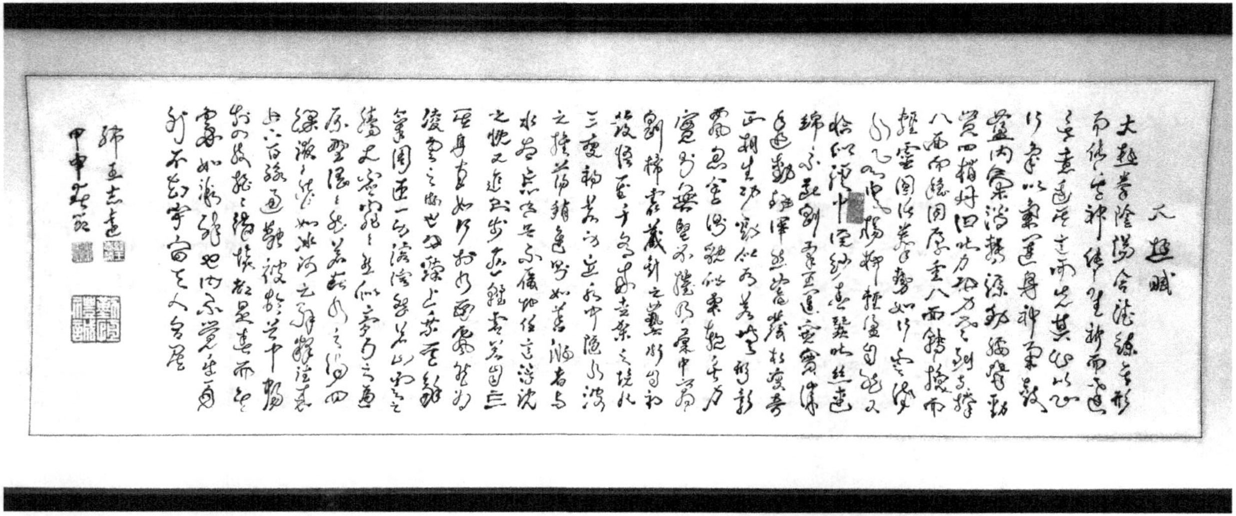

王志远先生书法

志遠師弟

吾弟之對楊派太極拳精究拳藝著書定論
推廣全國使同胞受益真功德無量
吾弟之供獻使我十分佩服
遠望吾弟極力推廣將來成為
楊派太極拳之宗師不負
吾師之望

愚兄 思堯

八六年一月廿五日

范思尧先生题词

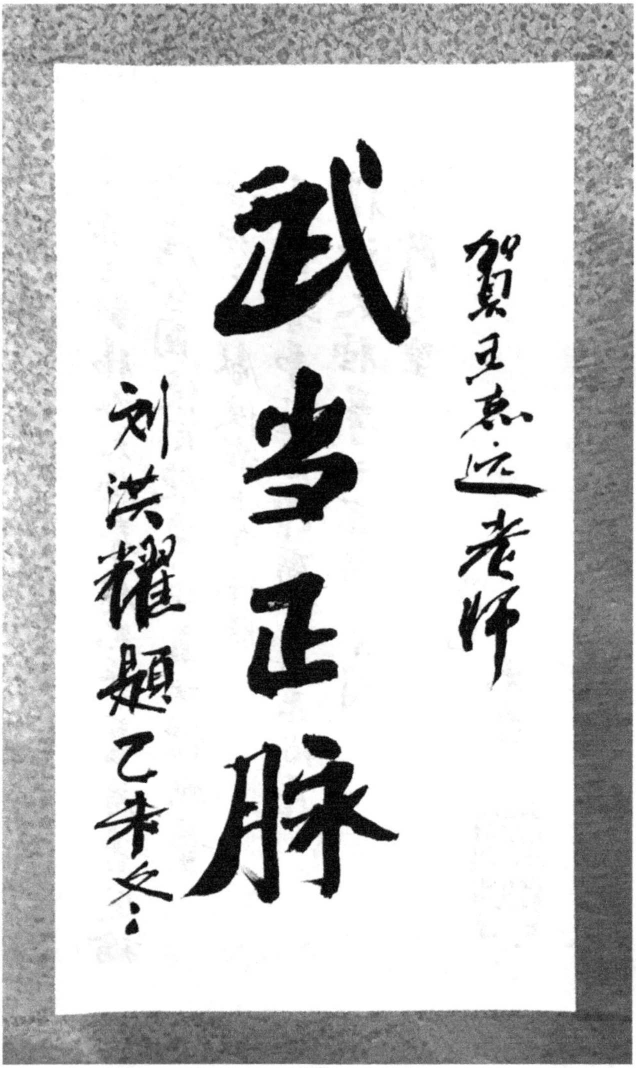


刘洪耀先生题词

# 作者简介

**王志远**，汉族，1946年2月生，浙江省宁波市人，毕业于浙江大学，高级工程师。7岁开始习武，师承王宝燮（保还）、傅钟文、沈寿、赵安洲、徐德成等宗师，几十年如一日，追随诸恩师左右，锲而不舍，钻研太极拳及内家拳拳术，又十分注重拳学理论的研究，深得诸恩师厚爱器重，精心亲授真传太极拳、刀、剑、杆（枪）、推手及散手五功，以及张松溪、王征南派内家拳术，成为嫡传杨式太极拳和内家拳的衣钵传人。

为弘扬发展太极拳和内家拳事业，在傅钟文和沈寿老师的倡导下，于1983年创立宁波永年太极拳社，随之又亲手创立香港永年、日本永年、山东永年及香港内家拳学院。于2010年创立了全国第一家傅钟文拳学专业委员会，现任会长，及以上各院、社永远名誉会（社）长等职。

先后被香港教育署课程发展处聘为中学教师太极班导师做“品质圈”顾问，同时被聘为课程发展处与香港大学专业进修学院合办的教师太极班主讲导师，及基湾学校太极亲子班导师。被香港“舞林舞蹈学院”聘为太极动律教授，被“钱秀莲舞蹈团”聘为《武极》系列动律顾问，被浙江万里学院太极拳协会聘为总顾问，被《武当》杂志聘为常务理事及特邀编委。

自永年拳社和傅钟文拳学会及内家拳学院创立以来，荣获世界传统武术节等重大国际、国内的各种比赛金牌400余枚，教授学员数万人，为太极拳和内家拳的事业、为人民健康做出了不可磨灭的贡献。

王志远先生敏思勤学，心勤笔健，其发表论文难计其数。著作的《杨式太极拳宝典丛书》，是迄今杨式太极拳著作中较为完整、系统、内容丰富的著作。丛书之一《杨式太极拳诠释 · 理论篇》、之二《杨式太极拳诠释 · 练习篇》、之三《杨式太极刀》、之四《杨式太极剑诠释》都已经由人民体育出版社及台湾大展出版社出版。曾被《武当》杂志评为：全国十大优秀作者、全国十佳武术人物、中华武当内家拳史论专家、中华武当杨式太极拳当代代表人物和当代武林名家等。

自2015年2月1日起，至8月31日止，由世界太极拳网和《中华武术》《武当》《武魂》等著名武术杂志联合举办的“我最喜爱的中华太极人物”网络评选活动，历时半年，在海内外太极拳界和社会各界引起强烈反响。王志远先生以绝对高票当选“我最喜爱的中华太极人物”和“太极文化传播优秀人物”二大奖项，并荣获“杰出贡献奖”。正如武术界所评述：王志远先生是一位德高望重、名副其实、文武双全的太极拳大家。因此被认定为“嫡传宗脉”和“钟文之光”而誉满武林。

# 太极拳铭

中华内家之拳，祖尊三丰之宗，理根太极阴阳，柔弱道德之下，专气致柔，保存武当一脉；脉传流砂，宗风仁真嫡传；文武合德，天然乃武乃文。何为乃文？隐微于理，知觉本源；何为乃武？论武于心，运动根由。太极武道，名虽曰武，其实贵和，止戈为武，和在其中；太极文理，中庸之道，真理在中，作用在和，允执厥中。此拳肇始乎古哲，道理隽永；此拳融贯乎三教，慧炬丽天；此拳横涉乎九流，虚容旷纳；此拳浸淫乎百家，明通公溥。聚传统神韵于堂奥，竞当今风流于武林。道至高无上，理至深无下。内心净土，身外桃源；慎守而内，周闲而外；内尽其理，外尽其象；内与天性有利，外与仁义相合；心田洒扫无尘，性海澄渟如镜，云烟影里现真身，代代圣贤照汗青。邋遢隐仙，张三丰通微显化；经典准绳，王宗岳拳论巍巍；牌位先生，陈长兴开明传薪；无敌神拳，杨露禅技压群雄；修谱奇才，武禹襄拳经悠悠；太极泰斗，杨澄甫奠基国粹；大师领袖，傅钟文桃李天下。道理启迪，积数经验，衣钵相承，宗风延续，传统之汇，源远流长。唐铸雏形，宋萌图腾，明崇内家，清仰杨武。陈沟武风盛，永年太极神，阴阳相推融虚实，刚柔相荡化八法。法以造势，势以运气，气以生机，机以达理，理以尽道，顺天道以作无为之修，得天地之玄机。头顶三清，足趾五行，怀抱八卦，手捧太极，运中守一，逆天道而行有为之练，夺自然之造化。大化迁流，法演先天，化生于一，一气斯析，真宰自判，交映罗列，万灵肃护，阴阳判分，是谓太极。其法分有无，其道分王霸。道本无为，但法有作。有为督无为，修身以立命；无为促有为，存心以养性。太极之修，恪守天道，有无相生，动静相随，开合相连，刚柔相荡，虚实相渗，阴阳相和，从容中道。太极之练，师法造化，含和抱中，隐劲于绵，雄藏凌厉，氤氲阴阳，鼓柔泻刚，陶铸精神，渲染意气。斯艺详推用意，意在延年益寿；斯技参赞天地，意在佑启后人；斯术不作末技，意在以术演道。道虚而可通，行之而乃成。通乎道，顺应自然而有为；成乎道，合德自然而无为。无为而为，为为无非真为；自然而然，然然自得天然。参透造化之至理，彻悟阴阳之本原，止定安静，德能微妙物理，始可谓穷理；完得自然之本来，消却心中之卑鄙，心有真境，不以人性伪之，方可以明心；尽得天然之浑然，涤去胸中之芥蒂，心田澄湛，英华内蕴若虚，才堪论得道。早传古语：道有情有信，无为无形，其大无外，其小无内，其用无穷；可传而不可受，可得而不可见；自本自根，未有天地，自古以固，神鬼神帝，生天生地，在太极之先而不为高，在六气之下而不为深，先天地生而不为久，长于上古而不为老。贤哲感悟，道即平常心；太极体为，道为一阴阳。故太极拳，心沁正道，怀抱平常，手捧阴阳，柔弱如水，曲全谦退，定以用慧，觉悟长进，无为不争。唯有不争，心自静安，恬简日就，尘累日薄；唯有平常，天心月圆，迹弥远俗，心弥近道。远俗牵而入静，近妙道而守一；一融身心入太虚，驰骋天地乾坤里；深执妙悟，神以传之，回归自然，宇宙为家，天人合一，觉悟入境，至神至圣。

至神太极之理，至圣天合之道。其言心言神言意言劲，皆所以言人，而恒归于天；其言道言气言虚言无，皆所以言天，而致用于人。天有恒通大道，修道要养，养而有成见天真，方见此中真精神。人有觉悟大德，培德要和，和光同尘自纯净，才现个中真消息。道德合真，生命永恒；养和成气，万物生生。生生之德，成成之能，成一为道，直透根本。本者本之生，生者生之本；生生之谓易，本本为太极，是故易有太极，所以太极即易。

易之为字日月，两仪之象，左右为明，上下为易，阴阳合德。易之为体阴阳，唯初太极，立道于一，造分二仪，常体太和。易之为用动静，动正而道，静和而德，运一寰中，动静浑然。易之为性顺逆，顺中用逆，逆施造化，辅应万状，守成中庸。易之为质刚柔，外尊以柔，刚中而应，居中以大，共相和会。易之为则终始，始则终依，终则始随，往复循环，本未始终。易之为物广大，一名三义，简易变易不易。简易者其德，光明四通，简易立节，含弘洸深，德合无疆。变易者其气，阴阳迭运，变态万端，充塞天地，浑灏流畅。不易者其位，清阳为天，浊阴为地，天尊地卑，乾坤定位。易之宗旨，天道自然，中华文化源头，太极拳道活水；“文王拘而演周易”，三丰据以创太极。

太极无极而生，动静之机，阴阳之母，故太极歌咏：太极原生无极中，浑元一气感始通。太极以易为经，以礼为纬，出入黄老，故太极感言：先天逆运随机变，万象包罗易理中。知养气而延年，嗜欲不载，虚之至也；善竞扑而全身，通而不变，静之至也。虚静之理，太极之道。道以静而制形，形因虚而近道，自静虚而起，自虚静以还。虚无不受，静无不待，知虚静之道，入希微之境，皆须法天、法地、法道、法自然。法天者，轻盈如云魄乍起，圆融似月魂沉坠，飘逸若流风回雪。法地者，静穆若山耸空翠，浩荡若水拖软蓝，缠绵若青山逶迤。法道者，阴阳为体继大雄，刚柔为用应群机，心境常圆生化雨。法自然者，师法造化任自然，自然而然先天然，浑然人天尽浑然。浑然太极，道体虚无，道质纯粹，道性清静。外有云舒水流之润柔，舍己从人，三节相从，四梢相随，五行相连，八卦相荡，松柔舒缓而富有变化。内具神凝气和之浑沌，守静致柔，心意坚融，意气贯串，劲力陶铸，率意天真而圆融通泰。抱神以敬，净而不染，虚无宁定以求其静。舒散怀抱，隐劲于绵，劲净而匀以求其松。含和抱中，从容中道，纪纲不紊以求其稳。不竞不絿，刚柔折中，气机浩荡以求其和。慧而圆用，刚柔得当，摩荡松和以求其匀。动静寰中，缠绵斯文，徐而不速以求其缓。提抱含蓄，曲接圆满，运而缜密以求其合。空松用柔，绵细不断，贯串九曲以求其连。静松稳匀缓合连，太极拳朴素纯一，道行退舍，舍己从人。先以心使身，从人不由己；后身能从心，由己仍从人。由己则滞，由己反不能由己；从人则活，能从人便能由己。拳道无言，若感动在心，就只需虔诚体悟，痴迷其魄；拳道有行，若欲达其意，就必须以气运身，陶醉其魂。全身意思，皆用精神；心意帅率，意识领先；走圆尚意，意不用强；劲无努使，力无浪用；力有度，向不丢不顶中讨消息；意无尽，于不即不离处求玄妙；绵绵柔柔，用力恰到好处；幽幽微微，用意恰够消息。内持静重，外现清和，纯以神行；气脉连贯，紧劲连绵，连绵相属；终日乾乾，进而不止，日新不已，渐悟懂劲。真积力久，登堂入室，登堂犹浅，入室为深。功夫既深，阶及神明，内外明调，气脉通畅。和气周匝一身，筋节自相贯通，表里联络通达，曲伸开合自由。往复有折叠，进退有转换，捶自心出，拳随意发，动静分合，合以天倪。气调英嶷，风骨梗正，神明朗然，大怀浩落，体势神情相衔，形质性灵融贯。心入无门，化生原初，真气运转于丹池；留藏金息，饮纳玉液，神水循环于五内；荣气荡涤，会于中和，酥团融流注心；心一起凝，内劲发微，欢畅周身四肢。足蹑清风，若白云之在天舒卷；身浮太虚，如明月之印水动荡。有无相生，刚柔相推，细缊相荡，中涵浮沉，载沉载浮，履虚如实，就下而上，冉冉与祥风遨游，飘飘随闲云出没，看沧海似逝波，提阴阳而舒啸。心动形随，意发神传，宣拳道之蕴奥，法天地之玄微。一动则动若江河，涨落不时，周流不息；一静则静如山岳，沉稳不浮，撼之弥坚。动而有韵，静而有势。岿然屹立，巍巍乎，如崇山雄峙；漫衍浩荡，浩浩乎，如浪涛海语；轻柔妙曼，荡荡乎，如惠风和畅；窈渺弥漫，茫茫乎，如阳春烟雾。行同乎云舒水流，止侔乎山矗壁立，砥柱崇崇镇中流，撑住天地分刚柔。精气合神，忽然轻运动，淋漓尽走龙蛇迹；逐末返本，一气自流通，只见太极写灵性，正气浩然，俯仰于天地间，虽天地犹不能约束；功劲纵横，抑扬于造化中，虽阴阳犹不能陶铸。澡雪精神，守吾真而有真宰；坐忘心斋，修真无以养太和。寓变化于整齐之中，藏奇崛于方平之内。折使转用，粘连黏随已成；敷盖对吞，自得运动知觉。刚健寓于婀娜之中，遒劲行于婉约之内；知缠绵而进取，知依随而退守；缱绻卷舒，旋绕环化，皆成自然；曲伸开合，弛张蓄发，阴阳合德。鸿蒙一气不散，精神圆满无亏，悟透希微之机，练成真意化境。拳无拳，神妙之拳，现于动静开合之表；意无意，玄微之意，隐于虚实杳冥之间；心手之用，心不知手，手不知心，心手相应；劲断意不断，意断神相连；曲伸从心欲，开合听自由；功夫完臻大乘，太极阶及神明。神明太极，灵通之道。志于道，据于德，依于仁，游于艺。其玄妙之意，意超物表；其幽深之理，理融道情。文思安安，武之大也，岂常情之所能言；武备动动，大武者也，岂世智之所能测。大武精魄何在？太极魂归何方？请问舒卷的白云，请问逝去的流水。

# 目 录

# 第一章 太极拳心经

## ——从一则谜语所想到的太极拳境界

我的家乡宁波慈谿（慈城）流传着这样一则打寺庙用品的谜语：一念不起（一作“一貌堂堂”），二目无光（一作“两眼无光”），三餐不食（一作“三餐不进”），四肢无力（一作“四体不勤”），五管不用（一作“五毛不齐”，又作“五谷不分”），六神无主（一作“六亲无靠”），七窍不通（一作“七窍无通”），八方通融（一作“八面威风”），九九（久久）成非（一作“九九归原”），十足神通（一作“实在无用”）。乡贤，将“额菲尔士峰”正名为“珠穆朗玛峰”的我国著名地理学家王鞠侯先生［王鞠侯（1902—1951年），名勤堉。1952年5月，中央人民政府内务部、出版总署根据王鞠侯深入研究后所撰写的《大小高低》一文，发出联合通报，正式把“额菲尔士峰”正名为“珠穆朗玛峰”］，曾把这一则谜语收录于其著作的《宁波谜语》中，1929年12月作为广州中山大学民俗丛书第20辑印行。该谜语的谜底是“神像”。然而细细想来，该谜底实在也是“数十年来练太极，日间挥运夜间思，去尽刚硬留松柔，劲到熟时是生时（附注：太极拳由着熟而渐悟懂劲，由懂劲而阶及神明。至此神明之境界，则太极拳阴阳变化，莫测端倪，不可思议，斯“生”之谓，而非生疏生涩之生也）”历尽辛苦，终跻浑然，“自见道之大端”时的状态，也是太极拳修炼者，一志凝神，一意冲和；洗心涤虑，平心静气，消息盈虚，包裹混沌；阴阳会通，摄末归本；形显神守，虚静归定；精气盈满于内，形骸浑圆于外；外忘于身，内忘于心；妙至身心俱忘，天人合一，心灵回到精神的故乡时的境界。也是太极修炼的十全心经。

## 一、一念不起

就是“性海澄渟平少浪，心田洒扫静无尘”。澄神静虑，收心离境，外想不入，内想不出，终日混沌，入于虚合于道也。

太极拳艺术，乃是虚静之心的必然结果。其鼓之舞之，唯“性心与意静”，用心不杂，方为入神要路，此即所谓“修性”“炼心”。凝神深皈寂天而不外散越，心不牵世昧炼去俗心以复其本心。使心不为外物所挠，不为人事所迁，不为物欲所蔽，不为外境所移，不为外魔所惑。存中道之想，绝诺念之纷，收拾得此心情，洁洁净净，以澄明愚昧之心，纠正偏颇之心，收敛云游之心，静谧浮动之心，安定攀缘之心，清除蒙蔽，了得其心，纯正本心，见性觉悟，灵府杳冥。概而言之，无非是清虚静定四字。心怀无垢为清，心中无物为虚，念头不起为静，内心不乱为定。清为清其心源，虚为虚其心斋，静为静其气海，定为定其内心。心源清，则“心澄于无何有之乡”，于红尘大冶之所在，坚定我道心清幽之致远，和其光，同其尘，挫其锐，解其纷，才能情定生慧，慧通而深达；心斋虚，则虚旷为怀，明通公溥，方可容纳万物；气海静，则身心融会于杳冥之中，就会精全命固；内心定，则外息诸缘，内心无惴，心难已出，种种境界，无所粘着，就能融一分境界，证一分本智，清一分妄念，得一分法身，无内外，无将迎。

心乃一身之主宰，贤哲有论：天地间人为万物之灵，而心又为人之灵。心能清虚静定，一念不起，则能以静制动、以清制浊，专心致一以守吾真而有真宰。就能内与天性有利，外与仁义相合，依事理而行，将潜意识中的心灵创伤和隐藏在潜意识中的不正不良之心疵清除。此即所谓“丧我”或“忘我”。我者，己也，私也。太极之所以不能成就神明、豁然贯通者，皆因私有己为我也。一有己我，私心满怀，则真心蒙尘，元神蔽塞，命有身累，性受心役，以至不能至命尽性。故太极须克己无私以丧我亡我也。“丧我”的深度越深、“忘我”的程度越甚，则心境越澄明，观念越高尚。若能一念不起，忘物以养心，忘情以养性，忘境以养神，忘色以养精，忘欲以养形，忘形以养气，忘我以养虚，忘世以养道，无所不忘，万境皆空，心法双泯，物我皆遗，则身心虚无；虚以任天，心游物外，定静深行，直入无为。“无为则心自安，恬简日就，尘累日薄，迹弥远俗，心弥近道，至神至圣”。从而消解了以自我为中心的欲望及与欲望相勾连的知解，打开了个人生命的屏蔽，因以得与天地万物的生命融为一体，天人合一而超越自我。使心灵摆脱世俗的物欲、私利、势利及实用的桎梏，而获得“胸中脱去尘浊”的精神自由。即进入内心世界的自由，使身心的潜力得以开发和突破，心灵得以释放（此即所谓内丹的修炼）。从而心光透脱、灵慧如炬，拳法垂象而无为，法法无法而神妙，使太极拳术达到阴阳莫测、如幻如影的至高境界。

大道之行，天下为公，用拳在心，杂念顿匿，邪念杳无，便能净化身心，方寸不乱而湛然洞澈。这是因为心不外受而虚，心不外逐而安，心不外驰而静，心能执静，道将自定。定则虚灵，虚灵寂照，神明朗然，明性见心。明心则公，见心则平，公者平，平者中，中者正。至公至平者，天道之原性；至平至中者，人道之至理；至中至正者，拳道之诀窍。所以修炼太极拳道之人，唯从心上用功，一念不起，公之以德性，平之以浩然气，中之以心神，正之以身心，维修真正的自我，净化人心，修持形神，完善人格，健全心理，实践功夫，“修持真无以养太和”，形成完整的人。“真”者，心境澄明，心中无物，念头不起，去掉遮蔽之真心也。以真心对拳道，放旷随缘，时时保持中和恬淡的心神，恬淡养神以安于内，清虚栖心而不诱于外，正是这种本心清净、恬淡虚无的心境，才能够使太极修炼者做到渐修的持之以恒，并在这“无念为宗”的渐修中淡化诸欲，脱去尘浊，修正人心，以心返本，神入无我，达到静省顿悟。悟者何？神以传之，拳与道合耳。拳与道合，则天心月圆，闲云出岫，恬澹苍茫，凝然平淡，平淡之中的绚丽，从容油然而生，从大处从容而来，从大处从容而去。太极拳的从容，是沿路缠绵运无慌、疾迟圆转意自深。如果有一天你练拳时，“瞥然一念狂心歇，内外根尘俱洞彻，翻身触破太虚空，万象森罗从起灭”。能一念不起而自得于善，从容闲暇而自中乎道，则豁然贯通而合于拳道了。自此，煜煜心光回自然，绵绵踵息浩无声，浑融的劲内感通灵，深沉的意返朴归真，功夫自然而修，功力自然而长，功法自然而生，功境自然而得。则武殆有天授，意气感发，随心应拳，挥洒一片天机。

## 二、二目无光

此太极拳眼光之“回光返照”。

眼为七窍之一，光明视见。纳山川之大，及毫芒之细，悉云霄之高，尽清泉之深，皆光明之所及也。故眼为见性，能察万物，现心灵之性，有不可思议之妙。故修炼太极拳不可不注意眼法。

由于太极拳是储蓄而不是消耗，是积累收入而不是无妄支出的拳学，行拳走架要求神定自若，守中气，绝杂念，蓄眼神，凝耳韵，也就是精神内敛。所以练拳行功须以养性定心、聚气敛神为主。若心不安，则性扰之；气不聚，则神散之。心性不相衔，则四体百骸无不尽乱；神气不相接，则千经百脉莫不尽闭，虽依势作法而法无效焉。这正是内家与外家的根本区别之处。所以太极拳行功时绝不强行聚神于目，无端的、强制的双目圆瞪、炯炯有神、威光烁烁、精光四射，只能伤神、耗血、劳肝，于养神、养气、养生不利。所以太极拳主张慎守而内，周闭而外，内以安心，外以安目，纯白天性，抱神以静，目勿虎视而常微内含，常内七而外三，七内藏以颐养神气，矫养气质使不俗，三以外用，余光所及能顾盼左右前后已足矣，莫使有多余之耗损。吴筠《心目论》亦曰："人之所生者神，所托者形。"又曰："动神者心，乱心者目，失真离本，莫甚于兹。"故太极拳运使有"抑之于眼以留目，含其光明使归于心"的以眼制心的行功心法，即"回光返照"定（静）心法。"回光返照"又名"内照返观"，或称"观自在"。光即目光，含光默默，敛光向内，即是回光。绝诸念之纷，存中道之想，渐至入静，是名曰守；一志凝神，专主于敬，洗心涤虑，平心静气，以神守中，谓之返照。《吕祖师先天虚无太一金华宗旨》曰："故回光，即所以炼魂，即所以得神，即所以制魄，即所以断识。古人出世法，炼尽阴滓以返纯乾，不过消魄全魂耳。回光者，消阴制魄之诀也，光即乾也。回之即返也。只守此法，自然精足，神火发生，意土凝定，而圣胎可结也。"太极之圣胎即"专气致柔能婴儿"之婴儿。功至此境界，本心清静，气质已变，质变同神，炼神入微，天心同启（天心从幽冥之中开启），天目已开，肉眼内视，神光内莹，自然"二目无光"。此无光指在外，而内晶莹也。所以太极功高之人，由于徜徉于中和之道的人生境界之中，所以大多会古通今，书剑襟怀，儒雅清秀，清雄绝俗，鼓翮清尘，风驷云轩，锐气内敛，刚猛尽收，似有仙风道骨；眉目间绝无凶暴游离浮露之相，目光快不威猛犷厉，而是天性纯白，柔静澄明，犹如明月清潭。

## 三、三餐不食

此系资熏日久，太极功深，变质同神，练神入微，与道冥一，能辟谷食气之谓也。

人体是物质的活人，也就决定了活性质体代谢和衰老的两面性。人体所需要的经五谷等“凡食”即“阴食”所得到的物质不断补充，就意味着物质的不断代谢与功能的不断老化，从而走上生、长、老、病、死的人生发展之必然规律，即人道。太极拳修炼者希望通过用意不用力，以松柔为体、柔圆为用，“专气致柔”，使自身整个身心与宇宙融为一体的“天人合一”的太极拳修炼方式，逆其人道，回过头来往初生的方向逆转，使之返朴归真，成就《老子》所谓“能婴儿”的境界。这种逆修的方式似乎是一种理想的设定，然却是“顺应天道”的天道。并由此引申了一整套太极拳论与修为。依凭着顺应天道逆其人道的太极拳修为，逐步走上由节能、储能，以至最终能“食气”（阳食）“辟谷”，不需补充“凡食”，即“三餐不食”而就“仙食”的境地。

太极拳虽为动架，然其主旨却在于宁定松静自然，以虚为本，以静为体。心体虚静不昧，其用鉴照不遗。使太极拳修炼者在松静稳匀缓合连，不用后天拙力的太极动律中，曲伸开合，舒展全体，开启经络，畅通血脉，心意率行，气血流注，日日贯输，进行用意不用力的锻炼。所谓用意不用力，是基于太极拳纯以神行，不尚力气，全身意思，皆用精神，行功练拳，皆心意率行，意识领先，能不用力，尽量不用力；能少用力，尽量少用力；用力而去掉多余的力。力有度，意无尽，无过不及，向不丢不顶中讨消息，于不即不离中求玄妙，时时处处用力恰到好处。这个“恰到好处”的力，就是经太极心法历炼后的寓阴阳、刚柔、虚实变化属性的力，即其性中庸、其能中和的太极劲。正如孙禄堂所说："所以用劲者，非用后天之拙力，皆是规矩中用力耳。"除鑫曰："拳者，权也，所以权物而知轻重也。"而拳可权者在于劲力，太极拳之高明就在于权衡中掌握"火候"，控制"分寸"，劲力之大小、刚柔、虚实、动静、开合之变化，皆把握得厘毫不差、恰到好处。"用意不用力""规矩中用力""恰到好处"都充分说明太极拳是节能的拳术。

太极拳之运动，直接以太极图及其学识为指导，性本浑元，圆融为妙，大乘大圆成，小乘小圆成。圆是太极拳运动的最佳方式和体能与心智谐和的最佳境界。圆是太极拳的精华所在，心灵神韵，劲力精气，及外在运动的姿态和形式，极小的转关，内外不见的折叠，心意的帅率，劲力的潜行，真气的鼓荡，无不体现圆（包括弧形曲线）的意味；出入运行，无论内外、上下、左右、阴阳贯串，环连环错，环起环落，环内环外，连环套绕，曲曲相通，如环无端，在圆的范围内包含无数的走与黏的变化，处处都是太极图的形象化。所以，太极拳用一个无始无终、无边无际的"圆"将其概括。圆之所以在太极拳方面极其重要，无外乎圆是最柔润而灵活的。它没有棱角，无凹凸，无缺陷，无阻滞，无迟涩，无断续；它在显示其强劲的势的一面的同时，为太极拳"全身意思皆用精神，用意不用力"及节能储能，提供了最好的运动模式和保证。所以圆是太极拳运动的内涵和灵魂。

太极拳崇尚无为，以松静为体、柔圆为用，以有形之外形，以有为之动作，而返无为之内动；以心行气，以气运身，脉脉相因，式式相应，势势相承，轻柔缓匀，浑元无间，于静绵幽微中去体验、去激动内气，以内动导外动，以修为无为自然之境界；一切自然而然，无为而为。要求修炼者在无为无不为的进取思想指导下，既向外部世界大宇宙求知，研其生长发展，变化消亡，宏观微观之物理；又向人类自我内部世界小宇宙探索，穷其阴阳转化，炼精化气，炼气化神，炼神还虚，复返婴儿，参赞天地之化育。成就练养结合，内外双修，神气合一，感而遂通，天人合一之养炼之道。由此可见，学习太极拳，是一个改造弱化后天，脱胎换骨，化力换劲，炼劲积精，开发强化先天，虚空心灵，澄心自滤，美化身心，回掘潜能，重新认识世界，认识人体，调整自我，达到“道法自然，天人合一，与道大同”的过程。在这一过程中，神附于形，相恋于气，使神有所依而凝，气有所归而聚。久久凝炼，神气相抱，如是则神因气的吸引而不外驰，气因神的主宰而不外逸，从而清虚静定，内修醇厚，道有深力，徐易形神，而调得神形永固。及此时，作为小宇宙的人，能与天地信息沟通，直接吸收宇宙能量。能量聚积到一定水平，则“腹心松净气腾然”，自然而然地实现人体的自然净化，浩然之气充沛，则精足神旺不思食，自能辟谷食气，这是属于调整自身机能的真气炼升过程。然而据神仙家和养生家研究，所谓辟谷是古代修炼者认为某一修炼过程中应少食或不食粮食，而以意念配合呼吸来维持生活，当这一过程完成，修炼的功力就可达到较高的层次，而非永久不食。所谓不食也仅指间断不食稻（米）、禾（粟）、稷（高粱）、麦、菽（豆）五谷等主食，而亦须随时补充茯苓、黄精、大枣、胡麻、灵芝之类仙食。正如《孙不二元君法语•辟谷》曰：“既得餐灵气，清冷肺腑奇。忘神无相著，合极有空离。朝食寻山芋，昏饥采泽芝。若将烟火混，体不履瑶池。”如果认为不食五谷就可以祛病强身，开发智能，挖掘潜能，提高功夫，而一味追求，或潜意识诱导强行“辟谷”，则非徒无益，而又害之，不可不慎。

## 四、四肢无力

太极拳蛇手猫步，四肢松舒，酥软如绵，空空灵灵，浑雄如醉，以柔用事，毫不托力，谓之无力。

太极拳发老子道德之意、法无为自然之德、畅自然柔弱之用，在松柔顺舒、不用后天拙力的太极动式中，逐渐感知动式中的静力，复从静力中觉知内劲，再由劲路而得悟内运之气脉，而进入意念力的全面运用。一旦豁然贯通，由懂劲而阶及神明，则其念力强盛，灵力大振，意之所至，气即至也，意到气到，气到劲至，“心想事成”，何须霸气乖戾、依赖拙劲拙力，自然“四肢无力”。此即太极拳之所谓“高手不动手，动手非高手”。动手者，动手动脚也，用拙力也。然虽无力而柔弱，柔弱之施于缠绵旋绕，先天之劲力所以滋生；柔弱之施于依随松长，后天之技巧所以契神。决远者原须柔弱之松长为要妙之技，破近者当凭柔弱之旋绕而作环化之资。知缠绵而进取，知依随而退守，缱绻卷舒，旋绕环化，皆成自然，以天下之至柔，驰骋天下之至坚，极柔软而然后极坚刚，无坚不摧。

太极拳之所以崇尚收敛凝聚，之所以归于柔弱之教，正是本于“柔弱者生之徒，刚强者死之徒”之宇宙自然规律。宇宙之自然规律虽谓，刚强者死之徒，然未尝禁止人由刚强而返柔弱。宇宙自然之规律虽谓，万物之功能发用放散之极将不复存在，亦未尝禁止万物处处以收敛凝聚为事，抱其阴而负其阳，知其雄而守其雌。所以“四肢无力”之意义大矣。又岂止“四肢无力”，太极拳乃“懦弱谦下为本”之道，四体百骸，身心内外皆当求柔弱以免于刚强，性心常体太和，知其雄而守其雌，而达其长生久视之道。

## 五、五管不用

此处之五管者，“心”、眼、耳、鼻、口也。

“心”是生理、精神合一的代名词，儒曰灵台，道曰灵关，释曰灵山，三教同一法门，总不外灵明一窍。“心”、眼、耳、鼻、口对应之脏腑分别为心、肝、肾、脾、胆。心之发之于神，则谓之思；肝之神发于目，则谓之视；肾之精发于耳，则谓之听；脾之魂发于鼻，则谓之嗅；胆之魄发于口，则谓之言。五管是人体的物质性感观，是适应物质世界交流的，人类的感知学识往往来自五管。然而在某种意义上说，人的失误就在于低水平的感知器官，耳目等五管对人的制约束缚和封闭。从而使感觉水平局限停留在这种只知有物、不知有气的愚昧状态。只知用“心”去求静，一有用心，则“君心正闹着”，早已不静了。只知用眼去观察，见真是真，见假是假，则真假难辨。只知用耳去察听，听是皆是，听非皆非，则是非难分。只知用鼻去嗅闻，闻香是香，闻臭是臭，则香臭难分。只知用口去说道，说道是道，说理是理，则道理难明。缘因其所知、所能、所有皆是实相，则心必为见色闻声的实相所动而牵将去，若一向去则心便坏了。诸事缘于心，心一乱，什么都乱。方寸既乱，自然做不到一尘不染，万境皆空，心法双泯，物我两忘，则不能修身以正其心。所以太极拳练拳行功要求含其光明，凝其耳韵，匀其鼻息，缄其口气，逸其身劳，锁其意驰，一意冥心，静想中处，抱元守一，渐至泊然不动，精神附于守而不外驰，气维蕴于中而不旁溢。以求魂在肝而不从眼漏，魄在肺而不从鼻漏，神在心而不从口漏，精在肾而不从耳漏，意在脾而不从四肢孔窍（涌泉、劳宫）漏。直至真续力久，日月已足，效验既形，然后引达，以至于无漏。此即《老子》所谓："塞其兑，闭其户，终身不勤。"亦即"五管不用"。太极拳采用内感、内想、内视、内听、内息的五内心法，进行内部环境的净化、平衡、改造和锻炼，为的是让五管渐渐少外用，以至不外用。眼不视（视而不见）而魂在肝，耳不闻（听而不闻）而精在肾，舌不声而神在心，鼻不香而魄在肺，四肢不动而意在脾，经过多年的炼养升华，一旦用不着耳目等器官，就开启了大道之门，超五管的功能，超五管的全息感知，超级的"天人感应"现象就出来了。此即所谓"闭住五管天地通"。通则灵，"灵"这一先天的自然之能，包含了灵通、灵察、灵知等灵感和机灵。正是这超越了五管感知的灵感灵应，体证了太极拳"真空化妙有"的灵机妙用，应验了太极拳"一羽不能加，蝇虫不能落"的灵应之能。此皆"五管不用"虚灵不昧之精神象征。

## 六、六神无主

神的含义，在我国的传统文化中是具有多种意义的。

这里的神是指人的机能活动和功能状态，而不是人们通常所指的“人格神”或造化主。

道家认为人之五脏、六腑、骨骸都有神。这里的“六神”是心神、肺神、肝神、肾神、脾神、胆神。心神名丹元，字守灵，主理血脉，调和荣卫，调适寒热，其华在面，开窍于舌。肺神名皓华，字虚成，主皮毛，主气之敷布，肃降和通调水道，其华在毛，开窍于鼻。肝神名龙烟，字含明，主筋膜，主荣卫，主司疏泄，降浊升清，调和阴阳，其华在爪，开窍于目。肾神名玄冥，字育婴，主骨主髓，主藏纳脏腑津液，为津液之源，补益脑髓，其华在发，开窍于耳及后阴。脾神名常在，字魂停，主肌肉、四肢，主司水谷的运化和津液的传输，其华在唇四白，开窍于口。胆神名龙曜，字威明，主诸气力，主决断，受纳六腑之精汁，其华在面。所谓“华”者，《东坡全集•大还丹》解释说：“凡作而有声，发而为光，流而为味，蓄而为力，浮而为色，沉而为膏者，皆其华也。”

太凡拳家均主张“六神有主”，此有主是指六神各守其职。然而不得承传的太极拳家总是不适当地强调“六神有主”，认为只有五脏六腑的强劲，才能功臻上乘。从而一味地强化后天，陷入了“妄动”有为的苦练，忽略甚至忘了弱化后天、强化先天而无为的“静修”，违背了太极拳“专气致柔能婴儿”唯一正确的修炼之道。须知“六神有主”，从而使和“六神”与之对应的识神（六识）各自为政，独霸一方，不遵朝纲，不尊朝令。就会像势力强大的诸侯和专横拔扈的军阀，欺负势单力薄的君子“元神”（附注：所谓识神，是思虑之神，是人认识事物的能力，具有后天推理、判断的常意识，与元神相对。所谓元神即先天遗传的无意识，一种净而不染、极清醒而无思维的精神状态）。长此以往，就会朝政倾颓，君臣易位，而乾坤颠倒，天下大乱。太极拳修炼也就无法“抱元守一”。一者，道之根，德之蒂，气之始，劲之宗，命之所系，众心之主也；与太无合体，与大道同心，与自然同性，太极也。太极一者，千变万化，无往非劲。势虽不侔，而劲归一，劲一之妙，自顶至足，内之脏腑，筋骨膜络；外之肌肤，四肢百骸；内外相联，前后相需，破之不开，撞之不散。上下相随，阴阳相连，一以贯之，其斯之谓。而其为也，一心一意，当时而静，静无不静，寂然湛然，表里上下，全无参差牵挂之意；聚精会神，伺机而动，动无不动，前后左右，均无犹疑抽扯之形。方能动静浑然，而劲归于一。劲一之功，积日有益，久练而成，功唯自进，不可躐等，按步就序，循序前进，然后百骸筋节自相贯通，上下表里不难联络，散而统之，分而合之，总归于一劲，亦总归于一气。如若劲不能整统，气不能浑一，则太极拳也就练有势而法无效也。所以有学养的太极拳家总是主张“六腑五脏神体精，皆在心内运天经”，即认为五脏六腑均为精气神形的统一体，其所有的功能活动均应以心（元神）为主宰，即拳论之所谓“神为主帅，身为驱使”“意气君来骨肉臣”。正如《讲义》所说：“人身脏腑所以能有功者，皆神为主宰也。心与神共为物，其静谓之心，其动谓之神。”所以只有当六神（有意识）让位元神（无意识），六神无主（去意识），元神自主，才能总统五脏、协调六腑。操拳练心才能合于自然天道，养气柔体，养气存真，进入虚无生妙有，可与元始相比肩之境。太极拳家不可不识不悟。

## 七、七窍不通

所谓七窍是指头面部眼、耳、鼻、口七个孔窍。五脏的精气分别通达于七窍，肺气达于鼻，心气达于舌，肝气达于目，脾气达于口，肾气达于耳。人身除上述七窍外，尚有下二窍，分别为前阴和后阴。清刘一明《阴符经注》曰："九窍者，人身上七窍下二窍也。三要者，耳目口也，人身九窍皆受邪之处，而九窍之中，唯耳目口三者为招邪之要口。耳听声则精摇，目视色则神驰，口多言则气散。精气神一伤，则全身衰败，性命未有不丧者。"为使七窍不致妄用，精气神潜藏不致外漏外泄，历来太极拳主张含目光而目不妄视，凝耳韵而耳不妄听，缄口气而气不妄散，匀鼻息而息不妄喘，即所谓"耳目口三宝闭塞勿发通"，亦即"七窍不通"。这是因为耳不外听、目不外视、口不开言、鼻不闻嗅，则七窍之神光闭而不用，潜而入混沌之渊而返黄庭之室，方可炼精化气，炼气化神，炼神还虚，使太极内功功臻虚灵神明之境。然所谓"七窍不通"，是指不通于外也，而内则应相通，即与脏腑内气相互通达，即所谓"七窍相通，窍窍光明""七窍相通不知老"。而要做到这一点，正是要闭塞四门（耳、目、鼻、口谓之四门）七窍，不为色香声味所干扰，其意义与"五管不用"是完全一致的。

## 八、八方通融

八方者，方位也，四正、四隅之谓也，又指宇宙六合之时空。古往今来谓之宇，四方上下为之宙。古往今来即时间，四方上下即空间。古人以宇宙作为天地万物的总称。通者，贯也，达也，往来不绝谓之通；融者，会也，化也，和也，以他平他谓之和，浑然混合谓之融；融会贯通谓通融。非通融，太极不能浑然。

太极拳观物取象，因象会意，意与象融，气象尽意，无法而法，体用统一，以通神明之德，以融万物之情。其拳学的本质是调谐人体小宇宙与天地大宇宙运行的关系。当其调谐自身小宇宙本体的运行，使之处于“一念不起”“二目无光”“三餐不食”“四肢无力”“五管不用”“六神无主”“七窍不通”最佳清虚静定之境界，则其心寂然不动而无欲。这种调谐就是“人道自己”。周敦颐《通书·圣学》曰：“无欲则静虚动直，静虚则明，明则通。”其气外通“天地之间，六合之内”，充满“九洲”，内连“九窍、五脏、十二节”，内外一气化成，浑融一体，一旦与道大同，太极修炼者与宇宙就没有彼此的概念了，我即宇宙，宇宙即我。天人合一，时间、空间融为一体。

天人合则“感而逐通”。感是气柔，通是劲畅，此极言太极拳功至极虚至静之神明。唯心一念不起，才能寂然；唯心之寂然，才能虚静，才能敬静。心主乎敬，又主乎静，能敬而静，自葆虚灵，天君有宰，百骸听命，才能感而逐通。一旦用时感知，便能湛然洞澈，稍触即

知，有感即应，以至能达到“一羽不能加，蝇虫不能落”的功夫，这种功夫就叫作“神”。这种如神的感知，正来源于感知前的一念不起、寂然不动，故“寂然不动而致感而逐通”。寂然不动者一心也，感而逐通者，通八方，通宇宙也。当极虚静时，恍然觉吾此心中无物，旁通无穷，有如长空云气流行，无有止极；有如大海鱼龙变化，无有间隔，无内外可指，无动静可分，上下四方，古往今来浑成一片，所谓无在无不在，外不知有身，内不知有心，吾一身乃其发窍，灵明天理，神通天机，融通致化，觉悟灵明，由感而通，则太极拳与造化相通而尽自然之变化，从而昭感灵敏，运化柔润，依随自由，应化广阔，融会贯通。太极若能一心寂然无欲而静，以至二仪起伏，四象可控，八方通融；融天机于自得，会群妙于一心，慧通而深达，玄妙而莫测，则可以酬酢事物之变而应天下之动。

## 九、九九成非

“九”者，久也。“九”虚指多数。汪中《述学•内篇•释三九》曰：“凡一二之所不能尽者，则约之以三，三之所不能及者，则约之以九，以见其极多。”“九”又为阳数之极，至九则复归于一，故“九”含有包罗之义。因而古人尚九，如九天、九地、九州、九野、九郡。又“九”者，究也，穷也，尽也；物为至丹，功力极矣。“非”者，非人而成仙也，“仙”者山人也。过去的修仙者，性爱幽栖，林谷是托，都要隐入山中云深不知处，做最后的了手工夫而成仙。因时代的变迁，虽大多不能隐入山中，不知所踪而修炼，然而真正的太极拳修炼者，仍应择静处而居，守清贫而自足，清心源，静气海，伴日出操拳运会后天，随月色参玄追摄先天，提挈天地，把握阴阳，呼吸真气，独立守神，舍光藏辉，修炼不休。守定宗家，功归正源，困知而勉行，任运而渐进，步步回头，时时顾祖，行行重行行，深入复深入。如果真续力久，由登堂而入室，登堂犹浅，入室为深。功夫既深，与道大同，视通万里，阶及神明，恍然悟门大启，洞见清微，进出天机，使太极修炼者逐渐感受到自然的微妙变化，身心产生质的飞跃，专气致柔“复”成“婴儿”而入境。一旦入境，炼形至精，炼神入微，智照无边，形超有际，秉山川之灵气，承日月之精华，达至与自然融洽，天人合一，而调得形神永固，随心应物，通天彻地，从而升华修炼者的气质、品格、修养，而入高雅。

## 十、十足神通

神，《周易•系辞》曰：“阴阳不测之谓神。”周敦颐说：“天道行而万物顺，圣德修而万民化。大顺大化，不见其迹，莫知其然之谓神。”（《周濂溪集》卷五，《通书•顺化第二十一》）。又说：“发微不可见，充周不可穷之谓神。”（《通书•诚几德第三》）。周子对诚、神的定义是，“寂然不动者，诚也。感而逐通者，神也”（《通书•圣第四》）。由此可见，神是人在心境保持一种与宇宙本体相一致的寂然不动的虚静状态时，与事物相感相通而阴阳不测的状态。是生养变化、资始之道。所谓

"相感"就是阴阳的相互对应与补充；所谓"相通"是就阴阳的和谐和融通；而所谓神通，就是通与神也。《管子》曰："思之、思之、思之而不得，鬼神将之通之。""神通"是指物质世界中越出常人人力范畴的种种非一般人所具有的能力。"神通"可以因修为激发人体的潜能而生发，不仅能知常人之所不能知，也能为常人之所不能为。

太极拳修为，在内不外神气，在外不过身心，其旨不离返本。返本还原之修即"逆修"，亦即"专气致柔能婴儿"，复返"婴儿"时所固有的自然纯朴之境界。所以太极修炼必须"一念不起，寂然不动""二目天光，内敛精神""三餐不食，辟谷养气""四肢无力，负阴抱阳""五管不用，灵通天地""六神无主，元神自主""七窍不通，窍窍光明""八方通融，四象可控""九九成非，仙风已成"。在人欲横流的环境中，心灵自我纯化，使之回归到圣洁的精神家园，精神上有了家园，从而可"知法忘形入化境，到处浑元太极成"，太极拳方可臻于阴阳莫测之神通境界。及此境界，身心交感，内劲发微，留藏金息，饮纳玉液，真气运转于丹池，神水循环乎五内，荣气荡涤，酥团融流注心，欢畅周身四肢。足蹑清风，若白云之在天舒卷，身浮太虚，如明月之印水动荡，载沉载浮，履虚如实，就下而上，冉冉与祥风遨游，飘飘随闲云出没，看沧海以逝波，提阴阳而舒啸，砥柱崇崇镇中流，撑住天地分刚柔。精气合神，忽然轻运动，淋漓尽走龙蛇迹；逐末返本，一气自流通，只见太极写灵性；正气浩然，俯仰于天地间，虽天地犹不能约束，阴阳犹不能陶铸，则太极自然脱化，十足神通，出世度已可以资其本原，入世度人可以尽其妙用矣。

# 第二章　太极正果功三乘

太极拳阴阳合德，练其形而传其神，传其神而达其意，达其意而先其心，以心行气，以气运身，神气鼓荡，内气潜转，源动腰脊，劲贯四梢，丹田吐力，功力老到，支撑八面而稳固厚重，八面转换而轻灵圆活，拳势如行云流水，风曳杨柳，轻盈自然，又恰似溪中绕纱，春蚕吐丝，连绵不断，刚柔互运，虚实渗透，动静浑然，蓄发相变，奇正相生，功劲似有若无，形影飘忽莫测，貌似柔软无力，实则无坚不摧，乃柔中寓刚，绵里藏针之艺术也。自初发悟，至于有成，走架之境凡三变，初若身立水中，随水波之推荡；稍进，则如善游者，与水相忘，有足不履地，任意浮沉之慨；又进，则步愈轻灵，若自忘其身，直如行于水面，飘然为凌云之游也。功臻上乘，其和气周匝一身，往来上下，百脉通融，被于谷中，畅于四肢，拍拍满怀都是春，而其像如微醉也，内不觉其一身，外不知宇宙，天人合矣。修炼者以阴阳为体，以柔圆为用，以有形之外形，以有为之动作，而返无为之内动；以心行气，以气运身，脉脉相因，式式相应，势势相承，轻柔缓匀，浑元无间，于静绵幽微中去体验，去激励内气，以内动导外动，以修为天然自然之境界。一切自然而然，无为而为。

拳势能肇乎自然，自然既立，则阴阳生焉；阴阳既生，则变化出矣，方圆生矣，刚柔推矣，动静分矣，形势俱矣。功夫自然而修，功力自然而长，功法自然而生，功境自然而得。由着熟而渐悟懂劲，由懂劲而阶及神明，即功之“三乘”。

“乘”是指乘载物（船、车，也可引申为道路），源自佛教。“大乘”意为大的乘载物，自称能运载无量众生从生死苦恼的此岸到觉悟解脱的彼岸。“小乘”意为小的乘载物，能运载少量众生达到涅槃彼岸。《大乘起信论》曰：“乘者，成也。上乘，即大成也；下乘，即小成也；中乘，即诚之者成也。”用来辨证太极修为的三重层次或成就。太极者，不可极而极之谓也，一气斯析，真宰自判，交映罗列，万灵肃护，阴阳判分，是谓太极。其阴与阳，是对宇宙秩序与混沌间的一种领悟，阳是创造与秩序，阴是顺承与混沌，秩序中总会有混沌的可能，混沌又可凝合而成秩序，也就是说序可化为非序，非序中又有序，此即秩序与混沌的变化，亦即阴阳变化、相推、相生与相成。自然之阴阳，“日月相推而成明焉，寒暑相推而成岁焉”。太极刚柔相推而成变化。变化者，吞吐蓄发之象，动静开合之势，虚实方圆之韵，奇正刚柔之劲……变幻莫测通灵而谓之神。故变化是谓太极登真之阶。其下乘之传，因循执法；中乘之传，圆通变法；上乘之传，玄机活法。太极拳运动，唯刚与柔，其为用，气与势而已。气有强弱，势分刚柔，气聚则刚，气散则柔。柔而至柔，有因应万物自然之能，刚而至刚，有无坚不摧之势。太极之武事，外操柔软，内含坚刚，而求柔软，柔软之于外，久而久之，自得内之坚刚。非有心之坚刚，实有心之柔软。

所难者，内要含蓄坚刚而不施，外终柔软以迎敌，以柔软而应坚刚，使坚刚尽化无有矣。其功何以得乎？由静入手，由松入柔，以至着熟，是为初阶，即下乘。此阶谨守师法，虽得之以规矩，然劲明且刚而少柔，专从事血气之私，于斯为下乘。稍进，积柔成刚，刚柔互运，以至刚柔和合响应，渐悟懂劲，是为中阶，即中乘。此阶规矩谙练，妙入规模，刚柔既济，内劲潜涌。折使转用，粘连黏随已成；曲伸弛张，自得运动知觉，刚健寓于婀娜之中，遒劲行于婉约之内，有触乃发，犹如钢水喷薄，勃然焕然，于斯为中乘。又进，刚复归柔，刚柔浑然，以至刚柔相乘，知缠绵而进取，知依随而退守，缱绻卷舒，旋绕环化，皆成自然，阴阳合德，神气因应，神而明之而阶及神明，是为高阶，即上乘。此阶规矩尽脱，脱规矩而合规矩，合规矩而脱规矩，炼劲入骨，炼劲归根，劲贯周身，功入化境，天然逸出，奕矣奇能，“极柔软然后极坚刚”，猝然临敌，空灵纵放，随机应变，变化无方，犹如宇宙隧道，感应遂通，斯道以刚柔变化能达于极品者，方为上乘。

太极玄武之象，大化迁流，天地相继，时空无限，大极终始，唯一圆一方。圆乎规，方乎矩，当能转化。出入运行为圆，进退变式为方，方圆相生，圆方互运，随方就圆，以圆作方，开合连环，亦圆亦方，往复循环，终始如一。“则方圆不但兼备，亦无形迹可寻，浑然一太极”。浑然一太极即中和也，太和也。拳技和则自然，性命和则生，人物和则亲，人天和则灵，则天人合一也。浑然一太极即圆，此太极返朴归真，太极之始终，无极之太极也。所以太极拳以圆为则，以圆为善，拳技虽分方圆而求其浑然、求其中和。着圆，得下乘；意圆，得中乘；神圆，得上乘。而此“圆”是方圆、刚柔、动静，阴阳浑然无迹之圆。必极圆而后登峰造极。太极至此境界，“则其运动之功，既与圣人同体，又与天地合德”。太极拳“形者为有为之功，神者为无为之德”，独有精神往来而不傲倪于形象，故练拳从其法则，外不乖于形式，内不悖于神气，顺其制约而求其伏应，是谓下乘。有了正确定型以后，“形莫若就，神莫若和”外面形式之顺，即内中气之和，外面形式之正，即内中意气之中，形中寓神，神中合形，神形兼备，是谓中乘。最后“心一思念，纯是天理，身一动作，尽皆天道”，外忘其形而成其形，内不知其神而达其神，故见其外，知其内，诚于内，形于外，内外合一，形神合一。“人与天和则健，心与天合则灵”，运化和合通达，致力归一，则太极圆满无亏而臻神明，是谓上乘。所谓圆满即“无使有缺陷处，无使有凹凸处，无使有断续处”，即“开展紧凑乃缜密”也。太极各劲，圆而不满则凹，满而不圆则凸，凹生匾丢，凸生顶抗，匾丢顶抗则生断续，是谓缺陷、偏颇、破绽、纰漏，即病手也。然太极神明者，常虚笼诈诱，巧使缺陷，故卖破绽，诱敌深入，待彼旧力已过，新力未生之间，蹈其隙而乘之，此即所谓“佯输诈败谁云败，引诱回冲致胜归”。故所谓缺陷、偏颇、破绽、纰漏，亦可言有之，亦可言无之，全在太极修为者自为耳。善卖破绽者，佯输诈败，制取权衡，顺来逆往，回冲致胜，是为上乘。不露破绽者，攻守有据，接战从容，准绳规矩，守中含灵，得其环中，以应无穷，是为中乘。破绽百出者，心猿意马，智慧不敏，五行不舒，六神无主，屈腰扭臀，动转无位，软裆萎膝，足踵无根，血脉偾张，劲力滞涩，攻守支离，进退无方，是为下乘。故曰："太极无惧惟恐漏，有漏无漏见圣手。"圣手者何漏之有。

太极拳，清心源，静气海，一念俱忘，万缘放下，伴日出操拳行功运会后天，随月色静修参玄追摄先天，旨在"清虚静泰"。清者，心平意正，不为外物所诱惑。清而能久则明，明而能久则虚。虚者，虽圆满而不实之谓也。虚则道全而居之，太极之动静自此出，太极之刚柔从此推，太极之阴阳由此运。是故，虚乃太极之根本。太极拳以虚无而安其神，以清静而平其心。洗心涤虑，澄定心气，心气定则神凝，神凝则心安，心安则气开，气开则境空，境空则通透，通透则虚无，虚无则清静，则太极成终始也，此即所谓"身心虚无松静至，心身清静和气归"。太极拳怀抱八卦，足蹴五行，固灵根而动其身，养灵根而静其心，返本还元，复归婴儿。太极拳博大精深，其功理与道、儒、理、易、军事学、兵学相关联，与人文科学相涵通，肇始乎古哲，融贯乎三教，横涉乎九流，浸淫乎百家。物我融洽、精灵机巧的太极拳使修炼者在自然里涵泳，逐渐感受自然的微妙变化，身心产生质的飞跃，感悟人生，熔铸风骨而入境。一旦入境，练形至精，炼神入微，智照无边，形超有际，秉山川之灵气，承日月之精华，达至与自然融洽，"天人合一"，而调得形神永固，最终产生质变，升华修炼者的气质、品格、修养，而入高雅。故功夫上乘者，儒雅清虚，鼓翮清尘，风驷云轩，锐气内敛，刚猛尽收，光聚天心，似有仙风道骨，目光清朗透澈，犹如明月清潭，神态和祥，体如春风，神如秋水，柔静澄澈，体态适中，瘦不干枯，肥不壅塞，精神内敛，赤白通红，光泽照人。功夫中乘者，内持静重，外现清和，诚中形外，五灵沉着，正大刚直，威武不屈，凛然莫犯，遒伟高古，离俗不谬，体态清瘦，皮肉松弛，筋骨生棱，骨格出锋，力生棱锋，黄皮精瘦。功夫下乘者，一介武夫，性真悉露，纵放悍怒，威猛狞厉，秾肥泛滥，拙鲁肿粗。

太极之途乃懂劲和体用之途，以体合自然者为上乘。吴图南认为，敌欲变而不得其变，敌欲攻而不得逞，敌欲逃而不得脱，斯为上乘，至于用一个劲儿能变动对方的一个劲儿为中乘，用一势之得失分一手之胜负，则斯品下矣。《太极分文武三成解》曰："文修于内，武修于外，体育内也，武事外也。其修法内外表里，成功集大成，即上乘也。由体育之文而得武事之武，或于武事之武而得体育之文，即中乘也。然独知体育不入武事而成者，或专武事不为体育而成者，即小乘也。"可见太极心历之历程，"学有所得，功居下乘；学有所悟，功居中乘；学无所得，功居上乘"。"学无所得"指"由所知而达无所不知，再由无所不知而臻无所知，能返其本，乃谓真知"。即所谓"豁然贯通"矣。太极拳道，本灵通之道，意超物表，高韵深情，坚质浩气，武之大也，大武者也。其拳学之发展水准，武功修为之境界，全凭修炼之心量和心力。拳由心造，迹由志出，心志能独造，则拳之境界何愁不出。反之，若心志不高，则究心必浅。此乃千古颠扑不破之真谛。故具太极大心者，坦荡心胸，舒散怀抱，虚怀若谷，以心造拳，始能阶及神明而功臻上乘。胸无大志，缺乏拳心文胆，心气平凡者，拳艺就难得以豁然贯通而归于神，难得以逆运之妙而归于明，故只能得拳技而之神明，仅能阶及中乘。心气偏窄，格调古怪，失之拘束，拳技就难得以纵放恣肆之妙而归于清、直抒心胸之妙而归于逸，虽恪遵典则，不坠先声，然恭而少安，威而寡夷，曲伸背向，清而歉润，故只能得下乘。外师造化，中得心源，太极拳“才能由清秀走向拙朴，由俊美走向深厚，由严谨走向飘逸自由，由清晰具体走向抽象意念。洗尽铅华，清雅脱俗，大气磅礴，独领风骚”。求索者，可有志于大武乎，可有大心毅然实践，而求太极正果大乘功乎？

# 第三章　三十七势诸解

1. 太极拳名“三十七”，似共有三十七势而名之。

2. “三十七”又叫“三世七”，人为三世，天有九重，拳分七品。“三世”为天、地、人，所以主宰有三，曰喉头（天）、心田（地）、腰肾（人）。“九重天”为宗动天、二十八宿天、土星天、木星天、火星天、日轮天、金星天、水星天、月轮天，所以有九宫，九窍、九丹（九者，究也，穷也，尽也。物为至丹，功力极矣）。“七品”为，一曰门外，二曰入门，三曰阶级，四曰登堂，五曰入室，六曰开窍，七曰神化。

3. “三十七”“三世七”又谓“三世栖（棲）”，即于前世、今世、来世中修炼，即神于古往、现今、未来三重世界——“宇宙”中遨游（四方上下谓之宇，古往今来谓之宙）。

4. “三十七”系三丰原始套路之数。三十七减一，则为三十六，以阴阳双螺旋结构之双数倍之，则为七十二之数，是谓“七十二变”。内功修炼五日为一候，一月为六候，七十二恰为一年之候。《对待用功法守中土》有“分明火候七十二，天然乃武并乃文”句，实即指太极文成武就之功。原三十六之所以加一者，一道也，主宰也，一为

“太极”之统，统领七十二之候，其取义本于此。

许多人认为对太极拳有所认识，实际还是门外者，皆因其不明拳理，不知修炼，练拳拙力暴动，仍是力气活而已。

# 第四章　折叠之研究

所谓折叠，顾名思义就是动之以旋，润之以转，身既往还，心亦吐纳，阴阳相推，刚柔相摩，动静相荡，虚实相渗，开合缠绵，劲由内换，以意相连，折（弯）而叠（重）之之谓。本无神秘可言，即接骨斗榫之喻。太极接劲，细绵缜密，化方为圆，不可直来直去，往复所变之虚实，外观虽似未动，而内已折叠，故折叠亦是虚实变化而已。其表现于物象，如柔水之涟漪，软鞭卷扬之曲折，荡柳柔曲百折之婀娜；折叠之象又犹如山之脉运，层峦叠嶂，邃谷深崖，巑玩突兀，岚气雾露，烟云毕至；又犹如海之吞吐，海之汪洋，海之含泓，海之激笑（啸），海潮如峰，海汐如岭。其体现于图腾，即是“总天地养物之理”，“通天地之极，尽宇宙之极”的太极图圆际中的S形月仓波线。它是阴阳、虚实、天地的分界线，象征平衡和谐的状态。S形月仓波线强化了太极图旋转的动势、动态和动感。它与圆妙合一体，相拥相抱回旋不息，表示阴阳共处一体，互相生成、互相克制、互相转化的太极合成体。其形象似双鱼交尾，如龙凤交吟，缠绵交接。S形月仓波线，其演示表现于太极拳的形式是意欲向上，必先寓下；意欲向左，必先右去；前去之中，必有后撑。即拳论所谓“来脉转关，一气相生”“一开连一合，开合递相承”“一引一进，奇正相生”“往复须有折叠，进退须有转换”“行气如九曲珠”“柔曲百折若无骨，撒去周身皆身手”“云龙风虎相周旋”“太极阴阳颠倒颠”。亦即老子《道德经》所谓：“反者，道之动。”

太极拳虚实之用劲变化，非折叠，劲无以曲蓄，而后有余；劲无以柔软，而后坚刚；劲无以顺遂，而后通透；劲无以开展，而后缜密；劲无以沉着，而后灵敏；劲无以因敌虚实变化示神奇也。何为虚实?虚实者，变化之消息，转换之机枢，谋略之法则，胜负之拳权，太极之本然。王宗岳《十三势歌》曰：“变转虚实须留意。”太极拳泰斗杨澄甫说：“太极拳以分虚实为第一义。”陈鑫说：“开合虚实，即为拳经。”太极拳名家董英杰在《太极拳释义》中说：“全部太极拳之精华奥妙，尽在‘虚实’二字之运用。”《牛连元转授之杨氏九诀•虚实诀》歌曰：“练拳不谙虚实理，枉费功夫终无成。”又拳谚云：“虚实刚柔之谓拳。”由此可见，虚实范畴的体现，就是太极拳经拳术的基本点。虚实，即阴阳变化，有变化方能生技巧，有技巧乃可以言拳术。倘虚实不分，则成孤阴独阳，无生长变化可言，更无变技巧之术。所以，从某种意义上说，不谙虚实或不懂得分虚实，即不明阴阳、动静与刚柔，更不懂劲，等于不懂太极拳。而“折叠者亦变化虚实也。其所变之虚实最为细微。太极拳劲往往用折叠，外面看似未动而内已有折叠。进退必变换步法，虽退仍是进也”（陈微明释折叠，见《太极拳术》）。由此可见，不懂折叠即不懂虚实，亦即不懂太极拳。故拳谚曰：“不懂折叠枉徒劳。”然而，须注意太极拳除有形并表现于外的折叠之外，更多的是内外不见的无形折叠。所以，折叠之谓，应该“凡此皆是意”。意气相连，劲由内换，刚柔互运，虚实渗透，动静浑然，蓄发相变，奇正相生，折叠自然如波之磅礴，连绵不断，滔滔不绝也。

# 第五章　太极拳体用全诀

**无极**无象无纷拏，一片神行至道夸；参透虚实根蒂固，混混沌沌乐无涯。

**起势**起落神气爽，周身松沉意注掌；劲贯四梢气腾然，守静待动应急缓。

掤捋挤按**揽雀尾**，粘黏连随敌难近；引进落空合即出，牵动四两拨千斤。

跨马扬鞭称**单鞭**，抹勾拴拂逼胸前；旋腕一鞭劲须齐，实脚踝转是真理。

**提手**两膊如苍龙，心宁胆定静御动；合抱提搓贵**上势**，虚实吞吐毕其功。

**白鹤亮翅**如鹤栖，着意随心肱贯气；靠挤分踢任自然，信步攻防惊天地。

**搂膝拗步**搂手打，亦套亦插劲宜长；跌打兼施须下势，心眼身手步合一。

**手挥琵琶**护中节，静待机势用采挒；穿缠粘化借他力，信手挥取敌胆裂。

太极五捶吾为先，四肢随腰劲连绵；俯仰**搬拦捶**胸胁，搬拦得法显神奇。

**如封似闭**守中攻，机巧全在掌缘中；虚化实发哼哈际，坠身脱铐长劲冲。

**十字手**法变不尽，上下相随虚实连；四肢随腰内外合，拧裹钻翻开合奇。

**抱虎归山**捋挤按，抽身闪赚斜搂推；推按全凭腰腿攻，一腕轻转敌胆寒。

划圈抹转化敌攻，掤托缠黏断其根；**肘底看捶**伺机势，乘隙一捶定乾坤。

**倒撵猴**儿扑面频，舒卷肱臂无滞病；若得坠身挽板劲，闪赚腾挪退即进。

**斜飞**不斜方为真，引进始可采挒分；一跌不知何处去，拧腰沉裆进腿深。

敌执我手莫慌神，金丝缠绕解围困；折腰坠身整劲沉，骈指插裆**海底针**。

托架闪展**扇通臂**，蓄发卷放如迅雷；身桩端正植根时，不尽功劲腰腿来。

**撇身捶**掌连环劈，掌扑头面捶胸胁，弓步如箭劲透脊，侧身击敌如霹雳。

**云手**横行似踩莲，连环运转意绵绵；捞抄掤挒等闲手，妙用全在转腰际。

**高探马**上缠腕采，仰之弥高掌探鼻；上惊下取型典在，金针度众乐其成。

**左右分脚**手须封，捋来采去伺机攻，上惊下取肋下踢，手脚齐到始成功。

**转身蹬脚**打敌援，悬腿蹬伸腹上踹；上下齐发桩根腿，立身中正最得势。

**进步栽捶**破前踢，搂敌扑地腰胫击；上下相随劲完整，腰沉胯松始得力。

**左右蹬脚**膝腹占，两臂合抱须圆满；双手分处伊心乱，轻黏慢挒飞腿踹。

**左右打虎**赛虎猛，披身取势在得横；善识侧翼与裆口，下采上打丧敌魂。

**双风贯耳**双环捶，叠而[redacted]用莫拘泥，他势我用亦可为。

**野马分鬃**奔向前，手脚叉夹肩靠飞；连环套跌攻腋下，双手分挒意在先。

**玉女**天边**穿**金**梭**，捋勒滚抱流如波；掤架穿插翻如飞，上下随合妙无穷。

**下势**蓄势避锐气，俯之弥深无所惧；引进落空牵敌根，顺势下采劲须齐。

**金鸡独立**随势起，撩踢撞闭任我为；腿起脚落千斤坠，不见阎王亦见鬼。

转身**白蛇吐信**烈，一撇二扑三穿击；叉喉取瞳任尔为，插穿翻飞敌胆碎。

横掌障眼**高探马**，覆手突现**穿**喉**掌**；上下相随弓步进，叶底采桃阴手藏。

**十字腿**法昨非今，不是弄错为改进；上行下打无偏废，徒具虚名更流行。

**进步指裆捶**下路，着人成拳指敌裆；攻击莫忘忧患时，搂膝寸靠占胸膛。

**七星**拳手足相顾，**挨步**逼上下**提篮**；饶君手快脚如风，我自有搅冲劈重。

**退步跨虎**闪正中，左挒左黏敌落空；虚步寓踢势腾挪，以走制敌显神通。

前后应敌括扫连，**转身**又打双**摆莲**；若要摆腿显神奇，疾如旋风莫忘捋。

**弯弓射虎**挑打胸，怀抱双拳似开弓；拳打四角合内动，连环捶击谁争锋。

大道全凭静中得，阳动以浑阴静成；法法经必有化无，**收势**神气归天根。

# 第六章　太极拳百法歌

**粘手义何解？**擎黏统于掤。擎起借彼劲，提上拔高扔。留恋缱绻黏，不使敌逍遁。引进使落空，粘掤即相乘。

**黏手义何解？**相着不脱离。不顶亦不丢，如胶着物系。粘黏不离中，曲伸随相依。进退运缠绵，萦纡如水迤。

**连手义何解？**舍己无离异。运一圆圜中，曲伸随势依。连在中定连，黏走化无迹。贯串珠九曲，浑然劲圆弥。

**随手义何解？**随进随退走。舍己以从人，随人而动后。黏则相连随，走则引化柔。进退相依恋，曲伸相合媾。

**掤手义何解？**相承架托膨。柔软以迎敌，内中蓄刚强。周身弹簧力，曲伸似弓张。笼环逼化劲，圆撑似围墙。

**捋手义何解？**引进使落空。轻灵不丢顶，挫之断其踵。闪赚圆而润，下盘唯稳重。捋抱顺且韧，运化尺骨中。

**挤手义何解？**推排重叠意。横排莫扬肘，虚贴神合连。合手须近身，挤他虚实现。攻前若寓化，发落即顺利。

**按手义何解？**运用如潮涌。起而拔其根，伏使来劲空。腰腿认端的，抑捺用腰攻。势如巨浪拍，排山倒海冲。

**采手义何解？**如权之引衡。粘捏须轻灵，权后知浮沉。择而后取拿，实采发劲整。采后即放松，动牵杠杆秤。

**捌手义何解?** 扬水若飞轮。惊弹走螺旋,捌惊务相称。
脱然掷寻丈,身手齐为真。谨防己内门,莫教他人乘。
**肘手义何解?** 二门横肘冲。方法计五行,唯凭推挤掤。
被闭才屈使,莫用肘尖捅。六手融通后,变化始无穷。
**靠手义何解?** 其法在肩胸。发兮须忖正,贴身行砟崩。
莫要与穴偏,疾然如雷轰。细辨撞与靠,玄奥在守中。
**摊手义何解?** 舒展散怀抱。性海渟如镜,心田气无暴。
悟透希微机,炼成真气浩。摊开即成功,一开一合道。
**接手义何解?** 承接入彼劲。动缓则缓随,动急则急应。
粘黏连相随,量敌而进退。用意臻缜密,四两拨千斤。
**搭手义何解?** 从容作接手。搭接似拱桥,前臂轻相扣。
凝听敌动静,相守候彼走。轻举莫妄动,动后而先谋。
**搬手义何解?** 俯仰迁敌劲。腰臂连运搬,护中拦截进。
化中寓打意,致彼使抗顶。一捶定乾坤,全凭搬拦灵。
**拦手义何解?** 臂随腰出击。拦截开敌门,暴露彼胸胁。
拦手形双斜,顺势能得力。搬拦得其法,顽敌向隅泣。
**捶手义何解?** 五指蜷里打。曲蓄以求劲,发放以直挞。
直捶非泊品,自古雄天下。十捶能精湛,太极能称霸。
**拿手义何解?** 拿闭敌血脉。节拿彼活节,劲路使阻碍。
落点要正确,吃牢使无奈。牵引作转移,拿手有主宰。
**托手义何解?** 虎口作承举。缠绕随势上,依身活节拘。
封闭敌肘手,牵连彼身躯。暴露其胸胁,长驱雄赳赳。
**依手义何解?** 粘黏相连随。刚柔虚实走,阴阳相依推。
用着顺势依,千变万化诡。动静一圜中,浑噩一身遂。
**崩手义何解?** 发力起暴劲。静似山岳峙,动发如雷霆。
失中徒无功,仔细维重心。周身浑元气,崩砟敌失禁。
**冲手义何解?** 突发直撺击。凑力聚中轴,周身行抖击。

起势陡而爆，劲促而猛烈。呼吸振根蒂，崩砟如霹雳。
**轮手义何解？**旋臂作挥动。以肩为轴转，肱臂气贯通。
势大而力巨，抡臂宜远攻。攻须防破绽，后防忌失控。
**撇手义何解？**抡拳肘为轴。下盘配弓箭，捶掌连环劈。
劲长且寓短，知拍任君击。捶打闪化势，击敌如霹雳。
**扼手义何解？**匝持敌九节。扼持力蓄使，勿使我劲瘪。
腰腿认端的，锁定彼劲跌。能扼且能截，攻深至毫耋。
**拔手义何解？**由敌侧分进。善识翼与裆，挽采使之倾。
顺其来势力，一臂行双劲。跟身到腋下，相贯赛雷霆。
**提手义何解？**合抱向上擎。两膊如龙缠，前后相呼应。
提搓须相连，御卸彼敌劲。进退似潮汐，拳斗如水行。
**搓手义何解？**合抱揉擦意。虚实相渗透，长短莫分离。
缓应急相随，开合曲伸就。搓摩试其功，提放即淋漓。
**劈手义何解？**掌拟刀劈劲。厉如寒风冽，疾然似雷霆。
全身合一力，专伤敌节筋。抡掌劈凛冽，肝脑礫诸庭。
**拨手义何解？**四两拨千斤。运化以为功，举重如若轻。
任他巨力来，牵动四两劲。静触而动发，变化如神明。
**缠手义何解？**开合缠绵意。身手作往还，心意互牵系。
阴阳作推摩，刚柔相荡激。缠之以折叠，绕之以顺逆。
**诱手义何解？**虚笼诈诱败。虚实神会中，诈败谁云败。
善于卖破绽，佯输亦无碍。诱敌使深入，回冲致胜还。
**回手义何解？**回转扶势意。中土不离位，两足定根基。
吞吐成开合，合开递相继。意上寓下还，始终阴阳依。
**拔手义何解？**牵行作提擢。一提拔其根，真力无着落。
涌泉失根基，落魄又失措。拔劲贵牵引，意上寓下搓。
**走手义何解？**退走避敌锋。宜退即以退，顺势得闪中。
斜退得横势，直溃落双重。退以鼓其进，走化使落空。

**栽手义何解？**俯身捶彼裆。状如栽禾秧，腰胫亦可创。专攻敌下路，身法重沉降。虽为击地捶，仍须端身桩。
**滚手义何解？**臂膊作翻腾。滚动争柔绕，缠绵行曲伸。劲力乍隐现，盘旋随吐吞。任督透中轴，周身气混沌。
**格手义何解？**沿臂作击格。格勒紧相连，莫使空切揭。贯穿见圆光，金梭穿晃旮。劲气成浑元，陶然行六合。
**勒手义何解？**循臂作格捌。意下寓上意，加以截之力。转接一线穿，手随腰折叠。随屈而就伸，务使气敛脊。
**截手义何解？**阻拦敌直攻。阻非硬顶抗，分解化彼冲。楔入做拦切，步趋身齐拥。手之所触截，庖丁解牛同。
**踢手义何解？**挪移发脚踢。寸腿去不知，悄然纵于膝。笼环逼化劲，七星搅冲劈。上惊寓下取，蹶然负痛跌。
**撅手义何解？**以手有所把。切截彼上臂，沉压须节拿。采腕拧转挫，撅劲如搓蔴。扣压虽雄霸，气势亦腾挪。
**贯手义何解？**贯掼彼双耳。两臂成犄角，双峰竞雄峙。掼击须折叠，切莫直拳驰。周身劲一家，勾击似钳子。
**搬手义何解？**运迁他方意。拳臂俯仰间，搬拦开合连。形势莫散乱，高度须相宜。用腰劲连绵，始得其神奇。
**搓手义何解？**搓摩试其功。折叠初绵软，相挫决雌雄。意气逐虚洄，机巧变出锋。奇正能纵横，一发力千钧。
**剪手义何解？**似剪作剪切。粘化黏敌臂，穿化行剪截。若风裁柳絮，用意不用力。劲发一瞬间，齐断彼筋节。
**推手义何解？**推排使向前。其法分单双，皆为把敌撵。推按劲须整，内外莫扯牵。劲须起脚跟，根梢须相联。
**化手义何解？**黏走一圜中。随劲萦且回，无影亦无踪。意气运化成，成竹在心胸。劲尽柔绵用，浑然成浑融。
**顶手义何解？**近身用肘膝。贴身横肘上，借助腰腿击。

若用膝顶裆，蹬劲要凌厉。中正无偏倚，神气归抱一。
**沉手义何解？**百骸令沉垂。浩然丹田气，常沉逐虚洄。
方寸守抱一，虚实始相推。沉着即轻灵，岂独知希微。
**绕手义何解？**曲伸走蛇龙。得手而缠绕，随势以萦动。
往复做盘旋，缠绵寄情韵。吞龙又吐象，浩如潮汐涌。
**挑手义何解？**支起敌臂膀。待其露空隙，挑打彼胸膛。
负荷以缠绵，相击莫傍徨。砥柱正中流，柔软亦坚刚。
**拘手义何解？**似拿非是拿。拘意莫放松，形势能细察。
拘意露破绽，攻守即出岔。拘拿能引衡，处处顺恰洽。
**蹬手义何解？**提膝飞腿踹。蹬脚膝骨迎，回身腹上占。
上笼下进取，心乱肋骨断。脚落腿复起，彼敌竟阑闼。
**分手义何解？**开手分脚踢。手脚同时分，上笼下提袭。
左右胁下刺，劲蓄肘与膝。意注四梢头，其势似比翼。
**搂手义何解？**握持曳抱彼。曲接应圆满，上下须相随。
搂进圆活力，力偶使之背。掀翻俄倾间，闻搂敌胆碎。
**云手义何解？**臂进如流云。始卒如若环，六虚相衡均。
云掤挑捩抄，拧裹钻翻运。连环劲绵绵，招招不落空。
**压手义何解？**往下行迫榨。云手一环中，抄捞搦捩压。
缺压即浮滑，攻守无应策。腾云又驾雾，体用皆出岔。
**抄手义何解？**如抄釜中物。挽手作抄捞，专掳敌胫骨。
拧裹作鼓荡，钻翻行踌躇。抄捩浮云中，颠翻使匐伏。
**捞手义何解？**翻腕行搦抄。粘接彼腕踝，澎湃如潮涌。
中涵浮沉劲，环中应相抱。轻轻运运中，首重圆融道。
**开手义何解？**开劲双手分。沉劲蓄气势，怀抱双捶争。
含胸开己门，诱敌使入深。拔背开彼门，突击使沉沦。
**引手义何解？**诱赚使彼进。牵引使其近，近身始蓄劲。
擎起借彼劲，落空合即侵。察幽知微明，倏忽变俄倾。

**拧手义何解？**两劲相扭绞。盘旋拧力偶，撂敌全凭巧。
奇正行纵横，阴阳飚呼啸。一跌知何去，渺茫落尘杳。
**遮手义何解？**探掌蒙敌眼。上惊使迷乱，下取使之瘫。
笼罩遮蔽劲，用意须弥漫。遮掩失缠绵，难以制敌顽。
**探手义何解？**横掌遮眼矇。障眼兼探鼻，环臂逼化笼。
探扑顾七星，立身要正中。上惊下提取，彼敌无所从。
**撸手义何解？**开合上下刮。前后应敌势，摆莲带扫撸。
柔曲资环化，折叠若无骨。手疾脚如风，旋风声砉砉。
**摆手义何解？**脚过风摆莲。掩护击横劲，浩荡如波涟。
柔曲疑无骨，意牵劲相连。若要显神奇，莫忘气收敛。
**掩手义何解？**其则为遮藏。横掌遮敌眼，使彼迷乱慌。
虚笼诈诱手，翻飞作惊浪。掩护雾茫茫，扫荡敌悲怆。
**扇手义何解？**两臂如扇开。立身莫偏倚，中正安如山。
闪展有接应，卷放如迅雷。周身法轮转，脊背通三关。
**转手义何解？**运势作回旋。一气运弛张，意气作转换。
行气九曲珠，周身法轮转。方圆相融生，神机自焕然。
**掷手义何解？**抛射彼敌顽。仰之犹弥高，抛空使颠翻。
俯之更弥深，掷地使跌瘫。平射意气远，弹洞泥墙坍。
**穿手义何解？**骈指取喉瞳。卷舒有的矢，吞吐如蛇龙。
流若云烟波，穿击似飞虹。劲气成浑元，随合妙无穷。
**扑手义何解？**挨身拍击掌。白蛇吐芯烈，扑面把敌创。
舒卷行吞吐，翻飞慨而慷。迎面挥铁扇，仓皇敌落荒。
**担手义何解？**粘掤承敌攻。沉化彼千斤，负荷以下松。
担化对方力，粘连黏随功。处中以用柔，一身备五弓。
**抓手义何解？**用手握住扼。裆深而藏秘，探海始能得。
抓闭敌要害，阴阳分两隔。抓手系毒着，非邪莫相剋。
**坠手义何解？**泮涣臻松沉。顶劲挈全身，清轻使上升。

真气坠丹池，腹心劲净澄。上下成悬坠，乾坤能驰骋。
**扳手义何解？**坠走作牵引。卷肱逐虚洄，退行无滞病。
重重叠叠意，行行重行行。吞吐见圆光，闪赚使迷津。
**挽手义何解？**绾手作导行。顺其来势力，牵之使背劲。
急流如漩涡，倏然使覆倾。运用只四两，转移化千斤。
**闪手义何解？**迅击似雷炸。杳无可寻觅，见像而闪化。
手脚俱宜用，劲路非仅霸。闪展无全空，接应须腾挪。
**续手义何解？**继续勿失空。缘中以行劲，归和而潜功。
行圆以取象，变化犹蛇龙。得其乱环中，往复相始终。
**环手义何解？**贯串一太极。吞吐首尾衔，圆点须相济。
环中横竖找，发落应对点。斗乱而不乱，环中不支离。
**冲手义何解？**进步直拳驰。搅冲尊缠绕，劈重崇直使。
看捶护中手，乘隙冲莫迟。挨步上下逼，发劲如发矢。
**旋手义何解？**动转似飞轮。急流成漩涡，卷浪若螺纹。
引进人莫晓，圆转意自深。形稳而势巨，触之便沉沦。
**笼手义何解？**遮迷行笼罩。笼环逼化劲，意气鼓涌潮。
虚笼诈诱走，神龙变无方。摩荡柔与刚，破敌如摧草。
**锁手义何解？**金丝锁缠劲。拘拿敌九节，束缚彼身心。
缠绕解危困，亦凭锁手灵。扣手又锁颈，不若巧闭筋。
**撮手义何解？**撮点致命攻。骈指如钢针，拟鹰嘴撮拢。
上取敌双瞳，下探穴虎龙。奇肆能纵横，出没见神通。
**插手义何解？**骈指作钢针。吐芯取双瞳，海底探外肾。
舒卷走龙蛇，指实掌虚吞。心手若相应，五指狂飚生。
**点手义何解？**以尖作直擢。非仅用指点，足肘亦可触。
撮击尽要穴，用着忌力拙。见机果断点，不可使踯躅。
**挥手义何解？**缚臂竞奋拂。接入彼敌劲，暗中隐杀戳。
擎引拔其根，缠绕使倾覆。伺机行擒纵，前捌后采拨。

**歉手义何解？**歉含力蓄使。功劲蕴于内，柔弱如水质。舍己从人意，道行退舍旨。抑扬造化中，缠绵如水逝。

**护手义何解？**拱护守正中。太和浑元气，浩然伏其中。六虚松均衡，筋骨成一统。上下悬一线，蓄势待发弓。

**拐手义何解？**折叠而后贯。沉劲蓄气使，精气致圆寰。意气串九曲，拐弯行勾拳。行柔而刚强，莫忘身闪赚。

**拂手义何解？**掠面过击敌。旋腕一鞭挥，两膊紧相系。凌冽如疾风，挡者皆披靡。劲气真雄浑，击敌似霹雳。

**抹手义何解？**两手平按画。轨迹行双鱼，折叠走八卦。摆扣实脚转，四梢随腰胯。拔根动敌基，抹转作环化。

**勾手义何解？**撮手行攻防。五指自然撮，鹰嘴作模仿。勾手开敌门，入室把彼创。吊手以击人，背尖飞颔颃。

**啄手义何解？**撮手作叩击。吊手拟鸟嘴，击如鸟食稷。啄击有的矢，不离瞳窍蒂。出奇以制胜，劲促而激烈。

**摧手义何解？**摧坚戳敌锋。挂勾作牵引，拂拴摧劲涌。猝然临顽敌，触发如雷动。摧枯又拉朽，摧逼建奇功。

**拉手义何解？**牵引相对撑。形成对拉力，两臂似弓张。九曲意珠圆，功劲行纵横。中土不离位，气满劲圆掤。

**拴手义何解？**拂挥如拴门。上闩重下势，前后须相撑。纵横迎敌顽，脚下慎驰骋。钩抹走八卦，一鞭定乾坤。

**藏手义何解？**掩手于伏隐。隐锋藏气脉，曲伸潜踪影。神以如来力，智以藏往劲。藏劲有若无，功夫入化劲。

**看手义何解？**看守敌动静。中和身在抱，神闲气若宁。聚神又敛气，蓄势待彼劲。知拍乘机隙，后发守中定。

**抱手义何解？**臂膀相环围。警觉应偷袭，闪赚斜搂推。引进捋挤按，腕转敌胆寒。捋抱凭用腰，抱得猛虎归。

**封手义何解？**合十护正中。上逼下提笼，变化无尽穷。

拧裹钻翻奇，先防后反攻。柔软避奄奄，刚劲宜浑雄。
**闭手义何解？**如封似闭门。闭穴封血脉，彼敌欲断魂。
闭手系恶手，随意莫纵横。若遇敌闭手，雀跃作挪腾。
**合手义何解？**阴阳相浑成。知止有静定，太极修纯真。
致虚守静笃，专气入混沌。致柔能婴儿，归静复命根。
**软手义何解？**隐劲于柔绵。软非是痿懈，刚柔不可偏。
刚劲避恶恶，柔软避蔫蔫。鼓柔泻拙刚，抽丝劲伏潜。

注：太极拳百法歌实有107法，这里的“百”是个虚数，是指多至上百，而非实指100个法。

# 第七章　太极百劲推原解

## 一、太极尺拳十三势概述

太极尺拳十三势，系太极拳系列一种可分可合、可左可右演练的拳械。如用尺演练则为“太极尺”，如弃“尺”演练则为“太极拳”，因其势为十三式，故谓太极尺拳十三势。如下主要介绍太极尺，尺精熟，拳自在其中。

太极尺之形制状拟如意，中部圆珠，意拟人之丹田，故圆径为人之同身寸 1 寸（即人手中指第二骨节之长度）；两端半球状如意头圆径为人之同身寸1.5寸，厚度为8分；全尺长度为人之前臂一只骨（从腕间小圆柱至肘尖的长度），故定名为太极尺；太极尺之柄茎为纺棰形，最高处约 1 寸（同身寸），以握手舒适为宜，如下图。

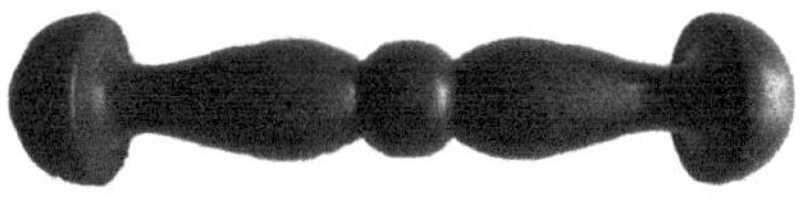

太极尺

太极尺常用桃木、枣木、杏木、桑木、香橼木等有益于人体健康的果木制成。果者，断也，敢也，果木一般都有避邪祛病之作用。也可用杨柳木、子孙木等制成。有条件的地方可用黄杨木、酸枝木、檀木（白檀、绿檀、黑檀）、黄花梨木、沉香木等坚实沉甸芳香高档的木料制成，这样得劲得气可以更快些。

演练太极尺（拳）能固住精，沉住气，安住神，定住心，有极好的养气、和血、安神、定心作用，故太极尺又定名为定心尺。太极尺演练有单尺和双尺之分，所谓单尺就是双手共执一尺，所谓双尺则是双手各持一尺进行演练，双尺较易而单尺稍难。练至能定住心，沉住气，内劲生，真元长，则遇触圆通而内外俱一。内一则虚静，外一则动直（直者，自然也），而明通公溥。通者，彻也，明之至也，溥者，广也，公之极也，内能通彻，外能广溥，则内外无时不一，功夫也就到家了。如此太极功夫进入深层次的境地，就能如天地般地大顺大化，变幻无穷而神妙莫测，故太极尺又定名为乾坤尺。

演练太极尺（拳）的作用，主要是模拟推手。推手之“推”源自《易•系辞上》：“刚柔相推，八卦相荡。”所以，此“推”者，即循环、摩荡也。推手之“手”亦不是指狭义的人体器官之手，其概念的内涵很宽泛，指的是着（招）法、技法，即一切攻防技术的总称。故所谓推手即是太极拳家，彼此攻守，刚柔、奇正、虚实之权复。即彼此推求虚实阴阳，推测刚柔轻重，推演攻守着法。在你来我往的持续循环推演中，完善自身的协调稳定能力，使身体内外的中和程度得以深化，由着熟懂劲而阶及神明。

推手一名“打手”，“打手”一词作为太极拳术语，源出王宗岳《打手歌》：“掤捋挤按须认真，上下相随人难进。任他巨力来打吾，牵动四两拨千斤。引进落空合即出，粘连黏随不丢顶。”这里的“打手”则含有短打、散打的意义。

推手又名“搊手”。《说文》：“搊，刮也，一曰拭也。”《集韵》：“搊，刮也，折也。”则是指一开一合的击打运动，也还是“打手”的意思。可能由于“打手”一词易混淆于贬义的黑社会性质的打手，遂渐弃之而不用。

一些拳家因不明“推手”一词的意义，望文生义，将“推”字理解成推搡之推，将“手”理解成狭义的人体器官之手，所以在推手运动中出现了拙力暴动、奋力如牛、硬推顶牛的现象，出现了所谓“推手推的是手，功夫在脚”的“名言”。因而也有拳家提出了“为了避免硬推顶牛，将推手一词改为揉手”的“高见”。此皆不明推手真义的缘故。推手经过杨氏三代及其历代弟子传播，在国内外广为流传，“推手”一词已成为太极拳各派共同使用的统一名称了。

太极拳的推手运动，是太极拳各学派在继承我国古代民间传统武术对练实践经验的基础上，创新发展而成的一种不具伤害性，或把伤害性降到最低限度的拳术攻防的竞技运动，故历来深受广大太极拳爱好者的喜欢。但推手是由两人按照拳架中的招式招法进行对练，其教学模式是一个老师对一个学生，“一对一”的方式进行的，且推手的难度远大于盘架，何况寻找一个心志一同，情趣相投，意气相融，技艺相当，而又能长期、甚至终生相伴的搭档更是难之又难。在这种情况下，根据太极拳推手“舍己从人，推己而不是推人”的原理，模拟推手“自己推自己”的太极尺拳因运而生。

太极尺拳运动视参与运动之人体百骸，掌腕肘和肩，背腰胯膝脚，五脏六腑九窍三百六十节，无一处不是玲珑剔透的甬道空档，而令尺拳圆转缠绕穿行于其间，引体以令柔，导气以令和，以开导闭塞，辟秽开窍，理筋正骨，分筋解痉，行气活血，舒经活络，祛瘀生新，养血荣筋，理气行滞，松懈粘连，强筋壮骨，灵活关节，升阳固脱，回阳救厥，通调气机，以至内达到调和五脏、洒润六腑，外达四末之功，以聚精会神、蓄贮内劲。所以太极尺拳以蛇手猫步为其显著特征，即要求手的运行犹似奔蛇走虺般之游行夭矫，屈曲盘旋，缠绕穿化，节节灵涌贯串，而腿足之运行则要求仿佛如猫之蹑足，五趾微摄，掌缘着地，足心形洼虚含潜行，迈步有准头，足下能捕人，轻灵沉着而稳健。此手步运动的特点即傅钟文宗师所总结的“如意胳膊箩圈腿”。即上于两膊相系，运而动之，柔和曲伸似如意；下于两腿相随，行而运之，踒转变换如箩圈。胳膊为上肢主节，与根节肩、中节肘、梢节手（腕），相连相系；腿为下肢主节，与根节胯、中节膝、梢节足（踝），相联相制；四肢随腰内外合，轻灵贯串劲绵绵，出手落步有缠绵意，有曲伸势，柔和利活，细绵不断，由根到梢，或由梢到根，均须缱绻缠绕，拧裹钻翻，节节贯穿。动势之时，以梢节领中节，以中节领根节，静势之前，以根节催中节，以中节催梢节，以至根根相连，梢梢相合，根梢相联，梢末相合，不知孰之为领，孰之为催，领即是催，催即是领，而“轻灵活泼虚实走，如圆似方意绵绵。四肢随腰内外合，处处圆满任自然”。此即王宗岳拳论所谓的

"立如平准，活似车轮"。"立如平准"提出了太极尺拳以腰为主宰，"虚领顶劲，不偏不倚"犹如平准之准则。上虚领顶劲，中守重心，下正尾闾，尾闾之海底即会阴与巅顶之百会穴一线贯穿，则虚灵内合，身桩端正，中正安舒，不偏不倚，脊通三关，自然得路也。

尾闾，古代传说中海水所归之处。《庄子•秋水》："天下之水莫大于海，万川归之，不知何时止而不盈；尾闾泄之，不知何时已而不虚。"嵇康《养生论》曰："或益之畎浍，而泄之尾闾。"人之尾闾，一名九窍，乃人身之"畎浍"。尾闾海底即会阴穴，古称阴跷穴，按丹经所言，此穴系人身之子午，任督二脉之总枢，冲脉之起点。《张紫阳八脉经》曰："阴跷一脉其名颇多，曰天根，曰死户，曰复命关，曰生死窍，上通泥丸，下透涌泉，倘能知此，使真气聚散，皆从此关窍，则天门常开，地户永闭，尻脉周流于一身，贯通上下，和气自然上朝，阳长阴消，水中火发，雪里开花，所谓天根月窟闲来往，三十六宫都是春。"李时珍《奇经八脉考》认为："八脉者，先天大道之根，一气之祖，采之唯在阴跷为先。此脉才动，诸脉皆通。……阴跷脉与手足太阳、足阳明、阳跷五脉会于睛明而上行，与眼的功能极为密切，因此亦有眼根在会阴之说。《性命圭旨》曰："所谓虚危穴（尾闾会阴）者，即天户禁门也。其穴在于任督二脉中间，上通天谷，下达涌泉，故先圣有言，天门常开，地户永闭。盖精气聚散，常在此处；水火发端，也在此处；阴阳变化，也在此处；子母分胎，也在此处。"《翠虚篇》总结："此穴干涉最大，系人生死岸头。"由是知之，人之私密处尾闾，是人类因进化而逐渐退化残存的小"尾巴"，是人体脊椎的一部分，是人身先天信息的贮存库，其中贮存着大量的先天信息和无尽的能量。尾闾海底（会阴），其又犹如“身舟”之尾舵，又如推进器，为动力之起始，又是人身之璇玑，运转之枢机，故喻称之为“灵蛇”。所以太极尺拳修炼的关键就是激活这条“睡眠”的“灵蛇”。大量的国内外资料及众多的运动实践都证明，运动包括所谓的“全身运动”，身体内外各处都能运动到，唯独尾闾会阴处运动不到，因而达不到应有的锻炼效果。其中也包括太极拳的修炼者，年深岁久，苦恋太极，终其一生，入宝山而空回，其中的主要原因就是不能激活尾闾之“灵蛇”，不能盘活尾闾所在之脊椎这条大龙，“龙蛇”脊椎（包括尾闾）两条大筋与各筋脉相通，为人身之总筋。奥妙在于其本身是一个杠杆系统，是一个完备的稳态的调节体系，调节阴阳而调刚柔，使亢者承之，弱者激之、彰之。如若不能激扬鼓荡，不能贯串灵涌，则意气如何昂扬，劲气如何腾然，劲力如何神变，太极如何由着熟而渐悟懂劲，由懂劲而阶及神明。是以太极尺拳十三势，以运动脊椎大龙之“中”，流注尾闾阴跷之“一”，作为锻炼之准则，亦即关键。

激者，激发、激励、激昂，激发使奋起，鼓励使振作，振奋使昂扬。活者，“道法自然”，敏而活泼，如风之飘，如水之流，一无成规，无禁忌也。我们知道人体之“龙蛇”脊柱的任何活动都是各个节段的联合动作，其旋转总伴有侧屈；反之，其扭曲亦伴有旋绕。而其运动中心，即枢纽主要是胸椎段和腰骶部位，其中尤以尾闾为要。有诗云：“尾闾九窍为铁鼓，周天火候作弓箭，撞开尾闾功非小，一派黄河天上流。”又有诗云：“撞开尾闾神泰定，冲开九窍气冲和，周天火候无滞碍，半夜颠狂独自歌。”由此可知，脊椎“龙蛇”之尾闾是人体劲力的源头活水。《阴符经》说：“修炼的关键在眼睛上。”而眼根在尾闾会阴上，所以说太极尺拳修炼的关键是激活脊椎尾闾。

那么如何通过外形内意来激活尾闾这条沉睡的“灵蛇”呢？上文已经提到，尾闾是人类因直立行走进化而逐渐退化残存的“小尾巴”，这个小尾巴“用进废退”，因不活动也逐渐丧失了“尾巴”原先所固有的垂、竖、摇、拽、裹、捲、敛、旋、翻等功能，尾骨也就逐渐固化而不灵活了。它的枢纽作用逐渐为腰所代替。腰者，要也，一身之要，上承背脊，下连尻尾，中为脊柱，为全体之主宰，为一身动转开合之枢纽，曲伸俯仰，旋转侧翻，无不由之。所以太极拳注重腰胯，认为“腰脊为第一之主宰”“命意源头在腰隙”“气若车轮，腰如车轴”“气为旗，腰为纛”“腰如干，肢如枝，腰微动，枝自动；腰不动，枝乱动，无用功，一场空”。而罕有谈及尾闾者。但是太极尺拳的修炼者，追拳功深，拳意真真，就会体会到，尾骨（闾）上与骶骨相接，前扣的骶骨与后翘的尾骨相接处尚有微隙可以活动，其穴名为腰腧，即腰气血转输之处，与两胯处于同一水平线上，而腰脊与两胯却呈竖三角形的状态，所以以尾闾为轴、为枢纽、为舵、为主宰，不会或较少产生扭力或应力，相较于以腰为主宰、为轴、为枢纽常产生扭力和应力集中，而损伤腰椎间盘，具有更可靠的安全性和优越性，亦更灵敏乖觉。但因其修炼极其困难，拳家多视为畏途，所以太极修炼功臻豁然贯通神明者“代不数人”。而要练内功，练出真功夫，必须上提玉楼，下收尻道，龟尾升起，丹田炼神，前任后督，气行滚滚，丹田吐纳，潜转鼓腾，光聚天心，气下于海，内收丹田，气息归根，以激活尾闾。

“玉楼”者，为头部紫极洞房宫也。所谓“上提玉楼”，即“顶头悬”“提顶”，或称“虚领顶劲”。太极尺拳要求“心平、眼平、顶平、肩平”。心平则气正，眼平则意正，顶平则头正，肩平则身正。上提玉楼顶头悬的要求，就是通过“心、眼、顶、肩”的顺序，在其四平的基础上，头顶百会虚虚提起，若无若有，如临虚空而神贯于顶，处于勿忘勿助之虚悬状态。

头为百脉之宗，诸阳之首，位居至高清虚之地，内藏脑髓，乃系元神之府，周身之主，全身之纲领，五官百骸莫不本此为向背。百会朝天，天门洞开，此方寸之地的虚领，可提纲挈领竖路线，而致元神“天根月窟常来往”，机气通畅，浩气流行，生发一身阳气，达到炼气化神。正如陈鑫所说：“周身精神全系于顶，故顶劲起来，是在似有似无之间。”自可免除太极拳板滞之病，而带来一片灵动，一派生机。正如诗之歌咏“一片灵机写太和，全凭方寸变来多，有心运到无心处，秋水澄清出太和”。

“尻道”，“尻”《说文解字》析为“脽也”，即脊椎之末端，臀也。尻道即为肛门，泛指尾闾海底会阴区域。所谓“下收尻道”，从广义整体看，属于太极拳“裹裆”“敛臀”或叫“护臀”的技术范畴。从狭义局部看，此即“吊裆”，谓“尻道上提”或“提肛、缩股道”，为会阴处虚虚向上吸提，适度地收缩会阴底肌和肛门括约肌。配合顶劲、松腰、落胯、圆裆等要义，就能使尾闾的舵向作用相对稳定，从而保证“尾闾正中”和“立身中正”。尾闾正中则有利于尾闾垂落下插。“顶头悬”为上，能悬则顶劲虚领，神贯于顶而维系于天，使天气与人气相交，使天阳与人阳，阳阳相接，以阳补阳，通天合阳。尾闾垂（俯）落下插为下，柔力意插，气注海底，而联接于地，使地气与人气相接，使地阴与人阴，阴阴相连，以阴补阴，通地合阴。头顶与尾骶骨互逆相撑，伸展贯注，则上下一气，有冲天接地之意。通体准直，以竖其路线，纲举目张，而提挈全身。如此，上下一线，轻灵贯串，中正安舒，不偏不倚，脊通三关，自然得路，而周身皆活。此即拳论之所谓：“尾闾中正神贯顶，满身轻利顶头悬。”

然太极拳乃懂劲之途，拳技之旨在于练劲积劲，即所谓练内劲，也即练内功。拳谚云：“劲者筋也，力在于骨，劲生于筋，筋长一寸，功增一分。”宗师云：“立身中正（尾闾正中）为太极第一要义。”然上虚领顶劲，下尾闾俯垂，尚不能充分拉开人体脊椎之两条总筋，尚不能完全使人立身中正准直，所以其练功效果受制约，只能达到中乘境界的功夫。欲“更上一层楼”，则非“龟尾升起”，即裹捲敛翻尾闾而不为功。龟尾者，尻骨尽头也，尾闾也。所谓“龟尾升起“，从狭义局部看，此即太极拳“捲尾”“裹裆”“敛臀”或叫“护臀”的技术规范。即以意领气，以气导形，形随意运，运而动之，使尾闾向前、向上裹捲拿托丹田，此类如钟表之上发条，能蓄聚劲力能量。正如郝少如所说：“尾闾正中须两股有力，臀部前收，脊骨根向前托起丹田。所谓尾闾正中即脊骨根向前也。”而孟乃昌先生则说得更为具体：“首先要尾尖前移2寸，但用意可远至尺丈，尾闾骨向前，从而起到由曲至直的拉长效果，起到向上托的作用。”如此，上则虚领顶劲，宽胸虚心，“无留横气于上”“束肋下气”由上而下，气沉丹田而“护肫”，是谓“天覆”，下则“裆间撑开半月圆”尻道上提，龟尾升起，托起丹田，由下向前而上，“裹裆异腹”，是谓“地载”。“天覆地载”不仅能充分拉开人体脊椎之两条总筋，完全使人立身中正准直，且能负阴抱阳“拿住丹田练内功”。即拳论所谓“拿住丹田之气，练住元形，能打哼哈二气”。

“哼哈”之谓，近世民间俗称佛寺门卫二金刚为哼哈二将。此即佛经所谓金刚力士，又称金神、金刚夜叉、密迹金刚等，执金杵以护卫佛法。而太极拳用来喻丹田之阴阳二气，“拿住丹田练内功”，上提玉楼，下收尻道，龟尾升起，俞口气吞；光聚天心，气下于海，内收丹田，气息归根；气调而匀，劲松而紧，身无懒骨，发劲循循，前任后督，气行滚滚，丹田吐纳，潜转鼓腾。哼哈二气随丹田之动而无有不动，随丹田之静而无有不静，静极而嘘，如春沼鱼；动极而吸，如百虫蜇。动与静偶，形气相得，内动导外动，外动合内动，内气潜转，劲由内换，终日乾乾之功，进而不止，日久功深，精气神三妙品凝合伏结成丹，此即太极浑元劲也，亦即浑元气。一气浑噩而敛入脊骨，周流于六虚，深沉于丹田，倾注于尾闾，是以“气满任督开，劲气动天地”而激活尾闾。尾闾活，则能摇拽转旋。但须注意摇拽旋转仍须“晃中合骨”，此骨者，脊柱也。更须注意“万此皆是意”，要注意轻柔，重不得，轻不得，轻罔效，重伤形，而违背“一身辗转不离中”之宗旨。在太极行功中，形体上尾闾如舵，如推进器，又如龙蛇游鱼之尾。身欲向何方，尾闾即从后对向何方。如游鱼得水，矫健而灵敏，是谓活泼率然。

由此可见，上提顶，下俯插，“虚中立中轴”而身无懒骨；上提顶，下裹卷，“实中拿丹田”而“而裆间撑开半月圆”；上提顶，下摇拽，“龙虎（即阴阳二气）交天地”而天地交泰，气息归根。是锻炼内功，积聚阴（隐）劲，是贯串脊椎大龙、激活尾闾灵蛇的不二法门。

## 二、静松稳匀缓合连详释

太极尺拳武不耀武，而以柔弱示人；威不扬威，而以德技化人，其修为的最终目的是明确而统一的，即修为内劲。张三丰诗云：“年月日时空有着，卦爻斤两亦支离，若存会得绵绵意，正是勿忘勿助时。”说的是，长年累月的追求着法，最终总是徒劳“空”的，推求“卦爻”方位变化，权衡“斤两”轻重，最后亦是支离破碎的，唯有存得“绵绵意”才是根本。“绵绵意”，即绵绵气也，绵绵劲也。“勿助者”，顺其清静自然也，“勿忘者”，守其清静自然也。“勿忘勿助”，以默以柔，正是太极修为内劲的入手方法及功法旨要。拳谚云：“重招（着）不重劲，不是好拳经。”清康熙时王南溪指出“拳勇之本在于劲”。陈长兴《太极拳十大要论》曰：“夫太极者，千变万化，无往非劲。”《太极拳推原解》曰：“拳者，权也，所以权物而知其轻重者也。”而拳可权者，拳可运者，拳可化者，拳可体者，拳可用者，拳法之谋，拳法之可德者皆在于劲。故太极尺拳之所重者，在于精气神劲。精者元精，气者元气，神者元神，劲者内劲，亦即内气，即内中神气贯通之气。精炼而聚，气炼而凝，神炼而敛，劲炼而浑。劲这种关乎精气，连乎神机，运乎自然，法乎动静，行乎柔弱，应乎旋绕，恃乎松长，藏之乎丹田，运之乎百骸，自然生成的太极尺拳功力的最究竟者，又称之谓“本根”。可见太极尺拳修炼的核心是功劲（气）。一旦当这一种劲转换成太极艺术语言的深层内涵，也就意味着对其内在的生命强化与充实，从而构成了太极艺术的另一特征：劲的生成、运动、变化，及与其相关的精气神韵，即拳家所谓的“内执丹道，外曜金锋”。

何为劲？劲也者，气之精也，外资温养之精，内服中和之气，是以合称为劲气。劲由气而生，气由精而得，精乃神所化，神由意而来，意由心所发。所以，所谓劲无非是意与气合、神气合一而已。其寄于无形之中而接于有形之表，可以意会而难以言传。心头一空，神意真一，精根根而运转，气默默而徘徊，神混混而往来，心澄澄而和同，虚领乾顶，而炼神还虚；胸音开劲，而炼气化神；束肋下气，而炼精化气，太极拳在内练为主，以劲为本，以劲为用，不倚拙力，不用后天浊气，全身意思皆用精神的主导思想下，进行用意不用力，顺任自然，息心体认，无过不及，随曲就伸，不丢不顶，勿自伸缩，外不乖于形式，内不悖于神气的内环境的锻炼和改造。经过多年的重精爱气尊神，即精气神的蓄养、收敛、凝聚、升华，使之耦合、协调、中和，而使身、心、意“三家相见”，使精、气、神“三元浑一”，从而激活精气神三妙品凝聚伏结成丹之舍，三丹田内以及人体密处（会阴）所贮藏着的不尽的能量。这种激活的神行机圆，慧而不用，潜藏于拳中的力量，是一种不加力而力自彰的自然之力，用之于内

而为德，用之于外而为道，用之于养生则真气绵绵，用之于技击则劲力沛沛。这种真气劲力，非劲且有劲，无意且有意，有力亦无力，随意生化，随力变通，行之如意，发之如力；藏之乎丹田，运之乎百骸，达之乎四梢，充塞乎周身，流通乎百脉；迹不外露，功蕴于内，放之则弥溥六合，卷之则退藏于密，寄于无形之中而接于有形之表，可以意会而难以言传。它是通过完善自我身心的中和来实现的，故谓之内劲。

所谓内劲，即是浑然中处，无形无象，神以知来，智以藏往，神行机圆，慧而不用，可以意会而难以言传，人莫能知的太极劲。“假借无穷意，柔舒浑元身”，此劲以柔为主，外柔内刚，柔中寓刚，刚柔相济。此劲关乎精气，连乎神机，运乎自然，法乎动静，行乎柔弱，应乎旋绕，恃乎松长，随乎造化，源乎先天，出乎本能，自然而然。故内劲又称之为自然之劲或先天之劲。先天之劲力，为柔弱，松长，缠绵，缱绻兼备，灵活善变，环化连绵，柔和自然，神化莫测而统筹、统制、统御之劲力。此劲力柔弱而莫之能拒，柔弱而摧枯拉朽，柔弱而胜于刚强，轻柔而难以承受，松长而入于无间，缓匀而常得先机，后发而迅捷先至，缠绵而意气贯串，缱绻而微妙运化。皆成于腹心松净的鼓荡，得于无为主宰之功德的积累。所以内劲只能在柔弱中求，只有克服了后天的一切人为，先天的潜能，即先天之劲才能被挖掘出来。所以太极拳练内劲，有“返先天”之说。

“先天”一词最先见于《老子》第二十五章：“有物混成，先天地生。寂兮！寥兮！独立而不改，周行而不殆，可以为天下母，吾不知其名，字之曰道，强为之名曰大。”可见天地阴阳未分，鸿蒙未判，一气混沌，即为先天。而就人而言，生生之初，应有一个“性”或“灵”，这才是人的本来。由于后天的灵台杂乱，拙力暴动，使人越来越背离先天，越来越远离自然，成为世界上唯一不自然的一类。是以太极修炼（为）不离“返本”。返本还原之修，亦即“逆修”，亦即“返婴寻天籁”。复返“婴儿”时所固有的性灵纯朴境界的修为，其实质是复返元精、元气、元神的先天境界。

先天之道，不假外力，自己如此，故为自然。所以，所谓内劲是潜在于无极态人体中的一种不假力而力自彰的自然之力或能量，是通过意念在无极态身体中激发出的先知先觉。要想求得太极拳纯粹的内劲，首须神静意清，以获得“胸中脱去尘浊”的精神自由，使心灵得以释放，达到“内清虚，外脱化”，以获得先天之神（灵明知觉之谓神）。次须意存丹田，一志凝炼，专主于敬，以意守中，意土凝定，以获得先天之精（滋液润泽之谓精）。再须腹心松净，气宜直养，力不坚操，一体浑元，一息坚融，以获得先天之气（充周运动之谓气）。

人之本体，唯精气神耶。神也者，精之神；精也者，气之精。一气能变曰精，一精能化曰神。精神意气，可以互变，形态各异，实则同类，乃名谓不一尔。精化则神，神固则精，精化则气，气聚则精；精神与气，精神原气之凝英，气本精神之升华，精气神之道，精主化生，气主作用，神主宰制，独立而不改，周行而不殆，变化而无穷，浑融而贯通，和谐而统一。精气神的融会贯通、和谐统一、逐末返本，其所炼化积累而成柔韧而富有弹性，且无丝毫坚硬者，是为太极拳先天之内劲。所谓先天之内劲实为一种柔弱智慧之劲。皆因其既具灵活善变之化，又有柔和成势之机；既有依随机势粘黏连随之妙，又有旋绕环化敷盖对吞之神。此为太极拳领域内特殊的“隐性的十分自觉而又成熟的忍耐性力量”。

太极尺拳如长江大海，汪洋恣肆，必以胸臆，精神意气出之。千变万化，无往非劲，势虽不侔，而劲归一。劲一之功，积日而有益，久练而后成，其修炼之窍在于松柔弱运之道。只有在形神两静，中中正正，寂寂空空，松松融融，绵绵柔柔，自然而然的锻炼中才能存得起真心，养得起真气，蓄得起内劲。正如孙剑云所言：“何为内劲，神气合一而已，随着炼精化气，炼气化神，炼神还虚，炼虚合道，神气耦合，愈为协调、有序、内劲渐纯。故内劲是习者身心协调达致中和时，机体产生的一种潜能。常见习拳者，或从腹中求之，或从腰中求之，或哼或哈皆不得其所。内劲无声，无嗅，无形无迹，无一定之所处，唯有求中和以致神气合一，方可得之。鼓动小腹，抖动腰身，抡肩纵胯皆可谓之发力，然皆非内力也。”故太极尺拳的锻炼，唯静（敬静）、松（松柔）、稳（沉稳）、匀（圆融）、缓（缓慢）、合（和合）、连（连随）七字要诀为其不二法门。

## （一）静

**静者**，虚静、清静、宁静、定静也，是对动的超越，是一切事物的本来状态。敬德润身，天心月圆，心中无物，寂然而空，谓之**虚静**。虚心无我，心怀无垢，身心静一，无二无杂，谓之**清静**。清静无为，外息诸缘，内心无惴，心难已出，谓之**宁静**。一志宁神，一意冲和，自性不动，宁之如定，谓之**定静**。清虚静定即清其心源，虚其心斋，静其气海，定其内心，是谓**敬静**。肃然警惕谓之敬，朴素纯一谓之静。静乃道之根，敬乃德之蒂，根深则道可长，蒂固则德可茂。至虚至极，敬静默笃，身净于杳冥之中，心澄于乌有之乡，定静深行而达到外不知有身，内不知有心，外忘宇宙，内遗形骸的忘我之境，而身入无道。以致能忘物以养心，忘情以养性，忘境以养神，忘色以养精，忘欲以养形，忘形以养气，忘我以养虚，忘世以养道。敬静之功夫至此境界，自然心地明澈，泰然自适，即使自己的躯壳，亦可置之度外，达至无所不忘、物我皆遗之境。此境界正如《授秘歌》歌咏："无形无象（忘其有己），全体透空（内外如一），应物自然（随心所欲），西山悬磬（海阔天空）。虎吼猿鸣（锻炼阴精），水清河静（心死神活）。翻江播海（气血流动），尽性立命（神气充足）。"从而使潜藏于阴桡等处的无限生机微妙及先天潜能潜力——内劲得以开发和突破，心灵得以释放，从而心光透脱，内劲如灵蛇，使太极拳术臻达阴阳莫测、如幻如影、豁然贯通的神明境界。静又是把握人体及外界运动规律的一种方法，在排除了影响感知的种种障碍之后，对于世界的理解更为深刻。静是太极尺拳达至高层次的必由之路。所以历代太极拳家以敬静为旨归，认为："静久生气，敬一生劲；太极从一起，内劲静中得。"敬静是太极尺拳产生内劲的源泉，是培养接近于先天智慧的温床。一切生命功能的泉源都从"静"中生长，那是自然的功用。在自然界中任何动植物、矿物的成长，都从"静"态中充沛它的生命的功能。在静态中成长，在动态中凋谢。

所以应从敬静中索取力量、智慧和内劲。太极拳不根于虚静者，即是旁门左道。若能“瞥然一念狂心歇，内外尘根俱洞彻，翻身触破太虚空，万象森罗从起灭”，达到至敬至静的境地。自此，神宇泰定，神气交养，踵自浩然，心光回归，登真存道。则浑然的内劲自然而生，功夫自然而修，功力自然而长，功境自然而得。则武殆有天授，意气奋发，挥洒一片天机。

## （二）松

**松者**，蓬松、放松、圆松、松柔、松静、松净、松沉、松展、松空、松运、松活、松融、松和、松匀、松化和松灵也。柔之甚，软之极，养精蓄锐之意也。空而有容，宽而不紧，虚在其中，空在其中，谓之**蓬松**。身心舒松，沿途缠绵，静运无慌，处处融通，谓之**放松**。形松而圆，神和而全，曲接圆满，气韵生动，谓之**圆松**。舒柔连顺，柔和而韧，柔缓有素，六虚衡均，谓之**松柔**。心静意松，神舒体静，唯静唯松，内外贯融，谓之**松静**。意识净化，身无拘滞，身心澄澈，气畅脉匀，谓之**松净**。通身疏松，松而稳沉，一领百沉，内合外工，谓之**松沉**。抻筋拔骨，肢体舒展，骨节开张，节节贯通，谓之**松展**。百骸松透，心意虚空，无形无象，全体透空，谓之**松空**。体在练气，用则在松，静而后运，运而后动，谓之**松运**。松是要求，活是效果，能松能活，八面玲珑，谓之**松活**。身心放松，气机浩然，三焦循环，经脉和同，谓之**松融**。太和元气，浑然中伏，一气弛张，荡漾松韵，谓之**松和**。气脉连贯，气机不断，骨肉亭匀，关节一统，谓之**松匀**。松关开窍，九节开张，和气溶溶，融通致化，谓之**松化**。曲伸自由，出入穷奇，纵横逸飞，玄妙神灵，谓之**松灵**。

概而言之，松者，劲之涣也，柔之甚也，软之极也，守神至虚，含虚而不紧张，养精蓄锐之意也，乃人的先天固有之本性。太极拳的松，是在中正、中定、中和、中庸的基础上，和心清、意静、神安、气定统领下的周身舒松、柔润、圆活、和匀、疏沉、空净和融通。

（舒）松是虚极又虚，静之又静，乃静之体，和之象，柔之母。松则意不用强，劲不努使，筋肉松活，气畅脉通，奉送致远而力自沉重。

柔（润）是茹软而韧，温和而耐，乃圆之本性和要求。柔则顺弱克己，气行九曲，曲全谦退，劲行婉约，活泼迎人而隐劲于绵。

圆（活）是万般浑元，一身浑噩，大通冥混，融通幻化，乃运动之机，动变之力，还返之道。圆则酥团融流，周全运化，统涵统汇，返虚入浑，变易自然而应化广阔。

和（匀）是礼于下人，谦恭自卑，心平气和，暴躁全无，忿怒不生，拙力不长，大而能小，强而能弱，刚而能柔，伸而能屈，素处以默，妙机其微，举之可见，求之已遥，遇之匪深，即之愈稀，得非力致，失因意矫，脱有形似，握手已违，如声五音，其法维调。太极拳不竞不绒，不刚不柔，和之至也。和是通贯天下的原则，也是通贯太极的道理。和则中和在抱，劲净而匀，内外一统，五气顺布而映带匀美。

（疏）沉是周身中规正矩，顶劲上领，裆劲下去，两肩松下，两肘沉下，胸中沉心静气，两膝合住劲，腰劲下去。一领百沉（顶劲虚领，百骸沉垂），浩然之气直沉丹田，常存而沛然；气沛而劲足，劲涌绵绵而众莫能御。绵沉是自身松净过后的一种气敛入骨的效应，果能松净了，则气敛入骨而周身都有浑融沉重的感觉（是自然的重，不是用力），此乃真正太极劲也。是故，沉则周身一家，完整一气，自然舒适，轻灵沉着，意定桩稳，不惟支撑八面，八面转换而虚灵含拔，知觉灵敏，岂独见微知著。能沉着方能虚灵，势势有着落，处处分虚实，沉而腾虚，松沉轻灵而圆活机变。

空（净）即空净而纯，是虚无，虚其心，无其我。虚而灵，空而妙，唯能空净，身心自由，为太极拳入神要路，乃太极拳最精微处，非稍有根底者很难领会。空则能受，净则纯粹，身之虚而万物至，心之无而和气归，入于虚无则合于道，返本还元而复归婴儿。

融（通）是松融一身，和其形神，造化内功，融通致化，乃阴阳圆转，妙化之道。融则神气贯通，一气浩然，涣若凌释；意气圆满，劲匀而浑，形圆不败，圆贯而致永恒。

太极尺拳的松包含了舒松、柔润、圆活、和匀、疏沉、空净、融通等诸多内容，可用一个“难”字概括。所以杨澄甫说：“一个松字，最为难能，如果真能松净，余事未事耳！”又说：“松，要全身筋骨松开，不可有丝毫紧张，所谓柔腰百折若无骨，只有筋耳，筋能松开，其余尚有不松之理乎！”太极尺拳的奥妙，其最优长处就是一个“松”，太极拳家终其一生，追求的也是这个“松”。因为松是一把打开太极功夫之门的金钥匙，太极尺拳内劲生化积累、功劲提高的过程，就是松柔的过程。练太极尺拳若能全身至松、至柔、至顺、至沉，不使有丝毫拙劲滞留于筋骨血脉之间以自束缚，然后内外合一之内劲通透于周身，无形无意，感而遂通，而轻灵变化，圆转自如。若能不用力而用意，意之所至，气即至焉，气血流注，日日贯注，周身川流，无时滞止，久久练习，松运而至柔，运柔而至刚，刚复归柔，终跻浑然，则得真正之内劲。

## （三）稳

稳者，稳妥、稳固、稳重、稳定和稳健也。匀整协调，不偏不倚，不温不火，刚柔折中，无过不及，允执厥中，谓之**稳妥**。筋骨宜合，四面停均，五灵沉着，八面支撑，岳峙渊渟，谓之**稳固**。劲力弥满，中规正矩，绵缓斯文，含蓄蕴藉，浑厚凝重，谓之**稳重**。缓中见雄，笃中含灵，静定蕴藏，抱一守中，宁之如定，谓之**稳定**。诚中形外，正大直刚，宏博圆融，返虚入浑，积健为雄，谓之**稳健**。

太极尺拳的稳是静中准，动中衡，稳而笃，笃定泰山，是指空洞其心，中直其意，端直其身，含和抱中，立身中正（人身中轴线和重力线重合），不偏离自身底盘时的良好的平衡状态，它与灵敏是一对既对立又统一的矛盾。如只有稳而没有灵，必然会造成架式呆板，毫无生气。如只有灵没有稳，其动作必然轻浮，浮则无根。故太极拳要求稳中求灵、灵中求稳。岳武穆《九要论》曰：“步者，乃一身之根基，运动之枢纽也。以故应战，对战，皆本诸身，而所以为身之砥柱者，莫非步。随机应变在于手，而所以为手之转移者，又在于步。”所以太极尺拳之稳，虽关乎虚领顶劲、含胸拔背、立身中正、气沉丹田、尾闾正中、百骸沉垂、意定桩稳等诸多方面，而其关键还是在于下盘步的稳固。此即所谓“八法步为先”，上虽凭手，下尤凭足，随机应变在于手，而所以为手之转移者，亦在步；活与不活在于步，灵与不灵亦在于步，稳与不稳更在于步，步之为用大矣哉。太极尺拳要求上部空松以尽虚灵，下部沉实以尽衡稳。先稳，固下盘，后灵，动其身。内家拳《拳桩因果诀》说：“拳以桩为根，桩以拳显神，桩无拳不灵，拳无桩不稳。”太极尺拳将桩功理法融进拳法之中，练拳似站桩，行拳走架时式式是桩、处处是桩，是一种静中求动、动中寓静的活桩功。一趟太极尺拳就是在以腰为轴，虚领顶劲，尾闾正中成“上下之悬”，气沉丹田，两足弯曲如箩圈，而又灵活有弹性的此起彼落、实腿踝转、虚实变换的情况下练完的，静之为桩，动之为步，亦是桩，不过不是立地生根的桩，而是自忘其身，任意浮沉，飘然为凌云之游的活桩，是“足为地关生命扉”的寓桩于拳，静之为桩，动之为拳，拳桩合一的“太极桩”。

太极桩“行若盲无杖，自然依本分。举步低且稳，踏实方可进。回光急返照，精神留体内。中定勿倾斜，端身自固志。耳目随心静，任其纷纷事”。这一运动训练方法的出现，隐桩于拳术内，要求演练者圆融安详，风度端凝，体势中正，安静浑穆，法度井然，风韵内含，简远虚灵，动中处静，静若处子，静也肃穆，莫可撼移，整体圆融松沉，稳如泰岱。此即拳中有桩，化有为无，以心行气，以气运身，训练了神经。它又借意念操练拳术，心动意起，意起气随，气随劲至，劲断意不断，意断神相连，意之所向，神即前往，全身因之运动而行发劲，劲潜体内，行于四梢，形于体外，而成拳术。此谓“神为主帅，身为驱使”，即桩外有拳，化无为有，又锻炼了肌肉筋骨。人自虚而无，则能心静而体松，即可生神，凝神；而生气，敛气；而生精，积精；此自无而至有也。炼精而化气，炼气而化神，炼神而还虚，此自有而至无也。有中无，无中有，反复历炼，使精、神、意、志、筋骨、劲气得到全面的锻炼，从而使“脏腑清虚，经络通畅，骨健髓满，精气充足”而求得太极拳术领域内特殊的“隐性的十分自觉而又成熟的忍耐性力量”，即内劲。太极拳寓桩于拳，拳桩合一运动模式解决了太极尺拳稳的问题，克服了拳桩分离的弊病，从而找到了一条“由着熟而渐悟懂劲，由懂劲而阶及神明”大成修炼的科学之路，这一贡献是不言而喻的。

美国纽约的一所医科大学曾在国际医学期刊中指出，太极拳是“载重运动”之一，能有效地减少跌倒机会，预防及改善骨质疏松情况。太极拳为人类带来健身效果的主要原因是因为太极拳是“载重和承重情形下的有氧运动”，进行太极拳时，身体的血压、心跳等会产生有益的运动效果。我国有专家提出，现代人运动量降低，远远不能满足关节的要求。尤其中医强调膝关节，把它称作“筋之府”，大脑叫作“神之府”，下丹田称作“精之府”。下肢一出问题或许是一种衰老现象。如果发现你的腿没劲了，说明你的生命力在衰退。所以寻求“稳”的下肢运动对于当代人的一些文明病的预防，显得特别重要。而太极尺拳实腿踹转，静之为桩，动之为拳，拳桩合一的求“稳”的运动模式，正是“载重和承重情形下的有氧运动”。稳不但是太极拳技击积蓄敛聚内劲的需要，也是健身、疗疾、养生、益智及开发人体潜能等综合效应的需要。“稳”的意义大矣。正如郑曼青《体用歌》所咏：“太极拳，十三势，妙在二气分阴阳，化生千亿归抱一，归抱一。太极拳，两仪四象浑无边，御风何以顶头悬。我有一转语，今为知者吐，涌泉无根腰无主，力学垂死终无补……”说的是，如不能“归抱一”“浑无边”“顶头悬”“涌泉无根腰无主”而失去了“稳”，则将“力学垂死终无补”，即努力学习的结果也仍是竹篮打水一场空，一切无补于事。

## （四）匀

匀者，匀平、匀和、亭匀、定匀、缓匀和圆匀也。心劲均平，速度均匀，软活柔动，关节一统，谓之**匀平**。气调而匀，气宇融和，意劲浑然，流通相淆，谓之**匀和**。劲气合一，骨力亭均，温柔毓秀，映带匀美，谓之**亭匀**。含中抱和，四面定均，八方俱备，内外一如，谓之**定匀**。劲如抽丝，藕断丝连，柔缓有素，劲净而匀，谓之**缓匀**。圆活流畅，匀称不滞，阴阳理和，浑然无间，谓之**圆匀**。“匀”是太极尺拳运动的节奏。孔颖达《疏》：“节奏，谓或作或止，作而奏之，止而节之。”故知节奏，即是“拍（节拍）”，即是机。白紫青《动几论》中说：孔子讲，“几者动之微”。就是说，几（机）是动的最初现象，即微动。又说“代表纯阳的乾（宇宙万物最初的动几源自乾阳之气的作用），只要一动起来，就不会停止，也不改变形式”。所以太极尺拳的“一作一止”的节奏，即节拍，并非快慢相间、大起大落的，其基调是轻柔缓匀，平和匀衡，匀称圆融的。这是因为行云流水、流畅不拘、骨肉亭匀、动息匀合、六虚均衡、静穆舒展、庄伟沉雄的太极尺拳是“道法自然，天人合一”的。试看天体日月的运行，星辰的旋转，天运道心的周流，四时季节的循环，物质的不灭，能量的守恒，时间的永恒，皆无忽疾忽徐的变态，其永恒不变者是为匀速运动。此为常态，“常”即是“道”，即是规律。故“均”为天地的大道，亦是太极尺拳的常道。所以杨澄甫说：“太极拳之主体，贵在动静有常。故练时举步之高低，伸手之疾徐，运动之轻重，进退之伸缩，气息之宏细，顾盼之左右上下，腰顶背腹之俯仰，须知各有常度。不可忽高忽低，忽疾忽徐，忽轻忽重，忽伸忽缩，忽宏忽细，忽左右上下俯仰之不匀也。”由此亦可知“匀”之一字，包蕴广泛，举步伸手，运动轻重，曲伸开合，俯仰向背，进退顾盼，呼吸吐纳，皆涵括其中，非仅指运动速度。

“匀”是太极尺拳中使整个身心与宇宙融为一体的一种重要修炼方式，这种方式的主旨在于使身心宁定松静圆匀。太极尺拳若心境不能宁静虚无，则形体如何松柔圆匀；形体不能松柔圆匀，则神韵安能庄穆定匀；神韵不能庄穆定匀，则气息如何平和缓匀；气息不能平和缓匀，则意念如何虚远专致；意念不能虚远专致，则劲力如何整衡圆融而奉送致远。所以太极尺拳练拳行功，全身意思，皆用精神。主张一不用气，用气则滞；二不用力，用力则断；三不用法，用法则尽。主张圆而匀，匀而绵，绵而柔，柔而松，松而空，空而透，透而通，从而身正气和，一气浩然，渐臻浑噩一身之脱换之境，而圆通无碍，变化无穷。所以说“匀”最富有变化，“匀”是太极韵律的灵感、天赋的节奏。“匀”的节奏，使心劲劲净而匀，使内气融（匀）浑而一，所以“匀”是均平、圆融、和谐、柔顺、浑整、协调的信息波，又是内劲内功纯正浑厚的体现。

太极尺拳以慢生柔，以匀求活，柔极生刚，刚柔相济，圆匀浑一。太极拳不温不火，不疾不徐，劲匀气浑，轻摇之以松其肩，柔随之以活其身，徐行之以稳其步，自始至终，以意贯穿，运劲如抽丝，藕断丝相连，行云流水，轻若浮云，动中寓静，静中育动，静以生阴，动以生阳，动静均衡，阴阳合德，是谓匀。太极拳的匀，是不疾不徐的挥洒、内外如一的圆整和一气浩然的混沌，是“人不知我，我独知人”的明彻通透，是身松脉通、融通致化的豁然贯通。如果这一些关于匀的要求都能做到了，则自然劲气圆满而无焕散之弊，完整一气而周身一家。自能知缠绵而进取，知依随而退守，缱绻卷舒，旋绕环化，皆成自然，如此便能在缓匀中讨消息，在匀和中求顺达，在匀平中求静笃，在亭匀中求柔润，在定匀中求稳健，在圆匀中求雄浑。在静笃、顺达、柔润、缓匀、浑圆无间，浑整统一之中，求得直正的飘然匀实、匀整协调的内劲。

M.willian 和H.R.Lissner著的《人体运动生物力学》指出：匀速运动是“等动力训练”，由于其运动的速度是恒定的，运动的阻力是相等的，故其效率明显高于“静力训练”和非匀速的“等张力训练”。实践亦证明相比变速运动，匀速运动也能大大减少能量的损耗。而太极拳运动的节奏，“是内外功夫均不断，上下进退永连绵”，几近乎匀速，所以它应归属于耗能少而效率高的“等动力训练”。这在技击上既有利于“节能”，又有利于保持持续的“后劲”，则“着明于不劳，功至此，粘连黏随已成，而可攸往咸宜矣”。谁能想到古老的太极尺拳竟与现代的人体运动生物力学不谋而合。太极尺拳的“匀”极不简单。

## （五）缓

缓者，徐、慢、柔也，毋矫，毋骄，毋躁，不竞不绒，从容就事也。如前所述，地球等天体的运转是缓而匀、匀而慢的，缓匀是天地的大道，亦是太极的常道。杨澄甫《太极拳十要》曰：“外家拳术，以跳踯为能，用尽气力，故练习后，无不喘气者。太极拳以静御动，虽动犹静，故练架子愈慢愈好。慢则呼吸深长，气沉丹田，自无血脉偾张之弊。学者细细体会，庶得其意焉。”

现按杨澄甫“细细体会”的指示，来开掘“缓（慢）”的深层内涵，其意义有四。

### 1. 慢工出细活

速度缓慢，是太极尺拳的性质和独特的运动方式所决定的，它符合宇宙运动的规律。太极尺拳乃虚实消息枢机，实中有虚机，虚中有实应，详审虚实，以神意运之，怎能不慢？太极尺拳运动时，荡荡流行，绵绵不息，其根在脚，起于脚，发于腿，主宰于腰，发于脊背，达于肩臂，形于手指，由脚而腿而腰，总须完整一气。此即所谓，“但求舍己无深病，上下进退永连绵”。平日走架，是知己功夫，一动势，“仔细留心相推求”先问自己，周身合上数项不合？少有不合，急须速改换。又要注意：沉肩垂肘、含胸拔背、气沉丹田、虚领顶劲、松腰胯、分虚实、上下相随、用意不用力、内外相合、意气相连、动中求静、动静合一、式式均匀十三要点，此十三要点在每一动中皆要注意。不可有一式无此十三要点的观念，缺一不可。各项要领徐徐地悉心体会领悟尚且难保无一遗漏，何况快习之。所以练习太极尺拳要缓慢，不要快，慢得似雾中行舟，不竞不绒。如果速度太快，动作一滑而过，就很难做到这些，很难做到“表里精粗无不到”，日久恐有入于滑拳之弊或流于硬拳之患。练演太极尺拳，绝不可失其绵软，失其缓匀；而是应绵缓斯文，柔缓有素，既缓且绵，陶然往返。细绵若春蚕吐丝，绵绵不断，浩荡如长江大海，滔滔不绝。如此，深谨之至而奇荡自生，太极尺拳方能练得细致入微而逐步前进，即所谓“慢工出细活”。

**2. 慢练出真功**

王宗岳《太极拳论》说：“太极者，无极而生，动静之机，阴阳之母也。”无极者，何？乃静功也。所以太极尺拳的内劲功夫只有在缓慢地接近于“静”的“无极”混沌状态下才能求得，实现“动中求静，缓中求功，静中求内劲”。太极拳以慢生柔，以缓求匀；以慢求稳，以缓求笃；以慢求松，以缓求融；以慢求灵，以缓求活；缓与慢将疏散在全身的各个劲整合起来，将精气神敛聚起来，从而炼成阴柔的内劲，此即所谓“慢中求功，静态里边大力生”。太极拳“看停似走，看走似停”，势势缓匀，机势相连，每一动唯手先着力，随即松开，犹须贯串一气，起承转合，始而意动，既而劲动，转接一线串成，气宜鼓荡，神宜内敛，勿使有缺陷处，勿使有凹凸处，勿使有断续处。功蕴于内，劲不外露，通过外形动作的开合和内在劲路的虚实来显示神固韵匀的运律节感。运者，先运其心，次运其身，敛一身之气，运一身之劲，运实为虚，实处俱灵；以虚为实，断处俱续，连绵不断，一势连一势，实极而虚，虚极而实，“轻灵活泼虚实走，如圆似方意绵绵”。一气流转，一式接一式，“四肢随腰内外合，处处圆满任自然”。两臂轻柔圆转，双腿起落腾挪，犹如一片云烟。圆似月魂坠，轻如云魄起，纷纷纭纭，斗乱而不乱，混混沌沌，形圆而不败。外示安逸，内固精神，用心取静，以意导动，缓缓而行，徐徐而运，轻灵而不飘浮，沉着而不重滞，柔韧而不萎软，寓刚而不僵硬。动愈缓而气愈平，动愈宁而心愈静，动愈匀而意愈凝，动愈微而神愈固。更有欲动又止，欲止又动，动乎不得不止，止无不得不动之意。缓缓然，似双手擎山，悠悠然，如溪中浣纱，又恰似春蚕吐丝，拳势如行云流水，风曳杨柳，柔曲百折，连绵不断，柔缓而轻灵。如是气之源源，日日流注，穿珠九曲，无微不至，周流全身，无时滞止。久久练习，意至气至，气至劲至，劲之沛沛，刚柔相济，浑雄完整，而得真正的内劲。因这种内劲是在柔缓中求得的，所以称之为“阴柔之劲”，或简称“阴劲”。

太极尺拳运动，无论走架和推手，都是绵缓斯文，悠然化然，与人争柔，决不斗力，其基本特征都是缓泛泛，慢吞吞，软绵绵，笃悠悠，从容不迫的，状如摸鱼。所以太极拳家称之为“摸劲”“摸鱼”“摸八卦鱼”或“摸手”，外国人则称谓“摸影子”，即“捕风捉影”无从捉摸。然而正是这一种慢吞吞状如摸鱼的柔缓浑匀阴柔之功，才最蓄得起气，留得住劲，积得起功，这样练得来的功劲，因其缓慢、松静、柔顺、圆融，所以也最灵敏。太极功夫不到一定程度，只怕难以体会以上的涵义。武功一道，原本求快，但快到极限就无法再快，这是因为一个人潜能无际，但体能是有限的，武功到了体能极限以后，想求寸进亦是万难。如欲求更上一层，势必要另辟蹊径，求发潜能，打破体能极限。但体能只可为用，视之无形。至此境界，必须求变。张三丰就是在少林的快、刚等“走投无路”时，“复从而翻之”，把武功上的巧、用意不用力等寓变于行功之中，而把少林拳异化为柔和缓慢的内家拳的。内家拳看去虽然缓慢，其实意在机先，一发之中兼具迅快，只是变化已多，形相已无，看去较慢而已。此即所谓“寓变于慢虽缓实快”。缓在于形，快在于意，心要占先，意要胜人，用意臻密，意在机先，着着先机。世界上没有比心意更快的东西，彼形快不及我意先，快又何能为？所以意快自然也最灵敏。

我们从力学和人体运动生物力学中知道，缓慢运动，由于作用时间长，因而所作的功也大，所以缓慢的力更具有持续力和渗透力。例如推土机、牵引机，是利用“慢”的典型。如果推土机“快”，只会发生撞击，起不了持续的大力推动作用。而牵引机开始牵引时如果快速，则牵引机的缆索会发生断裂，而起不到牵引作用。而练硬气功碎石，则是利用了“快”速。快速地打击，使力在尚未持续深入到人体前就将巨石击碎了，而人毫发无损。相反，如果放缓速度打击，则会产生持续绵延的渗透力，而致人重伤。由此可见，看似快疾猛烈的外家拳，总是拙力暴动，爆发着发劲，拳头抡得越猛越烈，劲力越是单薄，在极大多数的情况下，往往只能伤及人的体表，“出手见红”，看上去血肉模糊很可怕，但其实伤势并不重，是所谓“外伤”。而缓慢阴柔的伤人不伤己的内家劲道，看上去打击力度似乎并不大，然因其能产生持续延绵深入的透劲，而伤及内脏，且往往是致命的，是谓“内伤”。所以内家拳有“非遇困厄则不发”的戒律，即是说非到决生死的绝境，是不可以还手打击人的，因一发劲，轻则致人内伤，重则足以夺人性命。太极拳的缓慢之劲，正是“粘黏连随，敷盖对吞”快则能乘、慢则能随、触则能感、迫则能应的阴柔内劲。一经粘上，能使敌如觉魍魉缠身，丢之不开，投之不脱；“仰之则弥高，俯之则弥深。进之则愈长，退之则愈促”。这是缓的作用，也是缓的功夫。缓慢的功夫，将散落在全身百骸中的劲力，协调整合统一而成为圆融浑然的整劲，此即所谓“慢练出真功”。

### 3. 慢中得温养

美国的健康研究院院长乃塞尔博士（Edward Naisl M.D）说：

“太极拳给了我们一种文雅、温和、不用力的运动，我们从医学上研究，已认定了剧烈的运动会招来不良的后果。”认为瞬间的剧烈运动比不运动还差。美国的艾瑞克·郝金斯认为那种将能量瞬间统统放射出去的运动方式，丧失了内劲和后劲，可谓愚蠢透顶；而相比之下，中国的太极拳柔缓有素，攻中有守则是聪明绝顶。现代的医学科学亦证明，讲究蛮力的增进而剧烈的杀机毕起，心气浮燥，拙力暴动地盲修瞎练，会大大增加呼吸系统、神经系统和运动系统等方面的负担，其神经肢体气官筋肉必受其摧残而致颓废，结果造成各种各样的疾病。此以自戕伐身为代价而求所谓亡命绝杀的神功秘技，其所习得的功夫含金量姑且不论，就其习武的心态而言，与太极尺拳的根本宗旨亦相去甚远，向为智者所耻，为高手所不取。

正如金庸所说：“太极拳是清静无为的黄老之术……练的主要不是拳脚功夫，而是头脑中、心灵中的功夫。”所以高手论道，认定先天原本，化去血性浊气，以静制动，以清止浊，柔缓有素，圆融浑然，锐气内敛，刚猛尽收，纯以神行，不尚力气，全身意思，皆用精神，练的就是一个“灵”字。何为灵？追摄先天，运会后天之谓灵；从无守有，常应常静之谓灵；含和抱中，逆使造化之谓灵。“灵”是空透的效应，是玄妙功能的总代称，它是慧通而深达、玄妙而莫测、神速而准确、无意而自然的应对能力，是周身一统，一动百动，闪展腾挪，随心所欲，本能自然的先天自然之能。太极拳家以火比喻神，回光（眼神内视，元神照丹田）的轻重缓急，神与气相合化为劲，其运用的程度就是火候。所谓“文火”就好似诗之所曰“柴头罨烟焰不起，待他自熟莫催他，火候足时他自美”的炖猪蹄的幽火，其火力虽小，绵绵舒缓而不减雄劲，尤胜于急猛的武火。太极拳的“文火”，化方成圆，不以威武，隐劲于绵，而以文明，外面之形，秀若处女，不带丝毫张狂之气，一片幽闲之神，尽是大雅风规。内里心意，和平情性，温柔资格，极无半点矜持，圆润凝重，含蓄蕴藉，超逸温醇，如春阳之温，如时雨之润。《周易参同契》形容这种“文火”的运行力是“黄中渐通理，润泽达肌肤，淫淫若解冰，从头流到足，究竟复上升”。所以归根结底，所谓“文火”乃一圆通、自然。太极拳凭借这一徐行缓运的圆通自然之劲，资熏日久，运化入微，使身心舒松，筋骨坚强，脉穴流通，五脏安宁。使太极修炼者，外得以资温养之精，内得以服中和之气，而得以温养。温养合法，由是养大德，树正气，扬善风，美心灵，达符中和之道，达致和衷共济之功，合于大中至正之说。于功夫，则功夫自然而修，功力自然而长，功法自然而生，功境自然而得。于健康，使许多束手无策的疾病，在慢悠悠、缓泛泛、如松非松、将展未展、留恋缱绻、柔和绵软、峰回路转的慢功夫运动中，抽丝般地退去，天下还有这样的运动吗？所以广大群众将这一种养内劲、养内气、养精神、温文尔雅、用意不用力的太极拳视为卫生拳和健康之神。

### 4. 缓应急随理贯通

太极拳论说:“动急则急应，动缓则缓随。虽变化万端，而理惟一贯。”即拳经所谓“缓应急随理贯通”。说明太极拳在用的方面，为制敌机先，也是讲究“快与急”的。但这快随急应不是急风骤雨式的抖弹惊炸，不是心浮气躁的跳踯震足，而是“敌人奋然临，意先慢然应”的从容不迫。敌急我意先以急应，敌缓我形后以缓随，以敌之缓急为缓急，不自作主张，自为缓急，自能舍己从人，粘连黏随，以资运化应随。然欲求运化得当，缓急应随相宜，非松灵而功深而难以把握。敌我争锋，劲之阴阳、刚柔、虚实、急缓、类别瞬息万变，而我之“借势化之，知拍入之，接其力头，化其力尾，借他力而用入”的缓急应随之理则一。临危救急应敌，不在于思维反应的敏捷，而在于自然神应的玄妙；不在于快速急应的技势，而在于柔弱的粘连黏随；不在于劲力的重大，而在于旋绕的松长；不在于气势的凌厉，而在于折叠的缠绵。所以太极功夫不在于速度的手快手慢，而在于卷舒的缱绻；技巧不在于错综复杂，而在于紧凑恰合；用不在势激力猛，而在于舍己从人；发不在拙力暴动，而在于随势顺合；进不在快疾峻急，而在于缱绻依随；退不在快避雀跃，而在于旋侧转错。“千言万语，知拍任君斗，总是哄他旧力过去新力未发而乘之”。其要妙皆在从容两字。应对恰合，柔缓有素，松紧有度，松得舒适轻柔，紧得自然顺达，缓中见雄，笃中含灵，方见“缓慢”摄人心魄的真气象。

庄子《天道•轮扁斫轮》曰：“斫轮，徐则甘而不固，疾则苦而不入，不徐不疾，得之于手而应之于心，口不能言，有数存焉于其间。”说的是：砍车轮，下斧慢了就会松滑而不坚牢，下斧快了就会涩滞而难入。不慢不快，才能得心应手，这用嘴是没法子说明白的，其中的奥妙存在于砍轮之中。斫轮如此，打太极拳何尝不是如此。杨澄甫虽说“练架子越慢越好”，但太极拳从练得得手应心至得心应手，具体应慢到什么程度，他没有说。可能就是“口不能言，有数存焉于其间”。因个体的不同，每个人的年龄、气质、体质、禀性等差异，慢到什么地步，因人而异，自然不能一概而论，不能以偏盖全。虽说如此，但缓慢的程度还是有一个准则的，那就是能静得下心来，松得开身心，蓄得起内劲，温养乎和气，顺达乎四梢，充盈乎周身。能做到缓急从心，快不散乱，慢不痴呆。迅疾处要不离法度，缓慢处要照顾到气魄。“未能速而速，谓之狂驰，不当迟而迟，谓之淹滞。狂驰则形势不全，淹滞则骨肉重滞”。傅钟文先师长期追随杨澄甫老师，根据他的观察和体会说：杨老师在武汉等地表演的时候，也有打

8分钟一套的，但一般正常的情况下，一套杨式太极拳应以20~25分钟为宜。有的人曲解“练架子愈慢愈好”的含义，忽视“慢中练功，缓慢而不滞顿”的原则，造成片面求慢，把一套拳打到30分钟以上，甚至一个钟头，其结果大都犯了迟滞的毛病，而神杂意死毫无圆活之趣，与太极拳“若能轻灵并捷便，粘黏连随俱无疑”“曲伸开合听自由”“气遍身躯不少滞”“如长江大海，滔滔不绝”相去甚远，这就不是太极拳的真缓。真缓就是因势变化，急缓相应，真缓就是神韵的潜移默化，是虚实变化的细致入微，是刚柔的浑然中处，真缓就是“灵”，就是“活”，拳要越打越精神，越打越灵活，从而昭感灵敏，运化柔顺，依随自由，应化广阔而融会贯通。

## （六）合

合者，六合、顺合、和合、融合、会合、谐合也，劲之一也，刚柔统也，阴阳合也，周身关节合而为一也。肩与胯合，肘与膝合，手与足合，是谓外三合；心与意合，气与力合，筋与骨合，是谓内三合。若以左手与右足相合，左肘与右膝相合，左肩与右胯相合，右三与左亦然。以头与手合，手与身合，身与步合，亦是外合。心与目合，肝与筋合，脾与肉合，肺与身合，肾与骨合，亦是内合。敌我争锋，以我的阴合彼的阳（避其实），以我的阳合彼的阴（击其虚），以我自身各个对称部位的劲合而为一，如左右上肢合、上肢与下肢合等，是谓阴阳合。“合”的变化多而且妙。内阴外阳，六虚衡均，动息匀合，内外形神合为一体，贯为一气，即所谓“拳弥六

**合**”。心息依顺，劲气柔顺，缘中顺遂，顺中用逆，逆中行顺，随变而应，顺应而化，随化而合，是谓**顺合**。粘连黏随，依中归和，刚柔相荡，同一和气，反复变化，活化中和，是谓**和合**。调理身心，凝聚精神，人本为体，怀融本体，自抱寓合，阴柔而守，融和而合，是谓**融合**。一气弛张，心统一身，和顺积中，运化通达，退藏于密，是谓**会合**。阴阳总统，变化一统，辅应自然，通达道理，流通照应，意劲合一，妙合自然，是谓**谐合**。

太极尺拳之贵重，全在和合，顺之为和，逆之为合，运和而合。返还自然之合，是心与天合，亦是人与天合。心与天合则灵，人与天合则健。中国的太极功夫就是依凭“和合”而修炼成功。和合的具体体现就是：曲伸开合，神意相照，心肾相交，身体中定，手步规矩，劲气和顺，上下相随，外不乖于形式，内不悖于神气，诚于中，形于外。阴阳相推，刚柔相摩，虚实相渗，八卦相荡，依归中和，曲伸开合听自由。此为真合也。若能真合，则如拳论所说：“上中下一气把定，身手足规矩绳束，而后百骸筋节自相贯通，上下表里不难联络，庶乎散而统之，分而合之，四肢百骸总归于一气矣。”此即所谓行气如九曲珠，无微不到，气遍身躯不稍滞，也即所谓一身之劲，练成一家。从而形成意劲合一，浑然内合，统成一体的统合整劲。“合则发放出，不必凌霄箭”。统合的整劲必然勃发产生巨大的力量。现代的科学家也已从理论上证明，人体所有的细胞如能全部高度的协调整合，可以发出25吨的力量。这就是为什么太极尺拳修为的最终目的是修为内劲，而修为内劲归根结底就练一“合”字。从形神合而至天人合。和为贯，合为珍，通而和，和而合，和合之功，全方位，广而精，致力归一。“夫所谓一者，自顶至足，内有脏腑筋骨，外有肌肤皮肉，四肢百骸相联而为一者也。破之而不开，撞之而不散。上欲动而下自随之，下欲动而上自领之；上下动而中部应之，中部动而上下和之。内外相连，前后相需。所谓一以贯之者，其斯之谓欤”。又所谓一者，是繁简一致，表里俱一，纯彻无二，真正至元纯阳一气，与大虚合体，与大道同心，自然同心。简单说太极尺拳练的就是“合”，合就是“一”，内心专一则能静虚，外形合一则能动直，直者协调自然。内外合一，而后百骸筋节自相贯通，上下表里自然联络，散者统之，分者合之，四肢百骸总归于一气。如此则能豁然贯通，又无时不合了。无时不合就是缜密。太极功夫柔软为道，用意不用力，先求开展，各部顺畅，动作适意，即所谓舒筋活血，起衰振羸。后练紧凑以至缜密，即拳经所谓“开展紧凑乃缜密”。开展紧凑以至缜密即是“合”，是太极至高境界的体现。筋骨劲气合一，练气入骨，练劲归根，动分静合，开合有致，动转有位，太极有宰，劲骨宣合，百脉流真，劲气贯串，劲意不断，气势相连，此谓之“紧凑”。舒散怀抱，自忘其身，虚静为上，内外兼修，鸿濛一气不散，精神圆满无亏，悟透希微之机，练成化劲，拳心合一，拳无拳，意无意，劲断意不断，意断神相连，太极随处见圆光，妙手一着一太极；有丝丝入扣，斗榫入壳的恰当，乃臻形神合一、体用合一之境。此谓缜密。太极至紧凑缜密之境，身体如同九重天，内外如一，玲珑透剔，无有杂气搀入其中，心一思念，纯是天理，身一动作，皆尽天道，故能不勉而中，不思而得，从容中道。而后方有“放之则拳弥六合，收之则存于方寸之中”之妙，是谓“妙合”。能妙合则行拳走架，开合统一辩证，顺则为开，荡漾四梢，逆则为合，由梢归椎。开中寓合，合中寓开，开即是合，合即是开，即开即合，开合有谱，开不忘合，合胤续开，开合连缀，互相匹配，开合摩荡，阴阳相推，开则一动皆动，无微不到，所谓放之则拳弥六合，合则齐整均匀，劲骨宣合，周身一家，所谓卷之则退藏于密。如此，人的一身，内五脏六腑，外四肢百骸，内精气与神，外筋骨与肉，共其一身。曲伸开合，融化和合，神内敛而不乱，气鼓荡而无间，则太极有宰如有神，是谓合太极。合太极者，合两仪、四象、八卦、六十四卦。由动归静，知止有定，收敛心意气息全归于根；凝神固精，定心静息，而复归于无极穆穆皇皇的混沌景象。

老子曰：“归根曰静，是谓复命。”能够合到至妙，能够静到极点，“致虚极，守静笃”，才能找到生命的根源，回归生命的根本。

## （七）连

连者，贯也、不中断也，连绵、连贯、依连、圆连也，舍己无离贯串之谓。拳势缠绵，法无定势，势无定法，出入微微，悠远深长，运若抽丝，长丝连带，吐惟细细，纳惟绵绵，无停无休，无休无止，是谓**连绵**。出入运行，周身罔间，关节顺合，气血通畅，意无间断，劲无滞涩，虚实相涵，阴阳渗透，刚柔相济，着着联络，处处融通，是谓**连贯**。神意相依，意气相连，力量流动，劲意不断，机势相连，前运之终，后动之始，紧密衔接，粘黏连随，走则引化，进退依恋，是谓**依连**。柔曲百折，抟气致柔，和气周匝，珠穿九曲，一气流转，运一圜中，气若车轮，劲如波涛，劲气合一，浑然合内，周而复始，循环无穷，是谓**圆连**。

连绵、连贯、依连、圆连，合成谓之**贯串**。太极尺拳行功，劲起于足，发于腿，主于腰，敛于脊，布于膊，贯注于掌，形于手指，势势都有它的起承转合。发势为起，接（逗）榫为承，变换为转，成势（入壳）为合。起承转合，逗榫入壳，即是**折叠**。折叠须寓虚实，往复须分阴阳，进退须有转合，都要精神团聚、心牵意连，都要以腰为轴，保持柔中寓刚、棉里藏针、绵绵不断和滔滔不绝的太极拳运动特点。挪移发脚，双臂缠绕，都要交代清楚，没有丝毫含糊之处，两腿虚实分明，手足轻捷灵活，动作圆润协调，上下相随，完整一气，一动无有不动，一静无有不静，丝毫不能有强拗断离、身僵力扳的现象。不能让丝毫重滞、阻涩、间断参于势间。每一动，始而意动，既而劲动，转接一线串成，周身罔间，身体四肢上下、左右、前后，处处自然合住，勿使有缺陷、凹凸、断续处，功蕴于内，劲不外露，相连不断，起根、顺中、达于梢，意到、气到、劲自到，劲气融通，萦纡如丝，轻灵贯串，绵绵不绝，周而复始，循环无穷而生生不已，则内劲长、智慧敏而敏捷生矣。此为“连”的功效。

《百法歌》咏“连”：“连手义何解？舍己无离异。运一圆圜中，曲伸随势依。连在中定连，黏走化无迹。贯串珠九曲，浑然劲圆弥。”短短一曲，“连”之义尽在其中。

与“连”相关的《百法歌》“随”字诀。

“随手义何解？随进随退走。舍己以从人，随人而后动。黏则相连随，走则引化柔。进退相依恋，曲伸相合媾”。

与“连”相关的《百法歌》“依”字诀。

“依手义何解？粘黏相连随。刚柔虚实走，阴阳相依推。用着顺势依，千变万化诡。动静一圜中，浑噩一身遂”。

“随”“依”两诀可作“连”字诀的补充。

太极尺拳强调腹心松净。《老子》说：“虚其心，实其腹。”虚心即须含胸，实腹来自气沉，统而言之，为松净。腾是腾挪，是活泼变化的意思，腹心松净而后气势腾然，腾然即鼓荡，能腾然鼓荡，气方可运遍全身而一气贯串。如此，太极行功，粘连黏随，虚实变换，上下相随，转换无定，收即是放，放即是收，开即是合，合即是开，粘着黏着，其劲似断，而意仍连，劲断意不断，意断神相连。连着随着，舍己从人，从人不由己，由己仍从人，自能形连、劲连、气连、意连、神连、连在中定，中定而连，上下一条线，全凭四梢连，如常山之蛇，首尾相系，随人之动而曲伸开合听自由，则太极拳意不使断，劲不使浮，虚不致散，势势相承，着着贯串，活泼自在，而唯妙于心以会要妙。

练拳行功，只有在静松稳匀缓合连祥和的环境下才能得以自然的炼化。收得其心，则静；静得其心，则松；松得其身，则稳；稳得其身，则匀；匀得其身，则缓；缓得其身，则合；合得其身，则连。功臻静松稳匀缓合连，即太极拳登臻“人不知我，我独知人”的境界。能知人方始懂劲，人不知始为神明。太极尺拳由着熟而阶及懂劲，由懂劲而阶及神明。所以着熟为下乘功夫，懂劲为中乘功夫，神明为上乘功夫。故静松稳匀缓合连，即是内劲上乘功夫的体现，是“身形应当似水流”的灵活的写照，是敷盖对吞“致人而不致于人”的法宝。敌我交锋，彼劲未发，我之气尚在己身，而敛入脊骨，气虽未到，而意已包抄，交织罗网，粘连黏随，管住对方，人不知我，我独知人，使彼不敢轻举妄动，一动即陷入我“静松稳匀缓合连”的乱环中，而自缚其身，进不得、退不得、使不得、动不得。此为静松稳匀缓合连之妙，为“不战而屈人”的内劲。静松稳匀缓合连，是太极尺拳运动的不二方式，亦是太极尺拳至柔至刚、豁然贯通神明境界最完美完善的体现。

## 三、掤捋挤按采挒肘靠基本八劲详解

太极内劲均主属柔性，所谓刚也是柔极至刚，至柔至刚。即《十三势行功心解》所谓“极柔软，然后极坚刚”“行气如九曲珠，无微不到。运劲如百炼钢，何坚不摧”，武禹襄《太极拳解》所谓“尚气者无力，养气者纯刚”。王宗岳《太极拳经歌诀》所谓“极柔即刚极虚灵”。杨式老谱《太极下乘武事解》对刚柔关系的一段论述更是说得明明白白。其曰：“太极之武事，外操柔软，内含坚刚，而求柔软，柔软之于外，久而久之，自得内之坚刚，非有心之坚刚，实有心之柔软也。所难者，内要含蓄坚刚而不外施，外终柔软而迎敌，以柔软而应坚刚，使坚刚尽化无有矣！”正如沈寿老师所说：“太极拳的劲，具有形不外露，功蕴于内的特点。”所以把它叫作内劲，似可用16个字概括，即“以柔为主，外柔内刚，柔中有刚，刚柔相济”。故太极拳以“静松稳匀缓合连”的修炼方法，修为阴阳中和之气，锤炼太极致柔之劲。致柔之劲细分有如下八劲：

## （一）掤劲解

“掤”，从手、从双月，兼具形声意会两义，古读作“兵”（《辞海》1989年9月版，载明汉语拼音bīng），指圆形的箭筒盖。《诗•郑风•大叔于田》：“抑释掤忌。”《左传•昭二十五年》注：“箭筒盖可以取饮。”先贤移植于太极，似借喻内劲蓄势绷然弹放而出。故掤为相承架托之意，膨也；逆敌之势承而向上，使敌之力不得降。杨式太极读作“朋”，陈式太极读作“绷”，平声，撑紧之谓。读法不同，释义稍异，出于豫北温县与冀南永年读音之差别。也有拳家因其掤弹蹦然，而读作“崩”。似应以绷为正源。

掤劲是由肢体放长撑开浑圆一掤的弹性劲。沉肩垂肘，坐腕舒指，本身就是掤，全身松沉就有掤劲。太极拳练的就是掤劲，没有掤劲，也就没有太极拳。掤劲就是内劲，即太极劲，似松非松、将展未展、刚柔相济、如棉裹铁，浑厚圆撑向各方向的富有弹性与韧性的劲，具有粘连黏随、笼环逼化作用的劲。

杨澄甫在《太极拳体用全书》“推手”一章说：“掤法向外，驾御敌人之按手，使不得按至胸腹贴近，故曰掤……其用法，最忌板滞，又忌迟重。板者，不知自己之运动；滞者，不知敌人之取舍。迟重者，必以力御人，使成死手，非太极家之所取也。必曰掤者，黏也非抗也，手向外掤，意欲黏回，又不使己之掤手与胸部贴近。得化劲全赖腰转，一转腰则我之掤势已成矣。”这对四正或四隅的掤手，无论是单掤或双掤都是适用的。凡对手来劲，我应出手如挽弓满月，含掤似围墙，意气鼓荡，其劲混元，全身无使有凹凸处，掤劲既圆且满，能圆则灵，能满则活。圆而不满则凹，谓瘪丢，瘪丢便成“软手”，易被人压扁得实发放；满而不圆则凸，谓顶抗，顶抗便成“硬手”或“死手”，易被人借劲引进落空。凡做掤手，手臂屈肘一般应略大于直角而成钝角，这时手臂就呈半月形圆撑的姿势，而成弓轮之象。从力学原理上说，拱形的抗压能力强于其他形状，所以掤手的手臂要撑得圆满，而不可屈成锐角。即《八要》说的“掤要撑”，撑的意义不仅仅是指向上掤撑，更重要的是肩部腋下要含虚，像装有弹簧一样使手臂犹如受到弹簧的支撑而富有弹性。同时，要以腰为轴，做到一动无有不动，这样既能舍己从人，随人而动，不犯顶抗毛病，又能始终保持柔韧如弓的掤劲，不致被人压扁。太极拳家常说一身备五弓，就是把脊椎和四肢各比作一张弓，而四肢这四张小弓是由躯干大弓，即腰轴来加以统帅的。以手臂来说，把它比作一张弓时，就像在根节（肩部）与梢节（腕部）之间系上一根无形的弓弦。蓄势时把弦拉紧，手臂屈肘略呈拉弓时的弓形，这时仿佛含有向外的挣力；发劲时把弦一放，手臂就会自然地产生弹劲向外抖发。当然，必须经过反复锻炼实践，才能获得敏捷而富有内在力量的反射作用。然而这种掤劲的练习，仍离不开腰腿的支撑、五弓协调一致的行动和以意领先，以及力由脊发的基本要求，而切忌只在手臂上用功夫。否则徒具一臂之力，其劲必然板滞迟重或飘浮不沉。基于上述，才有“掤要撑”“臂由腰撑”“掤要圆撑”“掤撑圆而沉”等一系列的关于掤的说法和要求。

掤手是太极拳的总手，也是推手中的接手。拳谚说的“八法掤为首”“掤劲不丢”，都说明了太极拳中的掤劲极为重要。所谓太极拳，乃柔中寓刚、棉里藏针之艺术，这所藏之“针”，就是太极拳虚实刚柔之间的一种重要的内在联系，这种内在的联系就是刚柔浑然，虚实渗透，柔中有刚，刚中有柔，虚中有实，实中有虚，就像天上的雪花和雨，一起落到地上，雪花融化于水，结成冰。你中有我，我中有你，谁也离不开谁。这种内在的联系，就是刚柔虚实的共性，便是掤劲。正是掤劲把刚柔虚实有机地结合在一起，这种有机的联系，说明太极拳的刚柔虚实，是指在掤劲基础上的刚柔和虚实，也就是人们常说的弹簧劲或内劲。所以说掤劲就是弹簧劲，就是内劲。离开了掤劲的刚柔虚实，就不是太极拳意义上的刚柔虚实。柔虚将变成全然无力松懈的软和浮，刚实将变成全然占煞僵死的硬和重。所以说太极拳练的就是掤劲，掤劲不能丢，丢了掤劲就不成其为太极拳。

沈寿老师曾经指出：从字面上说，八法中掤法列为第一法，从实质上说，掤劲不只是一个掤势所独有的，而是所有太极八法，甚至太极拳的任何一手，都须或多或少地含有掤劲，如丢了掤劲，那就成了没有骨力的“软手”，虽能不犯“顶抗”之病，但“瘪、丢”之病不断，依然难成好手。初学推手者，以“硬手”最为多见，所以教学上强调以松柔入手，如练不出柔中之刚而丢了掤劲，尽管外形柔顺有余，而缺乏内在力量，形成柔中乏刚，那又怎能谈得上刚柔相济。拳谚说："人无刚骨，安身不牢；拳无刚柔，出手无效。"《太极下乘武事解》曰："太极之武事，外操柔软，内含坚刚，而求柔软，柔软之于外，久而久之，自得内之坚刚。非有心坚刚，实有心柔软也。所难者，内要含蓄坚刚而不外施，外终柔软而迎敌，以柔软而应坚刚，使坚刚尽化无有矣！"显然以为太极拳只要柔，不要刚只是一种误解。拳谚说"运化要柔，落点要刚"，是相对地指化劲和发劲来说的，然而无论化劲和发劲都不可丢掉最基本的掤劲。因此，太极拳术语中有"掤劲不可丢"的说法，从这里也不难看出，把"掤"列为八法之首绝非偶然，而是蕴含深刻的拳理。

狭义的掤手，即相承上托的螺旋劲法。太极拳的诸多之劲可概括为一个掤字，致有"太极拳练的就是掤劲""太极拳乃掤劲"之说。掤手（劲）在以腰脊为主宰、丹田为宾辅、心为令、气为旗、腰为轴和上下一条线的情况下，两膊相系，两手虚实转换，阴阳互变，刚柔互运，粘黏连随，随屈就伸，无往不复，自然能"百变"为捋、挤、按、采、挒、肘、靠等手法，亦即劲别。所以掤劲为八法之首，亦为百劲之母。

谭孟贤仿李时珍《濒湖脉学》作《八手歌》咏之（方括号系周稔丰校改）：

"掤劲义何解？如水负行舟，先实丹田气，次要顶头悬。周身［全体］弹簧力，开合一定间。任尔千金［身力］大，飘浮亦不难。"

## （二）捋劲解

“捋”，《说文解字》注：“取易也，从手寽声。”抚摩、顺抹、整理之意。《太极拳体用全书》曰：“捋者，连着彼之肘与腕，不抗不采，因彼伸臂袭我，我顺其势而取之，是收回意谓之捋。”说明捋手（劲）是利用摩擦力，由拧身转腰，两臂滚翻黏化而产生的，其常见的手法有“捋在掌中”和“捋在尺（尺骨）中”。前者的优点是手掌的触觉灵敏，能随捋进招。而后者的好处是随着功夫加深，其前臂部位的触觉灵敏度就能相对地提高，在推手、散手时，既有利于近身用招，又能腾出手部备用，同时由捋化挤发劲时，也特别沉着有劲；用尺骨捋的另一个好处，是布控的范围远大于“捋在掌中”，能有效地实施“敷盖对吞”；若要转换为其他手法，如由捋变闪、变肘（沉肘、撅肘、顶肘等）、变采、变按、变靠等，可变的路数很多，又十分灵妙和捷便。故传统的杨式太极拳拳架和推手的捋手均主张使用前臂的尺骨，即主张“捋在尺中”。

“捋在掌中”，用手掌捋不是不可以，而是欠妥当，在移位时易为人察觉，在变手换招时又易犯瘪丢的毛病；反之用尺骨捋更好，既利于近身用招，易于变招，又可腾出手部备用，有托架滚搓、拴推探扑和缠绕勾抹等技击意义。傅钟文和沈寿曾有生动的比喻：捋在掌中好比长枪、大炮锯断枪管、炮筒作短枪、短程火炮用，威力也就大减了。所以“捋手”动作前手用尺骨、后手使掤劲用腕骨，掤捋相配，捋化时两手距离保持不变，并与腰胯的动作相协调，做到两膊相系、上下相随。

捋手是利用摩擦力就势黏化，把对方来劲引向我身躯外侧使之落空，借力得手，使对方向前倾跌。四正手中掤、挤、按手一般都使人向后倾跌，唯捋手能引人前扑，且最难掌握。因为捋手是引化的一种形式，捋得太重，宜为对方觉察而变化走脱；《太极拳九诀八十一式注解•八要》虽说“捋要轻”，但如果捋得太轻，往往不起黏化牵引作用，易被对方侵袭内门。所以捋手须捋抱顺且韧，圆活柔顺，顺势而取，掤劲不丢，轻重快慢操纵得宜。捋化时身体始终正直转体，不可前俯后仰或摇晃，不滞不疾，不先不后，上下相随，以免腰手脱节。

捋手还须捋掤相通，在手法应用及外形上，掤为开，捋为合，掤往捋来仅方向相反而已，所以“捋之为引”全赖转腰。捋化必须坐腰落胯，做到肩胯、肘膝、手足相合，侧身闪赚，身法要圆润和顺，步法要稳固厚重。如意欲向后施以捋手，则应先外掤诱出对方之力，然后顺势向内、向一侧捋去，就易于得力，使之引进落空，此谓牵动四两拨千斤。即便捋来而未致对方跌仆，其旧力已过，新力未生，且必向后挣力，也可乘势补以挤、掤、按手，无不“其根自断”而腾空跌出，此谓“引进落空合即出”。“曲伸自由”之功，由于捋手的衔接，使四正手达到“引（捋）之使来，不得不来，挥（掤、挤、按）之使去，不得不去”的神化境界。

捋手的方向，由于坐实后腿，看起来似有向下捋之趋向，其实这是虚象，正确的动作应该是利用外掤诱出对方之力，然后利用转腰闪赚势弧形捋进，向胸前一侧平行捋去，使之引进落空。而向下和向侧下或内捋，直向自己的胸前引进或身前捋到底，这就变成“引进落实”了。也不能一开始就使两臂往外捋，变顺捋为外拨，逆势用捋，易犯顶抗硬拨的毛病，自己也不得力，当然也就无捋劲可言了，捋手避势而不失机，让身而不让势，得其机，顺其势，顺势而为，伺机而捋，才能无往而不利。

捋手两臂应随腰胯圆转顺势捋，两掌不能偏离过开，两腕间距一尺骨，两臂不可“脱肘”（即“悬肘”“扬肘”），也不可夹紧贴肘。从健身、技击的要求出发，用捋很重要的一点是近身之手要符合沉肩垂肘、腕不贴胸及肘不贴肋、肘不离肋的技术规范。沉肩垂肘，使捋抱顺且韧；腕不贴胸，不使其瘪；肘不贴肋，使腋窝保持适度悬空，保证肘部有足够的回旋余地，以免把自己的身体困住；肘不离肋，就是在保证肘部有回旋活动余地的情况下，肘尽量靠近，不离开肋部，便于保护两肋和两腰要害部位。此外，肘部举扬，肩、肘、腕等关节自然就难以松沉，使气血阻塞，劲力滞涩，劲不能由脊发，亦不能贯于手指，造成攻不能放人致远，守不能掤劲不丢及引进落空。所谓使腋窝保持适度悬空，通常在腋窝留有一拳宽的空隙。沈寿老师有一个生动的比喻，就是腋下如放置鸡蛋，“肘不贴肋，不致使其压碎；肘不离肋，不致使其跌碎”。高人妙言。

谭孟贤《八手歌》咏之：

“捋劲义何解？引导使之前。顺其来势力，引之使长延［周本无此五字］，轻灵不丢顶，力尽自然空［周本此处多‘丢击任自然’五字］，重心自维持，莫被他人乘。”

## （三）挤劲解

“挤”，从手从齐，含有排挤的意思。“排挤”两字在日常用语中也是连用的。《说文解字》中析“挤”字为“排也，推也”，以手向外挤物前进也。

在太极拳中，用后手的掌根合于前手的内侧脉门，劲点在后手，以前手为垫衬，以两手合拢的劲倾泻挤出，将对方弹放出去，此即谓挤。所以，挤时两臂合拢要略成横形，而动作仍须中正圆满充满掤劲，即“外挤内掤”。前挤时要沉肩垂肘，即肩关节松沉，锁骨平准微下沉，肘关节始终保持适度的弯曲和沉垂，从而做到“三垂”，即气垂、肩垂和肘垂。气垂则气沉丹田，身稳如山；肩垂则臂松劲活，肩催肘前；肘垂则臂膊自圆，能固两肋。这样才符合劲以曲蓄而有余的技击原理。

而“排”是两前臂一前一后像排队一样排在一起的意思。《太极拳九诀八十一式注解•八要》曰“挤要横”，即“挤要横排”。就是前手前臂温柔地贴在对方身上作为衬垫，后手的掌根黏搭在自身前手的腕部脉门前后横排。横排易借助肘劲，得势得力，气势沉雄，劲力浑厚，沉腰进身挤出，势若奔雷，此谓挤弹劲。反之，如两手太出，呈锐角之势前挤，由于可着力的作用面积较小，易被对方化解，也易被对方乘势引跌。

虽说挤要横排，而横排又要注意不要扬肘，肘要略低于手腕，做到肘不离肋和肘不贴肋。两臂须中正圆满，以肘不过膝为度，既不可过于靠拢胸部，又不可过于挺伸。

过于靠拢就“瘪”，“瘪”了就容易落实，造成被动；过于挺伸既不得力，又易为对方化解或乘势引进借力空放。两手合而前挤，虽说须稍向上起，方能起拔人根基之效，然而不可过高。过高则形成挤力向上，易为对方化解，达不到挤的目的，而且胸前“正门”空虚，易受进攻。反之，亦不可过低，过低既不得力，也易被对方化脱。正确的方法应沉肩屈臂，齐胸挤出，平直向前，方向要正，劲力要整，落点要准。正如沈寿老师所说：“落点要对准对方裆口和中轴一线的得力之处，如心窝，两臂三角肌下凹陷处、背侧天宗穴等。应估量对方可能侧转的方向，如对方企图向右转时，我落点就须中间偏左，这样挤劲一发就恰好落在对方的中轴上；反之，我的落点如在正中或偏右，随着他的侧转，不但挤劲落空，更使自己陷入背境。”这种打法，就叫作“挤打提前量”。

《太极拳体用全书》说：“挤者，正与捋势相反，捋则诱彼敌之按劲，使其进而入我陷阱而取之，必胜矣。设我之劲力，先为彼所觉，则彼进劲必中断，而变为他势；我之捋势失效，则不可不反退为进，用前手侧采其肘，提起后手，加在前手臂内便乘势挤出。则彼仓猝变化之中，未有不失其机势，而被我挤出矣。”可见挤前应先用捋，捋挤相通，捋向内、挤向外，为一合一开。意欲开，向外排挤发劲，必先寓向内捋化之意，用捋手引对方臂或身体至我身前侧，使其落空。而此时我蓄劲已足，且已窥察机势，乘对方落空向后抽身之机，顺势借力，迅即挤出，犹如顺水推舟，无不得心应手，所向披靡。而捋劲为化劲，就劲路来说，由于挤劲偏于短劲，如挤前无化，就无从显出挤劲的威力，更何况化而后发是太极拳的基本原则，所以又说“挤前有一化”。而此“一化”并非局限于捋化，其他如掤化、采化、沉化、空化等亦皆为化劲。凡化劲之后继之以挤手，运用得宜，皆可使对方蓦然拔根挤出。为使挤劲完整，须做好起承转合，若行拳向左捋尽初挤时，腰胯应向右微转，挤出时身向正前方，尾闾中正神贯顶，肩胯相合，圆裆敛臀，立身安舒，则挤劲有着落矣。

挤的劲点虽在后手，以前手为垫衬，需以两手合拢之劲挤发，才能有效地将对方弹放出去，所以前手之劲游离于前臂桡骨一侧。初挤时左手在右臂肘凹处，随转腰势慢慢弧形沿右前臂挤至腕部，挤出时左掌应虚贴右腕脉门。挤法从手法及劲路的长短规律来说，是界于按法和肘法之间的，由挤法出手可以衍化为掤、按等法，由挤法收臂侧身可变为肘、靠诸法。凡我与对方近身相接，皆可用假手轻挤试探虚实，逼迫其暴露弱点，而因对方变化使用相应着法以取胜，这就是牛连元转授之杨式九诀《五字经诀》所说：“挤他虚实现，摊开即成功。”也就是拳谚所说的“轻挤得虚实”。所谓轻挤即是虚挤，实指引诱性或试探性的假挤，行拳走架挤手不能贴实或搭实，必须是虚贴轻挤，这样才有曲伸吞吐变化的余地。

由于挤手必须近身，才能充分发挥两手、两肘的合力和腰腿背脊的劲，而这只有在插步和套步深入、上下相随和步趋身拥的情况下，才能在前脚踏实的同时使对方挤弹出去。此外，由于挤手为进攻性的手法，力量较大，易被对方放空劲，所以行拳走架或推手务须养成立身中正、手到脚到和上下相随的良好习惯。要避免手快脚慢，或腿已弓到位而手还在挤，或身体倾侧、两肩歪斜，或上身倾出等立身不正的现象，才能使挤手上下随合妙无穷，发落点对即成功。

谭孟贤《八手歌》咏之：

“挤劲义何解？用时有两方。直接单纯意，迎合一动中。间接反应力，如球撞壁还。又如钱投鼓，跃跃声铿然。”

## （四）按劲解

“按”，从手从安，形声字。义抑也，据也，捺也。《说文解字》析“按”为“下也”。《管子》“按强助弱”，释：“抑止也”。即按有压抑、抑制、按捺、推拥之意。

太极拳中遇对方袭击时，用劲抑捺对方的肢体，沉带化开使其来劲失效，并利用其反作用力将其平正推弹发放出去的动作，都属按手。按手包括双按与单按，即用两手或一手沉化后向前按出。《十八在诀》说：“按在腰攻。”说明按手应以腰为主力，而两手仅起支撑作用，犹如推车上坡，非用腰腿劲无法得力。当然，用腰并非仅限于按手，所有太极劲的引、拿、化、发及起、承、转、合，关键都在腰腿，但按手对腰劲的利用却是最为直接和明显的。故实施推按要虚领顶劲、尾闾守中、神贯于顶、立身平准、落胯敛臀、含胸拔背、灵通于背以及手先微沉而后略提，专注一方，用腰劲带动全身，做到一动无有不动，心静、身灵、气敛、劲整、神聚，内、外、神、意、精、气、劲合而为一，始发于脚、经于腿，及于腰，终形于手指，完整一气，毋使有缺陷和凹凸，平正推按而出，则心、意、神因敛聚而致远，劲、力、气因完整而通达，充分发挥按的作用。此即所谓“推按劲须整”。清代李亦畲在《撒放密诀》中说“放时腰腿认端的”，说的就是全身劲整。正如沈寿老师所说：“若只用上肢按人而不用腰攻，那就成了垂柳拂面，纵然有风力可借，也只能掸灰拂尘，又何能把人按出。”

实施按手前通常随身法后坐、两腕后抽回抹蓄势，有一提劲，并随有一个向内、向下沉带的沉劲。一提而拔对方之根，故提劲实为拔根法；一沉而空对方的来劲，故沉劲实为空劲法。无论是提劲还是沉劲，其目的都是动摇对方的根基，空其真力，使其相连而来的掤、挤、按诸劲落空，故提、沉相连之劲皆为化劲，也可合称为“按前有一化”。按前一化是按手不可分割的小力打大力的重要组成部分，按前提与沉的关系是意欲向里、向下必先向里、向上，而沉化与按发的关系则是意欲向外、向（微）上必先向里、向下。提沉劲的路线为弧为曲，按出劲的线路为平为直，曲以蓄劲，直以发放，即“劲以曲蓄，直以发放，曲中求直”是也。顺对方来势，以提挈沉带的劲化开其掤、挤、按等相连的来劲，然后转腕平正按出，则势如排山倒海，一往无前，此即《八要》所谓：“按要攻。”然而外形上向里、向上的提挈与向里、向下的沉带，以及向外微向上的按出，这一过程弧线的形成主要是因为后坐和向前弓腿的关系，所以这个向上、向下复向上的弧线是极微的，上臂上下之弧不宜过大，不宜过分上提和下沉，以免“正门”洞开，胸部暴露；两手基本上是平正地按出，使发劲专注一方，并借以获得最佳路线和最快速度。

实施按手，劲点在掌根，意注尺骨之锐骨（俗称尺骨小头），即是把此处看作是棍棒的顶端，意若棍棒向前捅出，似用千斤顶的原理，以收“立木顶千斤”之效，其目的在于变小力为大力。须知太极使暗劲纯是一种意念，而不是实际的拼命用力。因为一用力身心便紧，百骸失灵，稍有注血阻塞，便失松和，失松和则气滞力板，意停神断，全体失统，面目全非了。

谭孟贤《八手歌》咏之：

“按劲义何解？运用似水行。柔中亦寓刚［寓刚强］，急流势难当。遇高则澎满，逢洼向下潜。波浪有起伏，有孔必窜入［无不入］。”

上述掤、捋、挤、按四劲四法，俗称四正手或四手，是太极拳法中最基本的四法，是为常法，以掤为首。由于太极拳的四正手是技击上最基础的方法，所以无论是拳架、推手还是散手都把它当作基础功夫来训练，因而它成了太极拳的总手。练太极，首先要把四正手练熟练好了，才能触类旁通，全盘皆活。是以《对待用功法守中土》曰：“定在方中足有根，先明四正进退身。掤捋挤按自四手，须费功夫得其真。”王宗岳《打手歌》则告诫后学，“掤捋挤按须认真，上下相随人难进。任他巨力来打我，牵动四两拨千斤，引进落空合即出，粘连黏随不丢顶”。《太极进退不已功》曰：“掤进捋退自然理，阴阳水火相既济。先知四手得来真，采挒肘靠方可许。四隅从此演出来，十三势架永无已。”

## （五）采劲解

“采”，从木从爪，取也，摘也，择而取之之谓。采法不同于抓，抓用指甲，采用指肚。抓不是抓得皮开肉绽，就是抓得浑身淤血，以至伤及血脉经络，这正是太极推手和散手都禁用抓法的原因，而采绝无此弊，两者不可等同，亦不可混淆。“采”从爪，当然讲究指力，但其劲力的源泉，主要是腰胯的拧裹和沉坠之劲、腰腿的弓蹬之劲和腿脚的抓趾之劲等。这些劲催动两肩左右旋转，带动两臂随拧腰坐胯向下沉带，形成“千斤坠”，最后“形于手指”而成采。为了更好地运用采法，有拳家运用阴阳五行学说，然后用模拟的方法，在梢节手指与脏腑、五行之间建立联系机制，简列对照表如下，以供参考。

**手指、脏腑、五行联系表**

| 五行 | 木 | 火 | 土 | 金 | 水 |
|---|---|---|---|---|---|
| 体 | 筋 | 脉 | 肉 | 皮毛 | 骨 |
| 脏 | 肝 | 心 | 脾 | 肺 | 肾 |
| 腑 | 胆 | 小肠 | 胃 | 大肠 | 膀胱 |
| 手指 | 食指 | 中指 | 拇指 | 无名指 | 小指 |

太极的采手，是用手（以拇、食、中三指为主，其余二指为辅）钳制对方腕、肘、肩、踝、膝等活节向旁牵而引之，如选物者，先择而后取，转置他方之意，属于“拿”的范畴，所以常连称为“采拿”。它是由武术的擒拿术发展而来，经过长期的实践和发展，从而使它衍生为一种从风格到技法都有别于其他拳种擒拿术的一种拿法，

别立“采法”一词，而列为八法之一。“采”之一字，表示了独具特色的太极拳拿法。

用采的范围极广，但不外采人活节，其基本用法为单采、双采。单采一般是与其他手法相辅应用的，如采捋、采挒、采按、采掤、采闪等。使用单采以试探虚实，然后伺机补手，这是常用的手法。单采与其他手法相辅互配应用时,其运劲方向有一致的,如“揽雀尾”势的捋采；而“斜飞”和“野马分鬃”势的一采一挒，虚采以引出对方的反作用或采出其前倾失重感，待对方慌忙抽身，我则顺势套步挒发,即所谓“采挒相随”,此采挒的运劲方向恰恰相反；而“搂膝拗步”等搂采推按之配，则成角度。至于双采则须平行地向一侧发放，而不可采执其两手或两臂分向两侧发放，因为这样不是对方撞入自己内门无从闪避，就是反而稳定了对方的重心，所以采手应该度势而用。正如沈寿老师所说：“采人犹如用绳子拉倒木桩一样，对方前倾，我便由上而下地采其上肢；对方后仰，我便由下而上地采其下肢，目的都在于使其失衡倾跌。”傅钟文老师认为采劲起着秤锤的权衡作用，秤锤虽小压千斤。

采手的基本作用有两种：一是钳制，二是发放。用采劲，无论其发向何方，都带有抛掷之势，一般采取先阳后阴或先阴后阳，如意欲向我右侧采发，先采之向左，反之亦然。其目的在于引出反作用力，然后顺势发放，这时要注意劲力顺畅，动作圆转，势沉力浑，完整一气。借助离心力或反作用力，就能顺势借力，达到四两拨千斤的效果。若用采被人感知而受阻，则应迅速转化为挤、按等势进击，转化时势宜顺而劲不可断，否则易犯双重之病。

《八要诀》说“采要实”，即“采时要实”。正如沈寿老师所描述的那样，采的手法像采摘果实或花朵，其技法又如采茶或捕雀、捉蝉，是以技巧为尚的。采劲的运用应遵循采前要轻、采时要实和采后即放的采法三步曲。采前要轻，是指采发之前的动作轻灵，如同虚无，太重了，花易捏碎，雀蝉不是捏死，就是知觉逃遁。用太极的行话说，落手重，对方即感知而化脱，那就劳而无功了。采时要实，是指采发时要实实在在地拿住对方的活节，如不采实，就无法达到发放、钳制和牵引的目的了。沉采发放，不采则已，采则必须采足，一采务须到底，一发务求成功，令其无法借劲，猝不及防。采后即放，是指采要轻巧敏快，不僵不滞，劲力恰到好处，一采即须得效，一采即须松开，以利我后着发放，而决不可久久采住不放，否则反而会起到稳定对方重心的作用，抑或为对方乘势得机借劲发放。但采的三步曲所谓轻，是轻灵、轻巧之意，而绝非轻飘、轻浮；所谓实，是实在、落实之义，而绝非呆实、重滞。轻飘轻浮、呆实重滞皆为采法之忌。所以实施采手始终要保持似采非采似拿非拿的拘拿之意，此即所谓“拘意莫松”。拳谚说：“拘意一松，必露破绽。”说明拘意莫松是采手用意的重要组成部分，如能做到采拿意气占先，神意如水银泻地，随曲就伸，敌我一体，我顺彼背，就能“权之引衡顺势借力拔其根，转移千斤四两杠杆作用存”。

谭孟贤《八手歌》咏之：

“采劲义何解？如权之引衡。任尔力巨细，权后知轻重。转移只四两，千斤亦可称。若问理何在，杠杆作用存[之作用]。”

## （六）挒劲解

“挒”，是太极拳专用的术语。最早可能是同音“捩”字的别字，故挒即捩、拗、扯、紾也，扭转、转折和转移之意，以手执物而转其力，还制其身，谓之挒。就太极拳而言，凡转移化解对方之力而还制其身者，即拳谚所说的“你怎么来我就让你怎么去”的劲，均谓挒。挒手在太极拳中的典型用势是“野马分鬃”和“斜飞”势。以“右野马分鬃”为例，如对方自右侧用左顺步按势按我右臂，随以右手将对方左右腕黏住，用左手采拿其右腕，同时进右步套其左脚外侧，右手臂从对方腋下经胸前向右分挒，弓腿进身连肩靠，势涌劲冲，将对方之根拔起，叉夹挒掷出去，此时左手稍向后分开，用沉劲以称衡右手分挒之势。这是典型的正挒法，可见挒手主要利用现代力学的力偶原理，同时兼用平行四边形合力及惯性等力学原理，故能以小力胜大力。挒法名目繁多，除了以上的正挒外，还有反挒、横挒、采挒、拐挒、掏挒、闪挒等不一而足，其原理都基于力偶。陈炎林指出：挒劲在太极拳中运用不多，所以知之者甚少，与掤、捋、挤、按、采、肘、靠等劲相比，更不为人熟悉，但此劲如飞轮扬水，形稳而势巨，至为重要，习者不可不知。挒手主要用于攻手，但也用于防守，如自己被人制于势背倾仰时，想转顺争取主动，就可用挒法反借其势，转背为顺。这就是所谓以招还招，彼欲使我仰跌，我即以仰跌还彼也，而其他劲则难做到这一步。

挒手要注意下列几点：

（1）两端用力必须大小相等，方向相反，并发生于同时。两端用力必须相互错开，否则形成两力相抵，反使对方稳定了重心。

（2）既可在其身上两端用力，也可只用一端之力，而借用其自己发出的另一端之力。但必须符合上述第（1）点条件。

（3）陈长兴《用武要言》曰："身手齐到始为真，手到身不到，击敌不得妙；手到身亦到，破敌如摧草。"所以挒手务要上下相随，手到步到，并以腰为轴，使全身劲力完整一气。一般用套步或斜步反套等法封锁对方后退之路，以奏挒效。

（4）《八要》曰："挒要惊。"《八字法诀》曰："避人攻守要采挒，力在惊弹走螺旋。"说明挒手的要领在于惊弹和走螺旋。动作要敏捷，挒惊务相称。如"野马分鬃"的一采一挒，即引出反作用力加速其上体抽身，又使其突然失衡弹挒跌出，达到动若惊雷，使人不及掩耳的地步，若动作不惊险或不走螺旋，那对方只须跨出我所套一脚，便使我难以得手了。

（5）发劲一定要得着其底盘的窄面，当其跌出时要预防其抓把不放，这时要特别注意自己下盘的稳固。

挒手用劲，威风凛凛，用腰腿之劲而不能光用手劲，步趋身拥，上下相随，挒惊相称，才能奏效。此外，还应注意与对方的距离不可过远，远则无效；挒手的高度也不可过低，过低也无效。所以要用手法、步法和身法来调整距离与高度，以适应挒手的需要，同时须防已内门，否则弄巧成拙为人所乘。

虽说挒劲是以彼之力、还制其身的惊弹技法，但“挒要惊”仅仅体现于落点突发的一瞬间，而其转移他力、还制其身的过程中仍须注意“柔顺”两字，因柔顺是太极内劲的本质，也只有过程中的柔顺，才能在落点得实时旋转若飞轮，挒势若惊雷。

谭孟贤《八手歌》咏之：

“挒劲义何解？旋转若飞轮。投物于其上，脱然至寻丈［掷寻丈］。急流成漩涡，卷浪若螺纹。落叶堕其上，倏然便沉沦。”

## （七）肘劲解

“肘”，臂节也，从肉从寸，寸手寸口也，胳膊弯曲处，其外侧骨节曰肘。《后汉书•孔融传》中“欲命驾数数被肘”、《国策》中“魏之肘韩康子”、杜甫《遭田父泥饮美严中丞》诗中“高声索果栗，欲起时被肘”中的“肘”皆为掣肘、捉住其肘解，就太极拳言，以肘击人为肘手，俗称“肘打”或“打肘”。各派拳术均有用肘处，他派用肘多为屈臂，以肘尖直抵对方的胸、腹、肋、胁各部，唯太极拳的用肘多在推、挤、拥、靠中求妙用。

用手击人（包括指掌拳腕）应有相当距离，当对方逼迫近身进入我“二门”（肘为二门）、拳势被闭而不能发时，唯有用肘手相助，故肘手亦称二门手。又抑或当我一臂之肩、腕两节被采执擒拿，而使我的肘部接近对方的胸、肋、腹、胁时，正是我顺势进取屈肘使肘的良机。所以牛连元转授之杨式九诀《八字法诀》曰：“逞势进取贴身肘。”《全体大用诀》曰：“贴身靠近横肘上。”

《十八在诀》曰："肘在屈使。"说明用肘法须把肘关节弯曲成一定的角度。屈使的角度不能大于直角，这是因为锐角的杀伤力大，但也不能使上臂和前臂紧贴造成僵硬，犯硬抗死顶的毛病。也不可以预设屈肘，把肘先屈起来在那里等候使用，而是应适时而屈，行其当行。太极拳的肘手与掤、捋、挤、按、采、挒六手密切相关，互相通融，六手均以肘手为后援，以解六手困厄之时，所以有"六手通融后，运用始无穷"之说。其肘法有直顶和横顶，上下、左右、前后都可以顶，亦可以连环顶，总是顺势而就，乘虚而入，适时而顶，任意使为，直击对方心窝、软肋、腋下、小腹、软裆等要害。所以《十三字行功诀》曰："肘靠随时任意行。"

《八要》说"肘要冲"，说明肘手的运用是冲击式的，速度快，力量大，突发性强，极易伤人，可谓毒手。肘手虽然凶猛，却易破解，用不得法，反易被人借势而受制于人，所以《八法歌》曰："肘屈勿轻使。"太极推手与散手是不用护具的，因此禁用肘手。与人友谊切磋，尤其是初学推手者，更应预防其自觉或不自觉地顶肘伤人。明代的俞大猷说"视不能如能"，说明古今学武术易伤人的，往往是只得皮毛的"不能"者，而"能"者反而不易伤人。所以傅钟文、沈寿两导师常告诫我们，尽量避免和圈外的人交手，非不得已，对陌生人、初学者或前来所谓的讨教者，须严加防范，"视不能如能"，以防其以毒手自觉或不自觉地伤人。

《咏八极·顶肘》曰："八方凑力在中轴，周身抖动势如虎；内藏一招螺旋肘，打遍千人不见手。"也说明"肘要冲"，但又强调肘劲要带螺旋则更见威力。"中轴"是指躯干，力量积贮凑聚在中轴，再由中轴向攻击目标放射出去，犹如“猛虎抖毛”。这是肘劲的蓄发方式。“不见手”，一说是无敌手，二说是喻肘手的隐蔽性和突发性。此诀完全符合太极肘法的要领，故引述浅释以作备案。

谭孟贤《八手歌》咏之：

“肘劲义何解？方法计［有］五行。阴阳分上下，虚实宜辨清。连环势莫当，开化捶更凶。六劲融通手，用途［运用］始无穷。”

## （八）靠劲解

“靠”，《说文解字》释为：“相违也，从非告声。”偎、依、挨、倚也，是以身相挨，用跌之意。所以所谓“靠”即靠撞摔跌，靠打之中寓有跌法，靠为诸跌之始，跌为诸靠之终，内有推墙倒壁之勇、降龙伏虎之智，为诸技的根本，为诸跌的纲领。靠是贴近对象主要以躯干制敌的近身短打之法。各派武术皆有靠手，就靠法来分析，肩、膊、胯、膝、臀、背、胸皆可靠人，就太极而言，以肩、胸靠击人为主，故《十八在诀》说“靠在肩胸”。此外尚有膊、背、胯、臀、膝等靠，此即谓太极拳之诸靠。

“靠”是古老的技术概念，是拳术体系中的一个重要组成部分，在戚继光的《拳经》三十二势中就有搅靠、滚穿劈靠、穿心肘靠、靠身搬打、绞靠等名目。《拳经总歌》曰：“纵放曲伸人莫知，诸靠缠绕我皆依。”说明

“靠”是“诸靠”，是一个技术群体。其技术的核心是“缠绕”，靠发攻敌必须“缠绕”，崩靠是谓直，缠绕是谓曲，故靠劲须直中带旋（曲），旋（曲）中求直，即拳论所谓“劲以曲蓄，直以发放”，直以发放以求其速度，劲以曲蓄以求其劲锐。直中有旋，才能调动周身百骸之劲专注一方，是谓劲整。太极拳的靠手尤为重要，无论何势，非相靠不能懂劲，而后始可粘连黏随以击敌。

靠法的名目繁多，内容十分丰富，有丁字靠、一字靠、迎门靠、双分靠、背折靠、侧身靠、肩背靠、七寸靠、威靠、裹靠、舂靠、挨靠、伏靠等。然着有左右之分，势有正侧之别，归纳起来仅有别腿靠跌、撞打靠跌、擒拿靠跌“三靠”，其他诸靠皆为应用的变化。《十三字用功诀》曰：“肘靠攻在脚跟前。”《八要》曰：“靠要崩。”说明无论使用何种靠手，都须进入对方肩的内门，在与对方身体贴近之际，最大限度地借助于强大的惯性以崩砟劲靠去。“崩砟”之砟，音炸，碑石解，喻使用靠劲如崩坍碑石一样，大有山崩石裂之势。虽有此势，但仍须注意不能拙力相向，尤须注意顺势而入，随机应变。

太极拳用招有远拳、近肘、贴身靠的说法。远近是武术的两个层次，“远”，术语叫放长击远，也叫长拳，“近”，叫贴身靠打，也叫短打，远以拳脚打踢赢人，近以贴身靠打，以肩胯滚摆取胜。放长击远是战术的低层次，贴身靠打是战术的高层次。所以拳谚曰：“拿不如打，打不如（靠）摔。”太极拳的《八法诀》曰：“靠崩必贴身。”这里的贴身是相对距离而言的，距离极近和肘法被闭不能发劲时，用靠手弥补，指“贴近身体才用靠”，而不是指“贴住身体始用靠”。靠手主要运用运动力学上的冲量和位能，靠时必须离彼有适当的距离，既不可远距离冲撞，也不可贴住彼身始靠发劲。远距离靠击，不是冲撞伤人，就是易为人引进落空，失衡惨跌，根本发挥不了“肘靠随时任意行”的突发崩砟作用，也就失去了靠的意义。如“贴住身体始用靠”，则因距离为零，失去了冲量和位能，劲路完全被闭塞，靠也就不成其为靠，即无靠手可言，发放的效果不好，反易受人制。靠时还须注意应用三角肌、胸大肌和臀大肌等多肉部位平正地靠发，而不可斜着肩膀或凸着臀部等贸然而去，拙力相向，持勇力以坚硬的骨节、骨骼硬顶猛撞，一则易造成互伤事故，二则易失衡自跌。

太极靠手要用腰腿劲，加上意气靠之。靠时起要陡，发力要爆，且一定要下势，就是重心要低，不然则容易暴露意图。此外，上靠或下靠，要相机而行。其发落点（即发劲着落点）不可偏于对方中线易于转向的一侧，否则极易因对方闪避而落空。在步法上以顺步较为得势。不论采用插逼还是封套，须松沉进身，步要深入，身宜趋拥，做到顶劲虚领、肩胯相合、上下相随、两肩平沉、松腰落胯和立身中正，以沉劲催发靠击，才能充分发挥靠手的崩砟作用。崩砟一词即可说明靠劲在太极八法中大于其他各劲，其作用面积较大、压力较小和接触对方身体后做功的时间相对较长，因而其功力浑厚，颇具威风凛凛、波开浪裂、静似山岳和动如雷发的气势。靠之不慎，易伤及内脏，且不像皮肉之伤那样容易察觉，所以运用靠手，力度及靠击部位均要掌握分寸。

谭孟贤《八手歌》咏之：

“靠劲义何解？其法分肩背。斜飞势用肩，肩中还有背。一旦得机势，轰然如倒［捣］碓。仔细维重心，失中徒无功。”

掤、捋、挤、按、采、挒、肘、靠八门，即八手，亦即八劲或八法。前四手掤、捋、挤、按四法，俗称四正手，是太极拳最基本的四法，后四手采、挒、肘、靠四法，俗称四隅手。四正四隅合称太极八法。八法以四正为常法，以掤为首，以四正为主；以四隅为奇法，即变法，以四隅为辅。八手暗合八卦，前辈先贤，当代贤哲，均有歌咏，请参阅拙作《杨式太极拳诠释•理论篇》。

## 四、进退顾盼定五行劲详解

### （一）进劲解

“进”，《说文解字》析为登也，前进、向前、进攻、进取之谓，与“退”相对。进劲（法）是进身近敌、上步向前进击的方法，属黏劲。黏者，黏贴、黏逼也。彼欲逃脱我黏住他，彼欲退步我上步跟踪，即拳论所谓“我顺人背谓之黏”，即“不丢”。不丢者，不离之谓，与敌交手时，须黏住彼劲，即在粘黏连随处应付之，不但两手能黏人，两脚能捕人，全身各处均能黏住彼劲，我之缓急，但随彼之缓急而为缓急，自然黏连不断，感觉彼劲，而收我顺人背之效，此即拳论所谓“动急则急应，动缓则缓随”。欲使应随恰合，唯须腹心松净，全身无丝毫拙力，处处舍己从人，用劲含有似松非松、将展未展之意，则进劲自然粘连不丢，黏随不脱而百无一失了。

王宗岳《太极拳释名》曰：“太极拳，一名长拳，又名十三势。长拳者，如长江大海，滔滔不绝也。十三势者，分掤、捋、挤、按、采、挒、肘、靠，进、退、顾、盼、定也。掤、捋、挤、按，即坎、离、震、兑四正方也；采、挒、肘、靠，即乾、坤、艮、巽四斜角也。此八卦也。进步、退步、左顾、右盼、中定，即金、木、水、火、土也。合而言之，曰十三势。”清代杨式传抄老谱《八门五步》曰：“夫掤、捋、挤、按是四正之手，采、挒、肘、靠是四隅之手。合隅正之手，得门位之卦，以身分步，五行在意，支撑八面。五行，进步（火）、退步（水）、左顾（木）、右盼（金）、定之方中（土也）。夫进退为水火之步，顾盼为金木之步，以中土为枢机之轴。怀藏八卦，足跐五行。手步八五，其数十三。出乎自然，十三势也。名之曰：‘八门五步。’”由此可知，进与退，是谓步法，是指足的进退。

《九要论》论“六进”曰：“头为诸阳之首，而为周身之主，五官百骸，莫不惟首是瞻，故身动头不可不进也。手为先锋，根基在膊，膊不进则手却而不前矣，是膊亦不可不进也。气聚于腕（一作中脘），机关在腰，腰不进则气馁而不实矣，此所以腰贵于进矣。意贯周身，运动在步，步不进则意索然而无能为矣，故步尤贵于进也。以及上左必进右，上右必进左，其为六进。

此六进者，孰非着力之地欤？要之，未及其进，合周身而毫无关动之意；一言其进，统全体俱无抽扯游移之形。六进之道，如是而已。”

于是观之，所谓“进”是宽泛的，指全体的，不仅限于足进。此论亦总结了头、膊、腰、步等“六进”之道：即阳主动，头为诸阳主首，为一身动静的首领。周身四肢百骸莫不听命于头，所以头进则一身皆进，故头为一进。手为先锋，其根在膊，膊进始能催手进，所以讲进法，膊又为一进，发招用手，气聚于腕，然而发手的机关却在腰，腰不进则手为之气馁，发必不实。欲助进手的威力，必须进腰，所以腰亦为一进。行拳较技，须意贯周身，运动在步，步若不进，则周身之意必索然，不知所措而无所能为。所以步尤贵于进，故步又为一进。步为进取之法，但须做到上左步右步必同时跟进、上右步左步须同时跟进，才能保证进劲的灵活而变化莫测。所以上左必进右、上右必进左，又各为一进，共为六进。

上述六进，习拳者均须专研精修。未及其进，则周身毫无关动之意，静若处女，一言其进，则神意统合全体，内外、上下、前后、左右、全无牵掣抽扯之意，游走离位之形。如此，六进之道精髓得矣。

进劲者，上法用手，以手为奇；进法说足，以足为妙。然而用手之上，用足之进，全在身法以为用，全凭身法的闪赚腾挪、趋避转换、伸缩吞吐、折叠螺旋诸法运用之神所决定。所以进劲以手的粘掤能黏连不丢以为奇，以足的蹑行能伏随不脱以为妙，以身的中定能反侧收纵以为神。如上所述，进劲的奇妙虽决定于身、手、步，而关键全在乎双足，双足的虚实变化，进足的巧妙有否，足下能否捕人，是否有准头，有方向感，决定了进身、进手运使招法的妙与不妙，决定了招法的神与不神。步法所进的路数方位是手法开寸离尺的根基，不管是套步、插步、并步的进入之法，都要进身，拳打上风，手要急、足要轻，察势如猫行。心要整、目要清，身手齐到始为真。手到身不到，击敌不得妙；手到身亦到，破敌如摧草。这是进身贴身靠、进手用招的真传。

《太极拳拳谱》云：“临阵交战，切忌先进。一引一进，奇正相生。一引即进，转进如风。进至七分，疾速停顿。兵行诡计，严防后侵。前后左右，俱要留心。进步莫迟，不直不遂。足随手运，圆转如神。我进击人，令其不防。彼若能防，必非妙方。大将临敌，无处不慎。任他围绕，一齐并进。斩将搴旗，霸王之真。太极至理，一言难尽。阴阳变化，存乎其人。”详尽具体地说明了太极拳进劲的战略战术，以及应注意的事项。

临阵对敌，须坚我壁垒，以静待动，后发先至，切忌先进、冒进。进则须一进俱进，用手之上，用足之进，用身之闪，身手足一齐并进。即《用武要言》所谓：“发步进入须进身，身手齐到是为真。”亦即《乱环诀》所谓：“手脚齐进横竖找，掌中乱环不空落。”进身逼敌，手上足进，须一引一进，奇正相生，引诱回冲，身稍卸而步即进，一引即进，而闪进如风。即《太极拳经谱》所谓：“引视彼来，进由我去，来宜听真，去贵神速。”去贵神速是谓进步莫迟，即前进如奔星赶月，前进之时内气若流水向前奔流，此乃“打人如波涌”。为了闪势而速进，故进最宜直进。直进即是捷径，若曲而进之，此舍近求远，劳而不逸，是进的过失，故谓“不直不遂”，即进如不直进，则不能成功。这是因为拳术较技，须速而直进其身紧贴逼迫对手方能跌人，而摧人于丈外。拳论曰："进不御者，冲其虚也。"我进而袭人，须乘隙、乘机、乘虚而入，进而为人所不及知。即我进击敌时，务须击彼虚弱之处，或心理上和行动上均无准备之处，打他个冷不防，此即所谓"我进击人，令其不防"。如此才能攻其不备而攻无不克，出其不意而出无不利。彼若能防，则不能出奇制胜，此必非妙方。

敌我争锋，彼我较技，须知拳各有界，彼引我进，我只可至我界边（即头门、二门、三门），而不可擅自越界再进，如再进，易为人引进落空而失势跌扑，此即所谓"进至七分，疾速停顿"。七分者，恰当也，恰到好处也。也就是说进要恰到好处地守住"自已狭隘界定的利益"，即须知道进劲我能达到什么目的，而有可能失去些什么？只有这样进劲才能谨慎而不会冒失、冒进。这样才能保养心性，以达至中、至正、至和之道；才能法中见术，术中得功，以成自然变化之妙用。

进劲击敌，须"悬权而动"。"悬权"旧称"握奇"，权是秤锤的意思。与彼较技，须聚精会神，将劲统合，以求机动。如悬挂之秤锤，随时可以移动，何处发现战机，即以闪电之势、雷霆万钧之力予以重锤般地致命一击。古有闪进打顾之法。何为闪？何为进？进即闪，闪即进，不必远求。何为打？何为顾？顾即打，打即顾，发手便是。此即所谓"一身之劲，练成一家"，以一家的整劲进劲击敌，起手如闪电，发劲如迅雷，才能得"随手奏效"之功。

进以整劲击敌，是进击的原则。我劲专而敌分，我劲专而为一，以击敌的分散之劲，旨在集中力量打击敌人的弱点。欲达到此目的，必须闪赚腾挪、虚笼诈诱，将自己的劲力作有意识的分散，造成一种弱势的形势，以诱敌深入，然而此种有意识的劲力分散须能做到无形，使敌不能听到我劲力的结集整合，如此“人不知我，我独知人”，始克主动而致人。所以说，真正的整劲是有意识劲力分散的结果。待敌听劲感知我劲力整合，已坐失机宜，为时已迟，必然被我蓦然击出，此进之妙也。

拳技摧人，须进其身，才能跌人。即《拳经总歌》所谓：“劈打推压得进步。”进身用着，进则须纵放其势，心要占先，意要胜人，身要过人。头须仰起，胸须现起，腰须竖起，丹田须运起，若奔星赶月，内气如流水奔腾，勇往直前，竭尽其力，全身以赴，直奔对方要害部位。此即拳谚所谓“步趋身拥，打人如波涌”。《用武要言》所谓：“发身要鹰扬猛勇，泼辣胆大，机智连环，勿畏惧迟疑。如关临白马，赵临长坂。神威凛凛，波开浪裂。静如山岳，动如雷发。”若当直取而不敢直取，而曲折迂回，此乃舍近求远之法，执此法易坐失良机，易疲劳，且又易在动中暴露破绽，是为进劲的一大失。

拳术较技，出入之门在手，而手之门有三道，手腕是第一道，是谓大门，大门是手法行招变化之地；肘是第二道门，是谓二门，二门是肘法行招变化之地；肩膊是第三道门，已近内门，内门是肩膊行招变化之地。到此三门之地，便可进入内门而登堂入室，行靠弹崩砟招法的变化，则由懂劲而阶及神明而得太极全体大用的精髓。太极较技如欲摧人于丈外，进则须闪身入内门而紧贴对手发之，进则须控制对方的根节，即有效地控制对方的上膊根、中腰脊、下胯根、足踝，使其不能转根而失却自由，此为进劲致人而不致于人的诀窍。

兵无常势，水无常形，进劲之道亦须因敌变化而统合运用，以争取主动，取得胜利。所以进劲击敌，忌双手齐出。出者，过头、过直也。所谓双手齐出者，两臂挺直，同向齐出，出手过远，劲无曲蓄，一发无余，不作后顾之虑。须知拳术较技，曲伸开合要周身内外三合，表现在外三合即各关节左右合住，上下对齐，两手两足对称合住，手与足、肘与膝、肩与胯合住。开则俱开，开中有合；合则俱合，合中有开。这样进劲击敌就要求避免双手齐出、两臂不能挺着、出手太远，以避免重心前移被人乘势借力牵动，因失重心而跌仆，也避免被人乘机入侵。此外，双手齐出就会犯两膊不相系、首尾无呼应、上下不相随的毛病。首尾无呼应，则防守出现漏洞，攻击出现破绽；上下不相随，则手到步不到或步到手不到，错失良机，为敌所乘。所以进劲击敌力戒双手齐出，主张臂不直而常微圆屈，劲以曲蓄而有余，不直以使曲伸自由，圆屈以使卷舒灵巧。劲能曲蓄，气能直养，能呼吸然后能灵活，则一举动周身轻灵而一气贯串。进劲击敌既忌双手齐出，亦忌一臂单行，即《八法诀》所谓：“一臂莫单行，上下紧相跟。”亦即拳论“两膊相系，上下相随”之义。即是说，进劲击敌，切忌一臂独行，两膊须如常山之蛇，互相呼应。《孙子兵法·九地篇》曰：“故善用兵者，譬如率然，率然者，常山之蛇也；击其首则尾至，击其尾则首至，击其中则首尾俱至。敢问，兵可使如率然乎。”陈鑫引衍于太极作诗曰：“击首尾动精神贯，击尾首动脉络通。当中一击首尾动，上下四旁扣如弓。”即是说，善太极者，其进劲用技可以以“率然”比之，率然者会稽常山（一说常山为北岳恒山，西汉时因讳汉文帝刘恒名而改为常山）之蛇名，以灵敏著称。击其头，则其尾反搏而来；击其尾，则其头即反噬而来；击其中，则其首尾均反击而来。于是敢问太极搏技进劲的运用，亦可使其如率然般的灵敏否？若两臂呼应能如常山之蛇般的灵敏，则能充分发挥两膊统合的劲力，使之“齐勇如一”“刚柔皆得”“携手若使一人”，则可进劲而“战胜攻取”。此为进劲击敌、上法用手的窍要。

进劲击敌，须“后敌而发，先敌而至”。太极拳进劲的目的“无外乎致人而不致于人”。即李亦畬所谓：“先以心使身，从人不由己；后身能从心，由己仍是从人。”即舍己从人。舍己从人者，举动进劲未能由己而随人所动，黏则相随，走则引化，黏走相生，进即相依，彼不动，己不动；彼微动，己先动，随屈就伸，不丢不顶，勿自伸缩。彼有力，我亦有力，我力在先；彼无力，我亦无力，我意仍在先。此即不自主张，舍己从人，后发先至之谓也。后发先至，不是等对方动手了我再动手，而是对方动手的征兆一起我就动了手。所以太极拳练的就是“有触必应，随感而发”的灵敏。能动而后，即形随其后，后敌而动，则有机可乘；能先而至，即意在人先，先敌而至，则有势可随。随彼之势，乘彼之机，使彼落空以制彼，此即拳论所谓：“从人则活，由己则滞”。由此可知，舍己从人、后发先至是太极拳进劲击敌的不二法则。

进劲搏击，须“合于利而动，不合于利而止，武进则不可”。所谓武进即轻敌武断冒昧而进之意。当进而不进，坐失机宜；不当进而进，必为敌擒。这是告诫我们，进劲击敌须谨严慎密，是否可动而进，必须等待时机，待时机机势皆合于我有利时，始可动而进，不合于我无利时，切忌进击。善用“进”者，“佯北勿从，锐卒勿攻”。须避敌的锐气，而击其惰归。此治气之道也。即是说与敌对阵必须明白“再衰三竭”的道理。避免敌第一回合的锐气，而乘第二第三回合敌人惰气、暮气深沉之时，进劲而一举击溃，即把握“一而锐，再而惰，三而竭”的盛衰道理而为进而取胜的运用。

《太极拳百法歌》咏之：

“进手义何解？六进寓意深。合于利而动，勿擅行曲伸。进最宜直进，进七速停顿。进劲神奇妙，足下能捕人。”

## （二）退劲解

“退”，从艮从走，退却、后退、离去之谓；又有返归，退还、谦退、撤消、迟缓、畏缩之义，与“进”相对。敌猛烈进攻，我退步以柔劲缓和其攻势，并不逃却，即拳论所谓“人刚我柔谓之走”。走者，柔化、走避也，走避敌锋，以化解敌力。所以退劲即是走劲，但这个“走”不是消极意义上的退走或逃走，更不是让对方打走，而是以主动态势去适应对方的任何动作，是凭触觉的灵敏，是靠肢体的松柔，是借劲力的柔韧来化解对方的进攻，是人进我退，人刚我柔，彼进一分，我退一分，恰当好处、恰如其分的退，是不顶，是攘先而连随。故所谓“退劲”，即“走劲”“不顶”。不顶而走，不丢而黏，黏劲与走劲合而用之则为化劲，黏走相济不离，由黏而听（劲）而懂（劲），由懂而走而化。

张三丰说过，“欲大成者化功也，欲小成者武事也”，这里的化功，就是指退守走化的功夫。“武事”即《太极文武解》所谓：“文者体也，武者用也……武功得文体于心身，为之武事。”简单直白地说，“武事”是指主动进攻的功夫，也就是说张三丰认为太极拳想有大成的功夫，必须从退守走化上下功夫，而从进攻上着手，只能达到小成的功夫。毛泽东也说过：“在许多情况下，走是必须的，走是脱离被动恢复主动的主要方法。”又说：“聪明的拳师往往退让一步，而蠢人则其势汹汹，劈头就使出全副本领，结果却往往被退让者打倒。”（《毛泽东选集》第二卷第182页）。太极拳主张以静以柔，守雌主退，把“退”放在首位，以退守走化为根本，能致人而不致于人，即能降人而不被人降住，也只有不被人降住，才能降人。

拳谚曰：“直退易溃，斜撤得横。”《拳经捷要篇》曰：“而其柔也，知当斜闪。”即太极拳所谓“柔化自当知斜闪”。这两句话都是太极拳法退守走化的要诀。“直退”就是消极地退守，当遇到对方大力向前直攻时，既不知斜撤，也不知侧身闪赚，只会坐腰后化，或直线径直向后直退。常人原习惯向前直行，而拙于向后倒行，直线后退的速度肯定远不及对方的直前猛攻的速度。所以直线径直向后直退，必然导致在竞技中一败涂地，故谓“直退易溃”。太极拳的退步，主张斜撤。所谓斜撤，顾名思义，就是在后退撤步时以虚脚伸向身后侧方落步，使两脚前后不踏在同一直线上。如此落步则稳健而得横。所谓得横，就是得着对方底盘较窄的横面。拳论说：“得横即得势。”即是说斜撤退守能得到有利的形势，这就为后续

“得实得机，得机而发”创造了有利的条件。如若在柔化退守中更能知斜闪，则敌定被引进落空而跌扑。所谓斜闪，就是侧身闪赚，或称闪展。“闪”，《说文解字》曰：“窥头门中也。从人在门中。”“闪”尚有闪开、躲避、侧身急避之义。如《水浒传》第十一回：“林冲赶将去，那里赶得上！那汉子闪过山坡去了。”“闪赚”，崔彭年撰之《螳螂拳谱》对“闪赚腾挪”有专门的解释：“闪者，如灯炸目瞬，见像而化，杳无可寻。掌拳肘膝，俱宜用之。若只是作闪躲，则辜负此字矣。赚者哄也；腾者搁也；挪者移也。俱有闪字在内。”故所谓闪赚即侧身闪避，诱敌深入，引进使之落空的意思。故退劲，既是引退，又是退走之劲。走者，“引”之别名。何以既名“引”，又名“走”？引者，诱之使进；走者，彼来我去，不与人顶势。然而走之中自带引进之劲。此乃拳中妙诀，非功久不能为也。太极拳其柔，不顶而粘连，不丢而黏随，倏忽之间而知当斜闪，闪赚腾挪而后有接应，不完全为全空全退而无后继接应。即《五字经诀》所谓：“闪展无全空。”“闪”还具有“蓄发卷放如惊雷”，迅猛闪击敌人之义。“赚”还具有引诱、引进之义，“引则动，动则隙，隙则击”。说明退守走化并非只是消极地退却防守，而是战略退却的全部作用在于转入反攻，一切的走都是为着打。当敌攻我左门时，我左闪（避）右趋，左化右发；攻我右门时，我右闪左趋，右化左发，一闪赚（展）之间，走黏相生，化发皆成。所以退守走化，是太极拳重要的防守术，是蓄势待进、克敌致胜的重要策略。

《太极拳百法歌》咏之：

“退手义何解？人刚我柔走。欲臻上乘功，守雌主退守。柔化当斜闪，引进劲空透。太极真功夫，退字放位首。”

武禹襄《十三势行功要解》曰：“往复须有折叠，进退须有转换，所谓因敌变化示神奇也。”《太极拳解》曰：“往复须分阴阳，进退须有转合。”《十三势打手歌诀》曰：“进退顾盼与中定，粘连依随虚实分”。《对待用功法守中土》曰：“定之方中足有根，先明四正进退身。”《太极人盘八字功》曰：“但求舍己无深病，上下进退永连绵。”《太极正功解》曰：“元之出入，方之进退，随方就元之往来也。”《十三字用功诀》曰：“遇机得势进退走，三前七星顾盼间。”《五字经诀》曰：“随进随退走，拘意莫放松。”《拳经总歌》曰：“上笼下提君须记，进攻退闪莫迟迟。”《太极拳经谱》曰：“曲伸往来，进退存亡，一开一合，有变有常。”等，大量的拳经拳论都说明太极拳术的攻防变化，主要内容是进退攻守的运动，只不过太极更注重退守。退与进不是孤立、隔离的，而是一法中的阴阳两面，进中有退，退中有进，进即是退，退即是进，进与退同时存在于自身中，是自身两法的施为运使，进退存亡，极穷其变，是我自身固有的运动，动手较技就是自身闪退走化处求进劲搏击之用。所以说退是进的蓄势伏机，是进的根基；进是退的回转扶势，是退的目的。故太极拳竞技，拘意不放松，随进随退走，当时机适合进击时，要不失时机地殚其身而勇往直前，不可退而馁其气；当形势宜为退守时，就要及时抽身撤步回手，须领其气而回转扶势，以转为蓄势伏机的状态，以有利于后招的转守为攻。这就是太极拳“时而宜进，不可退，退以馁其气；时而宜退，即以退，退以鼓其进。是进固进也，即退亦实以助其进”的进退法则。故拳谚云：“进而知退，退而为进，进不知退，莽夫之所为；退不为进，懦夫之所行。”此是太极拳进退的辨证。

## （三）顾盼劲解

顾，《说文解字》析为：“还视也，从页雇声。”看，回看，瞻望之义。如李白《行路难》的“拔剑四顾心茫然”。盼，《说文解字》析为：“诗曰美目盼兮，从目分声。”看、看待、期望之义。可见顾与盼其义在“看”这一点上是相同的，即是说顾即是盼、盼即是顾。而常识定义左视为顾、右视为盼，故谓“左顾右盼”，如写成“左盼右顾”亦无不可，只是约定俗成“左顾右盼”罢了。

太极《懂劲先后论》曰：“胡为真懂，因视听无由，未得其确也。知瞻眇顾盼之视……”可见此处之顾盼是为眼法。牛连元转授之杨式九诀《十三字用功诀》曰：“遇机得势进退走，三前七星顾盼间。”《十八在诀》曰：“顾在三前，盼在七星。”所谓“三前”，是眼（一作鼻）前、手前、脚前；所谓“七星”，是头、手、肘、肩、胯、膝、脚。“顾三前”就是看顾好自己的眼前、手前、脚前。盼即是顾，“盼七星”就是看顾好自己的头、手（腕）、肘、肩、胯、膝、脚（踝）。顾与盼的对象其实是一致、统一的，顾三前就是盼七星，三前就是七星，七星只是三前的细分而已。但这里的顾盼，已不仅仅是狭义的视看和瞻望，而蕴含了看顾、看管、看守等防守之义。顾三前、盼七星是太极拳，也可以说是一切拳术的顾盼防守原则。左顾右盼、瞻前顾后并不是没有原则的左右乱看，东张西望，或是顾东行西。没有原则的顾盼，顾住了前面，后面就空虚；顾住了左边，右边就出现了漏洞；管（盼）住了右侧，左侧就出现了空隙；到处防备着，到处都是破绽；到处顾盼着，到处都是薄弱环节，甚至是潜伏着更多的危机。所以太极拳《十八在诀》提出了“顾在三前，盼在七星”的重点顾盼原则。就是说只有顾住管好自己的眼前、手前、脚前的七星，使三前七星的要害部位免受对方的侵犯，“使我营垒安如泰山”“先立于不败之地”，然后可以“后人发，先人至”而动，给敌以致命一击，此顾盼之妙也。

由此可知，此处的顾盼也指步法。顾者体察，盼者照应。太极的步法，若能相顾体察，相盼照应，则太极拳自然能流连顾盼，摇曳生姿，八面转换而轻灵圆活，支撑八面而稳固厚重，此顾盼之神也。

杨式传抄老谱《太极字字解》曰：“转换进退，于己身也，于人步也。顾盼前后，于己目也，于人手也。即瞻前眇后，左顾右盼也，此八字关乎神矣。”即是说转换进退，对自己是身法，对对方则是步法。顾盼前后，对自己是眼法，对对方则是手法。这就是“瞻前眇后，左顾右盼”的内涵，这八个字关系到心神的情况。正如吴英华、马岳梁所说：“顾是明劲。对方攻击我右面，我用接劲向左旋转90°，以柔劲应付之，双目注对方，即所谓左顾，也是动急则急应。对方从左侧击我，我接劲后向右转

90°，以柔劲应付之，双目注视对方，以观其变，即所谓右盼，也是动缓则缓随。”这充分说明了左顾右盼已不仅仅局限于眼法和步法，而是涉及了整个身心的人体生物运动力学系统工程。若只是作眼目的顾盼解，则辜负了此字矣。这是因为，神出于心，心为眼之苗，眼目充分体现了身心手足，内外上下，百骸百节，周身通灵合一的精神。是以目之顾盼，心亦顾盼，身亦顾盼，手亦顾盼，足亦顾盼，一顾俱顾，一盼俱盼而顾盼生姿，能顾盼，则能呼应、审察、照应、和合。拳术搏技若能脚与手合，手与眼合，眼与心合，心与神合，神与气合，气与身合，六者和合，则捷妙而灵活，此顾盼之奇也。

《十要论•身法第八》曰：“当进则进，殚其力而勇往直前；当退则退，速其气而回转扶势。至于反身顾后，后即前也。侧顾左右，左右恶敢当我哉。……若反身顾后，而后不觉其为后；侧顾左右，而左右不觉其为左右。总之，观在眼，变化在心，而握其要者，则本诸身。身而前，则四体不命而行矣；身而怯，则百骸莫不冥然而处矣。身法，顾可置而不论乎。”该论充分说明顾盼除“顾三前，盼七星”外，尚须反身顾后，即瞻前顾后和侧顾左右。“至于反身顾后”的方法，是指敌自我身后袭击，我一转身形，即将对手置于我的前面受攻击的位置上去了，所以我“后不觉其为后了”。所谓“侧顾左右，左右恶敢当我哉”。“恶”，古通“乌”，作那里、何、怎么解。是说敌或左或右从侧面来袭击，我侧身偏转，顺势应对，顾眷左右，即将对手置于我正面的受攻击的位置上去了，则“侧顾左右，而左右不觉其为左右”了。由于我侧身偏转是顺应其势而又突然，所以“左右恶敢当我哉（左右哪里敢挡我呢）”，即敌无法阻挡我的由守转攻的攻击。临阵对敌，手眼身法步，前后左右纵横反侧四面转动的顾盼，能达到“顾其后而不觉其为后，顾左右而不觉为左右”的境地，且运用之时又能节节贯串，如常山之蛇，击首则尾应，击尾则首应，击其中则首尾俱应，轻灵贯串而自由，如此则周身太极，随处见圆光，此为太极的上乘功夫。

太极《用武要言》曰：“察来势之机会，揣敌人之短长。”“人之来势，务要审察。”“拳打上风，审顾地形。”察、揣、审皆顾盼之义。说明巧取对手，顾盼的运用不仅顾彼盼我，还须兼及敌我的形势，周围的地形地物，及对手的形态心机。料敌审势察机清楚明白，以为我之所用，顾盼之义广也。

太极《懂劲先后论》曰：“知瞻眇顾盼之视，觉起落缓急之听，知闪还撩了之运，觉转换进退之动，知则为真懂劲，则能阶及神明，及神明，自攸往有由矣。”充分说明了懂得顾盼是太极真懂劲，及神明，达到“人不知我，我独知人”曲伸攻守的上乘功夫的标志，是拳技功夫炉火纯青的象征，顾盼之义深也。

太极搏技攻防，打前要顾到后，打左要顾到右，顾己亦要顾到彼，顾形亦要顾到势，更要顾到周围的地形地物。《用武要言》曰：“古有闪进打顾之法，何为闪？何为进？进即闪，闪即进，不必远求。何为打？何为顾？顾即打，打即顾，发手便是。”说明顾之义已上升到打的高度，打是太极拳的实质，也只有成效的打，给对手以重创，才能更好地顾住自己。所以说“顾即打，打即顾，发手便是”。顾打合一是太极拳的辨证，亦是太极拳的灵魂。

## （四）定劲解

定即中定。中，《说文解字》析为："内也，从口从丨，上下通也。"段玉裁注《说文》："中者别于外之辞也，别于偏之辞也。"是故中也者，可导上下，其内贯通，自至其中，无所偏倚，无所乖戾，宽猛相济，刚柔适度，意气纯中，从容中道。故"中"兼具中正、中平、中定、中和、中庸之义。中者公，公者平，平者正，正者通，通者和，中不废和，和不离中，此太极拳本然之体也，所以太极拳将"大和至中，大中至正"作为练拳行功万劫不移的原则。"中"是打开太极精深博大殿堂的金钥匙，又是贯穿太极修炼始终的枢机。太极拳的修炼，必须坚持"中道行"，从"中"字入门，即以"中"而入，以"中"而行，又以"中"而归。太极拳功用之妙，全在一个"中"字，须臾不能离开，离开这个"中"字，即背离太极拳道，便是差谬。

关于"中"字，太极拳界往圣来哲有不少玄妙精奥的论述，但竟然均没有非拳界的冯友兰先生说得简单明白。冯友兰讲《中和之道》时说："一个人可以吃三碗饭，只吃一碗半，大家就说他'中'，其实要吃三碗才算'中'，'中'就是恰好的分量；四碗太多，两碗太少。'和'与'同'的分别是'同'中无'异'，'和'中却有'异'，使每件事物成为'恰好的分量'就是'和'。这就是'中和'原理，辩证法由'量变到质变'是'中'，由矛盾到统一是'和'。"所以太极拳的

“中”，只是一个适度和标准的命题，即恰到好处，处处恰合之谓。

定，《说文解字》析为：“安也，从宀从正。”《书•尧典》析为“正也”。《大乘义章》曰：“心住一缘，离于散动，故名为定。”即心住一境而不散乱是谓定。《礼•大学》曰：“知止而后有定，定而后能静，静而后能安。”是知安、静、定、止四字，义并通。故“定”兼具敬定、安定、静定、空定、泰定诸义。外表端庄，整齐肃穆，内心静一，无二无杂，表里交正，谓之敬；内含情操，普迪无私，外息诸缘，内心无惴，宁之如定，谓之安；一志凝神，专心纯一，腹心松净，心无旁骛，根不外引，谓之静；心怀无垢，胸无瑕秽，心无外魔，身无形象，大通大明，谓之空；恭谨安身，静笃净性，于心无事，于事无心，邪妄不侵，谓之泰。敬者德之蒂，太极拳心驻清光，敬以直内，外之整齐肃穆，内之虚静统一，敬静之功夫也；行拳练功，五灵沉着，抱神以静，静之如定，敬静之气象也；守静莫若敬，收心莫若静，内静外敬，内外敬静，能返其性，心将澄渟。

就事物推义理到极至处，“不偏之谓中，不易之谓定”。太极难运是精神，练拳行功能做到心中无物，念头不起，则心意清虚静定而终跻浑然，此即为浑噩一身，“浑然人天尽浑然”的太极拳中定之道。太极拳艺术，太极拳内劲的滋生，就是清虚静定之心，中正不偏之身，身心浑元尽浑然，浑噩一身的必然结果。太极拳十三总势，掤、捋、挤、按、采、挒、肘、靠、进、退、顾、盼、定，皆以中定为主，其他十二势为辅，中戊已属土，土为言吐也，含吐气精，厚德载物，化生万物，故有中定后有一切势，势势之中又都寓有中定，此即太极拳所谓“桩中有拳，拳中有桩”。桩即是中定。中定者，动中之静力也，是一切拳势的动力支撑，一趟太极拳就是拳中有桩、桩中有拳、拳桩合一、虚实转换的中定状态下完成的，静是定桩，动是中桩，转换是虚实桩，掤、捋、挤、按、采、挒、肘、靠、进、退、顾、盼、定都是桩，势势是桩，处处是桩，不过不是浊气拙力立地生根的死桩，而是端直其身、空洞其心、中和在抱、真一其意、神气浑融、自忘其身、任意浮沉、飘然为凌云之游的活桩，是撮心而守，守根不离，志气和平，劲气和顺，身体中定，无所偏倚，中正贯串，圆满无缺，依中稳步，手步规矩，曲伸有势，依归中和，上下相随，内外合一，无心于定而无所不定的太极桩。

以中安（稳）身，以定静心，依中稳步的太极桩这一运动形式，隐桩于拳术内，要求演练者风度端凝，立如平准，抱元守一，抱和守中，中立不倚，和而不流，允执厥中，会于中和；气和身正，心安神定，动中处静，静中求定，静若处子，稳如磐陀，静也肃穆，定亦稳笃，莫可撼移，整体圆融松沉，定若砥柱，此即拳中有桩，化有为无，以心行气，以气运身，训练了神经。太极拳合于天道，厌于人意，而又内含情操，外发意气，借意念操练拳术，心动意起，意起气随，气随劲至，劲断意不断，意断神相连，意之所向，神即前往，全身因运动而行发劲，劲潜体内，行于四梢，形于体外，而成运动。此谓“神为主帅，身为驱使”，即桩中有拳（亦桩外有拳），化无为有，又锻炼了肌肉筋骨。人自虚而无，则心自清虚静定而体自中正安舒。即可生神、凝神；而生气、敛气；而生精、积精；此自无而至有也。炼精而化气，炼气而化神，炼神而还虚，此自有而至无也。有中无，无中有，反复在“大和至中”“大中至正”“大正至定”“大定至平”，即在中和、中正、中定、中平，浑然中处，从容中道的功劲态中进行历炼，中和在机以和气，中正在形以正身，中定在心以定神，中平在气以平心。气和、身正、神定、心平，从而使精、神、意、志、筋、骨、劲、气得到全面的锻炼，使身心得以无私无欲之净，使心地得以坦荡如砥之平，使真气得以恒静浩荡之和，使精神得以凝炼纯真之朴，从而获得太极拳领域内特殊的“合其浑元之形，应其生化之机，通达合道之理的力量，即浑噩圆融，万般浑圆皆归中的内劲”。因这种劲道，是中定之心、意、气、劲融会贯通的整劲，是心与意合、意与气合、气与力合的结果，是中道之性在拳中的体现，是通过对中道（中和、中正、中定、中平）的追求来实现的，而其核心是中定，故称为中定劲，简称定劲或中劲。太极拳在中定的状态下，通过静、松、稳、匀、缓、合、连的形式对身心进行阴阳、刚柔、虚实的调剂和修炼。神得于静而藏守，气得于松而宣畅，身得于稳而平准，劲得于匀而浑融，精得于缓而温养，力得于合而统一，意得于连而贯穿。从而使太极拳修炼者身心协调中和，神气融浑合一，打成一片，紧紧密密、久久而成大中大定，归根复命，从而渐明一身脱换之境。此时，“心广（虚）所以容万类也，心正所以诚意念也，心平所以得太和也，心安所以寡怨尤也，心静所以绝缘攀也，心定所以除外累也，同大化也”。同大化，即太极得中定而入大化之境，则太极拳自能“知眇瞻顾盼之视，觉起落缓急之听，知闪还撩了之运，觉转换进退之动，知则为真懂劲，由懂劲而阶及神明，则太极大成了”。由是观之，中定之道，即是太极拳的大成之道，中定劲是太极拳灵明在心，形体中正，精神安谧，气势沉稳，圆满柔润，刚柔折中，完好与美满、梦寐与企盼的象征。

前有所述“不偏之谓中，不易之谓定”。偏者偏倚也，偏则不中，不中则倒；易者变易也，易则不定，不定则倾。就太极而言，中定就是中正安舒，支撑八面而稳固厚重、轻灵圆活。简单地说，中定是一种永恒不易的、安定重心、气沉丹田的功夫。正如先贤郑曼青所说：“不易，是十三势体用中唯一之定理。定理者，即犹中定之定力也。何为中定？中即时中，定无常定，不失中定，是为定力，中庸所说不偏不易，亦即中定之定理也。重心即太极拳所说中定。”然而《易经》乾卦《象》曰：“天行健，君子以自强不息。”即是说：天道运行，刚强劲健，君子亦应如此，坚强振作，努力不定。可见“行”就是运行，就是为；不息就是不定。“行”“不息”即“不定”，不仅是“天”的本体，亦是“人”的真性，既是“天道”，亦是人生的常道。由此可知，太极拳所憧憬所追求的中定之“定”是在“不定中”，“不定”是在“定”中，此即太极拳道所谓奇正相生。唯有在“不定”中的“定”，才能永恒、才能生生不息；唯有在“定”中的“不定”，才能浩荡、才能参赞化育。定中的不定、不定中的定，即太极拳的有为和无为、阴和阳，其殊途同归是产生太极拳内劲的源头活水。太极拳“势势存心揆用意，刻刻留心在腰隙（间）”“以中土为枢机之轴”，其目的就是在此不定中求其“中土不离位”的中定，正如《太极圈》所云："所难中土不离位。"此太极拳所以难也。这是因为人皆有争强好胜的心，贪念随时即生，一起胜负的贪念，则非丢即顶，非软即刚，真正做到不偏不倚、不顶不丢、不贪不欠，时时得其中，刻刻得其正，在任何时间、任何情况下都有重心、都有定力殊非易事。这是因为太极拳最深奥神秘之处就在于阴阳，所以有"一阴一阳之为道"的说法。"一阴一阳之为道"反映于具体的太极拳"定与不定"的对待中，即是"定与不定之为道"。定是静定，是为修；不定是动，是为炼。只有在"中定"修的状态下进行"不定"的炼，就是说一切"不定"皆由"定"而出，才能从虚灵静定中把形体调整好，把身外散乱"不定"的动消融归一，而得真正太极中定的内劲。

董仲舒说："夫德莫大于和，而道莫正于中。"太极拳的中定不仅是太极拳家憧憬、企盼、追求的一种功夫，更是一种心态、境界。

## 五、浑元劲详释

**浑元劲：**"浑"，《说文解字》析为："混流声也，从水军声，一曰洿下儿。"浑又可作全、满解，如浑身是劲。陈师道《山口诗》："渔屋浑环水，晴湖半落东。"又"浑"通假"混"。如《老子》："有物混成。"张衡《灵宪》引《道志》作"有物浑成"。王弼注："浑然不可得而知，而万物由之以成。故曰'混成'也。"

"元"，《说文解字》析为："始也，从一从兀。

徐锴曰：‘元者善之长也，故从一。’”《春秋繁露•重政》曰：“元者为万物之本。”何休《春秋公羊解诂•隐公元年》曰：“元者气也。”所以元是元气，系产生和构成天地万物的原始物质，或阴阳二气混沌未分的实体。如《鹖冠子•泰录》曰：“天地成于元气，万物乘于天地。”《论衡•谈天》曰：“元气未分，混沌为一。”又“元”者“一”也，如“抱元守中”即是“抱一守中”。“元”者亦作“圆”也，如《太极正功解》曰：“太极者，元也；无论内外、上下、左右，不离此元也。太极者，方也；无论内外、上下、左右，不离此方也。元之出入，方之进退，随方就元之往来也。方为开展，元为紧凑，方元规矩之至，其孰能出此以外哉。”此文之“元”音义皆同“圆”字。《说文解字》将“圆”析为：“全也，从口员声。”《吕氏春秋•审时》则注释成“丰满”。而韩康伯注：“圆者，运而不穷……唯变所适，故曰圆。”所以浑之与元，浑即元、元即浑，故谓浑（混）元。《文选•班固•幽通赋》曰：“浑元运物，流不处兮。”李周翰注：“浑元，天地也。言天地运物，流转无常也。”因浑之与元又兼具全、满、圆、融、和、一诸义，又有开始、根本、构成一个整体之意，所以浑（混）元亦作“浑圆”，“浑融”“浑（混）成”“浑（混）一”“浑（混）和”“浑雄”“浑整”，诸义基本一致。是以简之概统称为“浑”，其劲则称为浑劲。

太极拳的浑元劲或浑圆劲，是周身牵挂，全身各部均同时面面生力，既不相乖，又不相乘，互为应合，浑元一争，共争一心，是心意气力相互浑融，是内满精气神，外圆身手步，是意成浑元，气成浑元，劲成浑元，身成浑元，一体浑雄，斗乱不乱，一息坚融，形圆不败，周身一家，浑然中处，意圆气满，一身如球，“触之则旋转自如，一身皆是掤劲”的太极劲。是太极拳的身法和心法“一处自有一处虚实，处处总有此一虚实”浑元状态的太极体。

浑元劲是太极拳阴阳大化达到高度的中和境界的产物。因其浑融，致劲净而匀，酥软如绵而浑然如醉；因其浑雄，致返虚入浑，积健为雄而力能扛鼎；因其浑和，致规矩从中，执中无权（“权”之谓者，称物平施，即中和也）而经脉和同；因其浑整，致内息通衡，劲意顺达而内力汹涌；因其浑一，致凌厉雄藏，和光同尘而阴阳大化。浑元内劲浑圆体，太极拳行气自然如九曲珠，无微不到，而气遍身躯不稍滞；运劲自然如百炼钢，绕指至柔，极柔软而致极坚刚。

这种浑（元）劲是赫烈雄浑，自然空灵，中和为一，绵密周全，飘然匀实，圆活机变，变化莫测，绵绵不断，滔滔不绝的内劲。这种内劲，一片缠绵意志，劲健浑雄，回抱照应，运实为虚，实处俱灵，以虚为实，断处皆续，遒练之至而出精神，疏松之极而更浑沦，统涵统纳，统汇统融，一体浑元，左右逢源，普应群机，快则能乘，慢则能随，触则能感，迫则能应，万般机警，虚能受物，静能应事，融通致化，可以走化四面来力，可以生发八方去意，粘黏连随而兀兀腾腾，敷盖对吞而汹涌澎湃。正如傅钟文老师所指出：浑劲好像秋天成片芦苇在湖中被大风吹得俯而复起，坚韧不折，柔而有弹性的意思；又好像海洋中的滚滚波涛，水质虽软而含有非常雄厚的力量。浑（元）劲是凌厉雄藏、藏而不露的浑厚的实力，从而达到柔中有刚。继续再进一步要从浑（元）劲中练出飘然为凌云之游的轻灵劲来，轻灵劲是既有劲灵感觉而又能圆活运转的意思。将这两种劲紧密结合于一起相互为用，才能刚柔相济，棉里藏针，才能变化分释为掤、捋、挤、按、采、挒、肘、靠诸劲而灵活应用，始可达到融会贯通、得心应手的目的。

## 六、轻灵劲详释

**轻灵劲：**轻灵劲又称虚灵劲，简称“灵”劲。何为灵？太极修炼追摄先天，运会后天谓灵；从无守有，常应常灵谓灵；含和抱中，逆使造化谓灵；明乎虚实，谙于阴阳，徐疾所在，曲伸出入，皆有条理，可以刚，可以柔，诚信得中，和静得正，阴阳浑成，刚柔悉化，机出先天，应物自然谓灵。“灵”这一先天的自然之能，包涵了灵通、灵察、灵犀、灵知、灵动、虚灵、轻灵、灵敏、机灵、神灵、灵性、灵光、灵秀、灵明等灵感和机灵。在天虚空，在人松融，唯虚唯空，融通至灵，谓之灵通。空透心境，慧炬通明，察幽知微，有感即应，谓之灵察。神通天机，觉悟入境，内真外应，外真内应，谓之灵犀。神通智慧，能审事物，释秘通灵，妙达神奇，谓之灵知。柔曲百折，圆转不已，贯串九曲，周行不殆，谓之灵动。心主敬静，静动玄妙，神乎无踪，微乎无形，谓之虚灵。举止轻捷，身法便利，足膝轻快，手捷眼明，谓之轻灵。全身松静，静定乾坤，动含万象，常应常静，谓之灵敏。慧剑神光，微妙生化，机诈百出，虚实无定，谓之机灵。

知机入神，灵妙自生，有变有常，神出鬼没，谓之神灵。天君泰然，性天朗霁，玄妙灵变，自然而然，谓之灵性。辉景独耀，隐微幽深，伏于天心，潜藏乾顶，谓之灵光。五性感动，回抱照应，活力无方，灵气盈盈，谓之灵秀。心思开朗，神意贯通，开启光明，灵台清净，谓之灵明。所以说“灵”是太极拳玄妙功能的总代称。它既是后天四体百骸的虚灵警惕，普通全身，蛇手猫步，手似行云，步如流水，舞手如景山兴云，送脚如游鱼得水，节节灵涌，空空灵灵，劲净而匀的灵动；是主宰于腰，触之则灵如枢纽，一动无有不动，作意转换自然，而周身圆活自如的灵敏；是虚领顶劲，提起精神，提挈全身，领袖全局，以求贯彻而满身轻利的机灵；是舒胸顺背，胸音开劲，中和在抱，神通脊背而自然得路的灵妙；是贯串九曲，气遍身躯不稍滞，玲珑宛转，圆转如意的灵活；是纵腾于膝，曲如伏虎，伸比腾龙，行住无迹，曲伸潜踪，犹如猫行的轻灵。它又是先天的独立不改，周行不殆，阴阳会通，虚实莫测，动静无分，开合未定，刚柔浑然，一气混沌，浑噩于身的灵通；是性海澄渟，心田无尘，纯正本心，见性觉悟，灵府杳冥，清虚静定的虚灵；是心怀无垢，胸中无物，外忘于身，内忘于心，清幽致远，情定生慧，慧通深达的灵慧；是抑眼留目，含光默默，敛光向内，慧心内观，回光返照，一志凝炼，炼神入微，意土凝定，天心洞启，天性纯白，方瞳正碧，柔静澄明，神光内莹，而“一点灵光吊在眉”的灵光。由此可知，所谓灵既是后天的神经反应之灵，又涵括了先天的灵悟之灵。那么灵是在内还是在外？在内出于自然，在外出于作为，在后天厚固灵根以动形，在先天养护灵根以静神。这先天和后天、心神和形体，互为依存之整体的“天君泰然，百体灵动”的“行云流水”之情，才是真正意义上的灵（劲）。正是这真正意义上的灵，才能全面地体证“能黏依，然后能灵活”“真空化妙有，方见落空之妙”的灵机妙用。也就自然应验了“意气换得灵，乃有圆活之趣”的灵化妙变。应验了“一羽不能加，蝇虫不能落，人不知我，我独知人”“湛然澄澈，感而遂通，稍触即知，有感即应”的灵感灵应之能。它具体地反映于太极拳敷盖对吞、粘黏连随、虚实灵换神不知之中，主要体现于人体最大的感觉器官皮肤上，即《太极拳打手要诀》所谓：“筋骨要松，皮毛要攻，节节贯串，虚灵在中。”现在知道，所有陆地动物，皮肤表面都有一定的覆盖物，有的是羽毛，有的是鳞片，有的是甲壳，或者是厚厚的角质层，其作用除了保护身体之外，还可以减少水分蒸发，防止严寒冻伤。有意思的是，人类却是唯一的例外，其皮肤不但没有什么覆盖物，而且细腻得简直有点光滑。科学家认为：皮肤是相当灵敏的感觉器官，在失去毛发覆盖的同时，形成了面积很大、能够接收内外环境各种信号的高分辨感受器，而感受器又需要相应的大脑分析系统的配合，因而也必然使得脑功能大大地复杂灵敏起来。此外，皮肤中发达的血管和汗腺，在维持体内化学平衡、气体代谢和温度调节中也担任着重要角色。我们知道，正常人的体温始终维持在摄氏三十七度，这种极其高超的调节能力显然和人类的皮肤特点有关。人体光滑的皮肤，使得感觉和思维系统发展起来，上了新的水平，接通了皮肤与大脑、形体与心神这一相互联系的“灵”的通道脉络。太极拳正是充分利用了这一通道脉络，通过静、松、稳、匀、缓、合、连，用意不用力的方法求得柔弱智慧之劲。这种智慧之劲是有灵性的，是有“意”的，既具灵活多变之化，又有柔和成势之机；既有依随机势揉缠松长之妙，又有缱绻旋绕枢机自然之神；既有自然柔弱无为之卷舒，又有缠绕环化连绵之吞吐，故谓灵劲。灵劲是太极拳的最高修为，它使太极拳跨上了有别于他派拳术的至高无上的神明境界。

## 七、化劲详释

**化劲：**“化”，《说文解字》注：“教行也，从匕从人。”变化、改变、化解之意。所以所谓化劲，即改变、化解敌力的劲。正如《花拳经》所言：“化劲者，制化敌劲，引进落空也。”也就是说是由练习粘连黏随而产生的一种随机应变、顺人之势、借人之力、蓄而不发，与发劲相对待的劲。但无论化劲与发劲，都要接点不接面，在接触点上下功夫、找感觉，通过接触点的变化，达到听劲和懂劲，达到“周身无点不弹簧”“触手即占先上先”的境界。化与发，柔与刚，柔以解（化）着，刚以发力，随曲就伸，缠绵不断。此即所谓“舍己从人无深病，进退化发永连绵”。化劲的特点，是其动作皆作圈形。一圈之中即含有无数的黏走，其目的就是造成一个“我顺彼背”之势，让对方的来力全在我所作的圆的切线上走化，从而达到“引进落空，四两拨千斤”。这些化解敌劲的方法运用熟练了，就是“着熟”。着熟以后，再经过一段时期的锻炼，“视听之际，遇而变化，自得曲成之妙”而粘连黏随已成，自得运劲知觉，能黏能走，黏即是走，走即是黏，黏走相生，走黏相乘，此为懂劲。懂劲后愈练愈精，神而明之，而达到“一羽不能加，蝇虫不能落，人不知我，我独知人”的境界，则化境（劲）极矣，是谓“阶及神明”。由此可知，化劲是由黏劲与走劲而来的，也就是说化劲由黏劲和走劲两种劲所组成的。黏劲，也叫粘黏劲或黏化劲。粘者，提上拔高，擎起彼劲借彼力也；黏者，贴也，留恋缱绻，彼进我退，而彼退我进，进退相随而丢之不开、投之不脱，如胶着物之谓也。走劲，也叫退劲或走化劲。走者，柔化、走避也，走避敌锋，以化解敌力之谓也。但这个“走”绝非消极意义上的退走或逃走，更不是让对方打走，而是以主动态势、凭借灵敏的触觉，依靠松柔的肢体，柔韧的劲力，引之使进，令彼不得势击。是以走者，又为“引”之别名。何以既名“引”，又名“走”？引者，引人从我，诱之使进；走者，人来我去，不与势顶，故走之中自带引进之劲。由此可知，所谓化劲，细分之实为粘黏之劲和引走之劲所合成。粘黏之劲，就是“不丢”之劲，“不丢”就是“就伸”。引（化）走（化）之劲，就是“不顶”之劲，“不顶”就是“随曲”。如果没有粘黏不丢之劲，就不能“听”劲，这个“听”是周身皮肤灵敏感觉的听，不会听劲，就不能懂劲，不懂劲就不能引化走劲。拳论云“太极者，无极而生，动静之机，阴阳之母也，动之则分，静之则合，无过不及，随曲就伸。人刚我柔谓之走，我顺人背谓之黏。动急则急应，动缓则缓随。虽变化万端，而理唯一贯。由着熟而渐悟懂劲，由懂劲而阶及神明”。由此可知，随曲就伸、不丢不顶、粘黏引走的化劲不仅是太极拳由着熟而懂劲而阶及神明的阶梯，而且其练化的程度也是招熟、懂劲及神明的各个阶段功夫的标志。

不丢的粘黏之劲主进，为阴中之阳，柔中之刚，虚中之实；不顶的引走之劲主退，为阴中之阴，柔中之柔，虚中之虚，知阴知阳，能进能退，粘连黏随，粘黏以制敌，引走以化敌，两者交替使用，敌急我以急应，敌缓我以缓随，以敌之缓急为缓急，不自作主张，自为缓急，自能舍己从人，敷盖对吞，随曲就伸，以资运化应随。然而欲求运化得当，应随相宜，须做到粘连黏随，无过无不及。粘黏不可过，过则顶，引走不可不及，不及则丢（离）。人施以刚直之劲，唯顺应其势，粘以连之，黏以随之，引以诱之，走以化之，随机而变，随势而化，改变敌劲的方向，使彼的劲落空，陷被动而至背势。而我的势得其中，得主动而至顺势，人背我顺，以顺黏背，不顶不抗，因势利导，顺之以化，引之以入，泄之以尾闾，泻之以涌泉，以至完全吞噬其劲，则彼的劲如泥牛入海无消息。此神化之功、通达之妙也，即所谓“阴阳混成，刚柔悉化”。练成化劲，则可做到“化发守中，圆点互根”，则可“拳无拳，意无意，无意之中是真意，无法为法，周身无不是意，周身无不是力，而达到拳心合一，拳道合一的境界”。

张三丰说过“欲大成者化功也，欲小成者武事也”。这里的“化功”，就是指引退走化的功夫。“武事”即《太极文武解》所谓“文者体也，武者用也……武功得文体于心身，为之武事”。简单直白地说，“武事”是指主动进功的功夫，也就是张三丰认为太极拳想有大成的功夫，必须从引退走化上下功夫，而从进攻上着手，只能达到小成的功夫。毛泽东也说过：“在许多情况下，走是必须的，走是脱离被动恢复主动的方法。”又说：“聪明的拳师往往退让一步，而蠢人则其势汹汹，劈头就使出全副本领，结果往往被退让者打倒。”（《毛泽东选集》第二卷第182页）所以太极拳主张以静以柔，守雌主退，把引退走化放在首位，以引退走化为根本，能致人而不致于人，即能降人而不被人降住，也只有不被人降住，方能降人。

太极拳理，玄玄妙妙，纯是化机。着熟能通，通而能化，化而能变，变化成势。势，运动形态，势来不可止，势去不可遏，顺人之势，借人之力，借势化之，知拍入之，制化敌劲，引进落空，随化随发，接其力头，化其力尾，散其大力，借他力而用人，此太极拳所以神明而妙化也。由此可知，太极拳虽有“重化不重发”“能化必能发，能发未必能化”的说法，但这只是相对的说法而已。实际上太极拳并非光是引化，还是要打（发）的。逢化必打，边化边打，竟能达至化之至多，而打之至深。即拳家所谓：“挨着何处，何处即松开，化后还击。”柔以化着，刚以发力，化与发既是对立、相反的，又是统一、不可分割的，在一定的条件下又是可以互相转化的。但化是基础，融道入化，没有化就谈不上发，发寓于化之中，在化的同时又包含着发，化之始即发之始，化之终亦即发之终，所以说：“化即是打，打即是化，无化不打，无打不化。”即拳论所谓“一阴一阳之谓拳”。拳是化与发、虚与实循环推演的结果，太极拳有虚有实，有化有发，有虚无实会浮，有实无虚会僵，有化无发会丢，有发无化会顶。顶抗则生断续，瘪丢则失依随，皆失粘连黏随之意，而违敷盖对吞之道，而与真正的太极拳益远。

太极拳的化劲，是太极拳家在练功和实践中所追求的“通神达化”的一种境界，即“化境”。非神而不能通，非化而不能达；神化之功，才得通达之妙，即拳论所谓“阴阳混成，刚柔悉化”。化劲之要，全在黏走引化（见上述《百法歌》概而咏之）。

## 八、整劲详释

**整劲：**“整”，《说文解字》析为：“齐也，从攴、从束、从正，正亦声。”整之一字兼蕴整齐、严整、圆整、浑整、整一、整合诸义。所以太极拳的整劲，又叫圆整劲或浑整劲，故整劲与浑元劲有相似共同之处，但细细分析，则又有所不同。

整劲是心意气力融和整一统合的结果，此种劲道都是精神意气的结集，周身含蓄，四处牵连，内满精气神，外圆身手步，一体浑元，一息坚融，意圆气满而一身浑噩。其心与意合，气与力合，筋与骨合，内三合也；手与足合，肘与膝合，肩与胯合，外三合也。若以左手与右足相合，左肘与右膝相合，左肩与右胯相合，右三与左三亦然。以头与手合，手与身合，身与步合，孰非外合；心与目合，肝与筋合，脾与肉合，肺与身合，肾与骨合，孰非内合。神契统合，内外耦合，周身一家，生成融合之劲。其劲出于先天自然的柔弱，运使于整体自然的松柔，由松柔弱运所逐渐积累而成，劲力的柔弱而莫之抗拒、摧枯拉朽、胜于刚强；劲力的轻柔而沉重难承；劲力的松长而入于无间，周流无碍，活力无方，放之则弥满六合，卷之则退藏于密，其变无穷，用之不竭，浩荡如潮涌，呼啸如海溢，一触即爆发，崩砟无断续，汹涌连带，一泻千里。《周易参同契》形容这种劲的运行力是："黄中渐通理，润泽达肌肤。""淫淫若春泽，液液象解冰，从头流到足，究竟复上升。"故谓整劲。

整劲的含义，是为整一统和。"一"者，天得一而清，地得一而宁，人得一而诚之"一"也。一者，道之根，德之蒂，气之始，劲之宗，命之所系，众心之主，与太无合体，与大道同心，与自然同性，太极也。太极一者，千变万化，无往非劲。势虽不侔，而劲归一，劲一之妙，形具周身整笃之劲力，神备浑元庄阔之精神。自顶至足，内之脏腑，筋骨膜络；外之肌肤，四肢百骸；内外相联，前后相需，破之不开，撞之不散。上下相随，阴阳相连，一以贯之，其斯之谓。而其为也，一心一意，当时而静，静无不静，寂然湛然，表里上下，全无参差牵挂之意；聚精会神，伺机而动，动无不动，前后左右，均无犹疑抽扯之形。阴阳合德，虚实相涵，刚柔得中，动静浑然，而劲归于一。劲一之功，积日有益，久练而成，功唯自进，不可躐等，按步就序，循序前进，然后百骸筋节自相贯通，上下表里不难联络，散而统之，分而合之，总归于一劲，亦总归于一气，乃成浑整之劲，浑元之气，浑噩之身，而"浑然人天尽浑然"，"到处浑元太极成"。此太极之道也。

太极为纯心意之拳，在心意启迪下，以心行气，以气运身，意到气到，气到劲至。心既浑元，身即浑噩，气既浑元，劲即浑整，则一势立太极，纵拳所示，于不即不离处会心，于规矩中求真见，于联络处见章法，于洒落处见意境。拳势之行，犹如太虚之云，江海之波，悠悠然而来，浩浩然而逝，翛然无为，尽为自然造化。即拳论所谓：“如长江大海，滔滔不绝也。”即《李小龙论推手》所强调的“力量不断流动”。拳势之动，捶自心出，拳随意发，心之一动，百骸无有不动。周身九节，珠穿九曲，招招以意与气贯串之，贯串则无断续焕散之弊，运劲时不能九节俱动固不可，动而不能贯串仍不可，贯串而不能便利行气、敛气、聚劲尤不可。太极运劲的贯串，“其根在脚，发于腿，主宰于腰，形于手指，由脚而腿而腰，总须完整一气”。完整一气，则周身一家，即李亦畬拳论《五字诀》所谓：“一身之劲，练成一家。”的整劲。我们知道，整劲的特点在于圆润、圆融、贯串和通透。能圆润圆融则劲力在肢体内传递合理，而无丝毫内耗；能贯串通透，则劲力在传递与运作上显然最为自然，而无丝毫勉强。故合乎修为柔弱松长，环缠旋绕，灵活善变，神玄莫测，而统御浑合的整劲。前贤向剀然指出：“夫人不患无力，特患是力之不能集中耳，习武的要求，也就是在于集周身之力，以传达于敌人之身上。”此至理名言也。

## 九、中和劲详释

**中和劲：**太极的道理，原本是天道之理，即宇宙本原之理，所以就是最高的真理。真理至简又至易。它的实质就是“中”，它的效用就是“和”，因此三五相传的道理就是“允执厥中”，即中庸。庸者用也，中庸即用中，意即执行正确的，就太极而言，就是无过不及，恰到好处。程颐曰："不偏之谓中，不易之为庸，中者，天下之正道，庸者，天下之定理。"是以太极拳主张兼容并蓄，而仲裁为适可而止的中道，和而不流，训在中庸，即中和。关于"中"，在前文的定劲中已有说明。"和"，《说文解字》析为："调也。"《广韵》析为："顺也，谐也，不坚不柔也。"周敦颐以中为和，又以中为中节。《中庸》曰："喜怒哀乐之未发谓之中，发而皆中节谓之和。"拳家加以衍化，认为拳势的起落钻翻、拳劲的幽明柔刚的未发谓之中，发而皆中节谓之和。拳势的起落钻翻、拳劲的幽明柔刚，其未发，则性也，无所偏倚，无过不及，故谓中；其既发，则情也，无所乖戾，不柔不刚，故谓和。然而中不可废和，和亦不可离中，宽猛相济，刚柔折中，虚实相渗，阴阳相和，一切都融浸在从容中道、心平性柔而暴躁全无，忿怒不生。其以往之高傲欺心，滞气血性，小见偏识，一笔勾销，另换出和平情性，温柔资格，使其气柔净澄澈，中立而不倚，和而不流，无形无相。使其劲圆而且方，方而复圆，正能合奇，奇不失正，恃乎松长，应乎旋绕，行乎柔弱，法乎动静，运乎自然，连乎神机，会于中和。董仲舒说："夫德莫大于和，而道莫正于中。"所以太极拳的本质，也即内劲的本质是"大和至中"。大和即是"太和"，"太和"一词出自《周易•乾卦•彖辞》："乾道变化，各正性命，保命太和，乃利贞。"意思就是天地自然变化形成万物的道体，万物各自静定精神，保持完满的和谐之气，如此则祥和有益，贞正坚固，万物就能顺利发展。由此可见"太和"是起和谐作用的气，《指归》称其为"和气"。其包涵着"普遍和谐"的意义，即自然、人与自然、人与人的和谐，以及人自我身心内外的和谐。这一广阔的泛和谐的观念，既贯穿于儒家学说，也贯穿于道家学说，并表现于各种文化形态。广义的内家拳，尤其是太极拳主张“粘连黏随”“引进落空”“借力打人”“四两拨千斤”“非遇困厄则不发”的后发制人的技击原则，和坚持后的状态，崇阴、法水、贵柔、守雌以及处下、曲全谦退一样，正微妙而准确地体现了中和、中庸的至道真理，以及执中权衡、美善兼通、规矩从中、允执厥中、阴阳合和的太极拳的本然自然之体，犹如“山林丛郁，虽不求有鸟，但它那丛郁之势自然蕴育了百鸟翔集；大海汪洋，虽不求有鱼，但它那汪洋之势，自然蕴育了众鱼遨游”。太极拳修炼者在法地、法天、法道、法自然，随造化的物性、顺自然的本性的累月长年寻虚逐微的渐修中，心境常圆，神入无我，深执妙悟，拳与道合，身随劲中，心随气和（劲中则身中，气和则心和，反之亦然），逐渐积累了柔弱中和的人体场势，形成了内部的动，因此清虚静定就成了动的反动力，即所谓“反者道之动”。如此虽不求有中和的功德，而中和的功德效能自然被蕴育而生成。如此浑融的中和劲内感通灵，深沉的清和意返朴归真，中和的功夫自然而修，中和的功力自然而长，中和的功法自然而生，中和的功境自然而得。太极拳因其用劲者，皆是中和规矩中用劲，故能在权衡中掌握“火候”、控制“分寸”，能知真假虚实，秤彼劲的大小，分厘不错，权彼劲的长短，毫发无差。修短合度，轻重协衡，阴阳得宜，刚柔相济，恰如壮士拔剑而回旋进退，处处恰合，莫不中节。太极劲道，微妙贯道，唯在中和。中和之至则劲力匀平而能通透洞察，察秋毫而明乎心机，察细微而得乎依随，察机势而悉于变化。则拳技眇昧乎其深，绵邈乎其远，动之入微，感之入妙，用之入精；而臻妙而至微，神而至明，微妙神明的上乘境界。至此境界，形气固而能纵横，精神萃而能飞腾。纵横者，劲之纵横；飞腾者，气之深微。周身全局，一呼而纵，一吸而敛，伸可成曲，住亦能行，曲如伏虎，伸比腾龙，行住无迹，曲伸潜踪。飞如高山坠石，腾如千里阵云，遒劲之至而精神，顺舒之极而更浑沦。劲既浑沦纯粹如精金，温润如良玉，宽而有制，和而不流，如春阳之温，如时雨之润，则太极拳“随造化之物性，顺自然之本性”而陶铸万象。纵拳所如，于不即不离处会心，于规矩中求真见，于联络处见章法，于洒落处见意境，拳术之行犹如太虚之云、江海之波，悠悠然而来，浩浩然而逝，翛然无为，尽为自然造化。

自然造化，风光无限，气象万千，都是太极中和的化生。中者恒静。心静而安，身正而中，气平而和，此即谓“致中和”。老子曰：“万物负阴而抱阳，冲气以为和。”“冲”字左边旁两点，即是指代阴阳二气。阴阳二气和合圆融归中为“冲”。冲气以为和，即是说阴阳两气归中而亲合圆融即为“和”。所以某种意义上说“冲气”就是“中气”，人的中气，不能自主，悉听于意，意行则行，意止即止，唯勿他想，自积而不溢，充而内蕴，此即孟子所谓至大至刚，塞乎天地之间者，是吾浩然之气也。也就是“和气”。清代杨式传抄老谱《大小太极解》曰：“太极练法，以心行气，不用浊力，纯任自然……不用力（浊力即拙力或蛮力）何能有力（劲）？盖太极练功，沉肩坠肘，气沉丹田。气能入丹田，为气总机关，由此分运四体百骸，以气周流全身，意到气至。练到此地位，其力（劲）不可限量矣！”这段文字告诉我们，练太极拳，丹田为气发运总机关，意到气到，气到劲至，说明气路即是劲路。太极拳发劲以足为根，起于脚，由脚而腿而腰以之为主宰操纵，蓄之于背，敛之入骨，布于臂膊，形于手指，终是完整一气，总以浑然的整劲。完整一气，能行气如九曲珠，无微不到，则浑然的整劲能运劲如百炼钢，何坚不摧。由此可知“气”是“劲”的体，“劲”为“气”的用。《道德经》说：“道中而用之。”太极拳的劲气能达到“中和”的境界，道的体用才能合二为一，才能气劲相资，合乎自然，达到气即是劲、劲即是气，阴阳合德，劲气合一“致中和”的太极态。如此，则阴阳平衡而和合，在天则风调雨顺，在地则物阜年丰，在人则心泰体康，在人间则顺达祥和。故太极之道，首重中和，中和之外，再无玄妙。太极拳修炼，“劲整在能中，功深尤贵和”，追求的就是内不觉其一身、外不知宇宙，天人合一，“大中至和”的太极态。这种太极态是一种泯灭了冲突的至尊至贵的中和之美，故先贤曰：“太极至尊者中，至贵者和而已。至难得者中和之劲（气）在于身而已矣。”中和的劲气在于身，使太极修炼者在一片宁静和深远的意境中气满、任督开、八脉通，以至沟通了生命最本质的节律，而获得最大限度的身心自由，达至浑然无迹，妙手空空，若有鬼神，助我虚灵，而灵妙莫测，变化无穷。这是一种酣畅淋漓、了无滞碍、豁然贯通的劲力神明境界，故中和劲是太极的最上乘的劲。

## 十、生熟劲详释

**生熟劲：**“生”，《说文解字》析为：“进也，象草木生出土上，凡生之属皆从生。”“生”有未煮熟、未成熟或未经锻炼之义，引申为不熟悉、不熟练、不圆熟、不流利，生涩之谓。“生”又有生意、生机、生动、生生不穷，深远虽尽，动而不板，活泼迎人诸义。“熟”，有成熟、熟练、熟谙、熟悉之义。王宗岳《太极拳论》曰：“太极者，无极而生，动静之机，阴阳之母也。动之则分，静之则合，无过不及，随曲就伸。人刚我柔谓之走，我顺人背谓之黏。动急则急应，动缓则缓随，虽变化万端，而理唯一贯。由着熟而渐悟懂劲，由懂劲而及阶及神明。然非用力之久，不能豁然贯通焉。”又有《枢光曲》诗云：“数十年来练太极，日间挥运夜间思，去尽刚硬留松柔，劲到熟时是生时。”都说明练太极拳劲必先生而后熟，既熟而后生。先“生”者，学力未到，心手无应，手心相违，心识其所以然而手不能然，以至劲力滞涩，机气断离，动作硬拗。后“生”者，学力成熟，而将心醉神迷之中所感受的劲势，成局于心中，挥运转换成形式，练至精熟，融会贯通时形质出于手，性情发乎心，而心手相应。即心依乎天理，以手应心；手顺乎人道，以心应手，及此时手与心化，得之于心而应之于手，得之于手而应之于心，以至心不知手、手不知心，一切都成为自然而然的事。如是，劲力精气挥洒而出，不主故常（《庄子》：“变化齐一，不主故常。”故常，指旧则、先例），不落蹊径，时出新意于法度之中；率意颠逸，杰出风尘，常寄豪放于妙理之外，而至随心所欲不逾矩，备万贯一，运用从心，则变化无方矣。然而须知，先生而熟是技法劲力的纯熟过程，伴随这一过程是技法劲力的锻炼，没有这种技法劲力的锻炼与熟谙，则手无以应心。故练拳习武其最紧要点乃在一个熟字。这是因为太极拳家能得心应手，正先得于得手应手，技法劲力上的功夫，习物能应，真积力久，学化有才，猎艺至微，穷其奥秘，获其精义，正是在于下笨功夫，下死功夫，下真功夫的苦练。练而得之熟，熟而得之巧，巧而得之精，精而通微，至于此，苦尽甜来，出谷入云，才会有“天然去雕饰，气运生动，宏博有象，出于天成”的质的升华。此即是《太极拳论》所谓：“由着熟而渐悟懂劲，由懂劲而阶及神明，然非用力之久，不能豁贯通焉。”亦即《懂劲先后论》所谓：“真懂劲则能阶及神明，及神明自攸往自由矣。”即所谓熟而后生，这个“生”，既不同于泥法烂熟的“熟”，也有别于生涩无味的“生”。它是成功在拳艺道路上迈过了由生到熟，然后由熟返生，熟中求生，后熟而生的“生”；它跟学拳未臻入门，举措失当，劲涩气滞，瘪丢顶抗，凸凹丛生，冥顽失灵，破绽百出、重滞迟钝的“生”有着天壤之别；它是拳艺上返朴归真，以质为准，以拙取巧，以生胜熟的极高境界；也是众多太极行家里手苦诣祈求而难以获得的熟而后生，即后熟而生的“生”，就是在“熟”的基础上生发出新意来，而别开生面。此太极拳之道也。

拳之道由生而熟，熟后返生，谈何容易，学拳未入门者，拳劲以能熟练为贵；入门后，拳劲贵圆熟而不贵烂熟和偏熟，这是因为圆熟者必善变化，善变化则有生意，有生意则拳劲常清真，“清真”两字最难。清者，不袭陈腐，不落俗套，流丽而不浊滞，风格独具而生意迥出；真者，文质相偕，骨肉相称，风流蕴藉，以理相胜，以韵相和，理法皆备而妙造自然。而烂熟者必泥规矩，泥规矩则合规矩而不能脱规矩，最终为规矩所束缚，是以泥规矩则拳劲必无灵气，无灵气则拳劲必伤雅而至腐俗，即所谓“熟媚绰约自是贱态，润秀圆熟尚属正派”。即拳论所谓“（行拳）万不得有一定架子，恐日久入于滑拳也”。滑拳者，烂熟、腐俗之拳（劲）也。何以如此呢？这是因为圆熟者熟在法，烂熟者熟在貌呀。而偏熟者则又往往在己的所长足处求进，服习既久，必至偏重，习气亦由此而生。所谓习气者，即用力之过，不能适补其本分的不足，而转增其气力的有余，是以随着习练者拳艺之成而其不良的习气亦随之而来。所以拳家多主张“志在新奇无定则”“凝神造意，莫可忘拙”“劲骨天纵，变化无方”“凡拳要拙多于巧”“宁拙毋巧，宁丑毋媚，宁支离毋浮滑，宁直率毋安排”。拳家这些似过激的反浮华烂熟的主张就是想针砭时流，力挽世俗尚媚的汪澜，来实现独抒性灵、不拘格局、飞扬意气、“后熟而生”的太极理想。这是学拳者始由生求熟，继由熟求生，此后生者，熟之极也，精熟也，纯熟也。这一种“熟”，“是合规矩而脱规矩；脱规矩而合规矩”的熟，就是古人所谓“心能忘手，手能忘刀，进退周旋，不思而得，则熟矣”的熟，用吴殳的话来说就是“封闭手熟，见法辄取”。明末内家拳巨擘王征南说过“拳不在多，唯在熟练之纯熟”。纯熟则能生变，变化不断，生生不穷，深远虽尽，动而不板，活泼迎人，而自出手眼，时出新意，即所谓“似拙而生法度，若生而出新意”。则拳劲产生新的生命力。如此，则拳劲自然容与徘徊，意先身后，潇洒流落，势逸神飞。此乃后熟而生，天然之巧，自得之能。由此可知，生熟之道，是为拳道，正如《拳经约言》诗曰：“初学太极患不熟，久之着熟患不生。懂劲解拳能变化，豁然神明常纵横。”初学未入门者以能熟练为贵，学艺入门者又以能生涩为贵。由生到熟，靠功力，功到自然成，生自然会变熟。由熟而返生，是单靠功力不成的，它需要拳家不拘泥规矩，勇于撇开习惯的思路和技法，而别出新意，别开生面。拳之道，由生到熟如登山，由熟返生如登天。生熟之间，消息微茫。穷毕生精力求神明豁然，君能消磨而无悔乎？

## 十一、折叠劲详释

**折叠劲：**折者，曲、弯也。《淮南子•览冥训》：“河九折注于海。”折又有返转，转变方向之义。叠者，重叠也。所以所谓折叠（劲），顾名思义就是欲开先合，欲合先开，开中有合，合中有开，动之以旋，润之以转，身既往还，心亦吐纳，阴阳相推，刚柔相摩，动静相荡，虚实相渗，曲伸舒卷，进退转换，开合缠绵，劲由内换，以意相连，曲曲转弯，折而叠之之谓，本无神秘可言，即接骨斗榫之喻。亦即拳论所谓：“意上寓下后天还，凡此皆是意，不在外面，而在内也。有上即有下，有前即有后，有左即有右，如意要向上即寓下，意若将物掀起，而加以挫之之力（劲）。”太极接劲，细绵缜密，化方为圆，不可直来直去，往复所变的虚实，外观虽似未动，而内已折叠。故折叠（劲）亦是虚实变化而已。其表现于物像，如柔水的涟漪，软鞭举扬的曲折，荡柳柔曲百折的婀娜；折叠之像又犹如山的脉运，层峦叠嶂，邃谷深崖，巑岏突兀，岚气雾露，烟云毕至；又犹如海的吞吐、汪洋、含泓、激笑（啸），海潮如峰，海汐如岭。其体现于图腾，即是“总天地养物之理”，“通天地之极，尽宇宙之极”的太极图圆际中的S形仓波线。它是阴和阳、虚和实、天和地的分解线，象征平衡和谐的状态。S形仓波线强化了太极图旋转的动势、动态和动感，它与圆的妙合一体、相拥相抱、回旋不息所构成的太极图，表示阴阳共处一体，互相生成、互相克制、互相转化的太极合成体。其形象似双鱼交尾，如龙凤交吟，缠绵交接。S形仓波线［即折叠（劲）］，其演示表现于太极拳的形式是意欲向上，必先寓下；意欲向左，必先右去；前去之中，必有后撑；上下左右，相吸相系，即拳论所谓“来脉转关，一气相生”“一开连一合，开合递相承”“一引一进，奇正相生”“往复须有折叠，进退须有转换”“行气如九曲珠”“柔曲百折若无骨，撒去周身皆身手”“云龙风虎相周旋”“太极阴阳颠倒颠”。亦即老子《道德经》所谓：“反者，动之道。”

太极拳折叠（劲）之于虚实，其用劲的变化，非折叠，劲无以曲蓄，而后有余；劲无以柔软，而后坚刚；劲无以顺遂，而后贯穿；劲无以开展，而后缜密；劲无以沉着，而后灵敏；劲无以凝重，而后浑厚；劲无以清虚，而后脱换；劲无以润柔，而后圆满；劲无以周流，而后浑噩；劲无以玲珑，而后透剔；劲无以幽深，而后莫测；劲无以因敌变化示神奇；劲无以隐迹立形，备遗不俗，而彰显炯然之神韵。何为虚实？虚实者，变化的消息，转换的机枢，谋略的法则，胜负的拳权，太极的本然，王宗岳《十三势歌》曰："变转虚实须留意。"太极拳泰斗杨澄甫说："太极拳以分虚实为第一要义。"陈鑫说："开合虚实，即为拳经。"太极拳名家董英杰在《太极拳释义》中说："全部太极拳之精华奥妙，尽在虚实二字之运用。"《牛连元转授之杨氏九诀•虚实诀》歌曰："练拳不谙虚实理，枉费功夫终无成。"又拳谚云："虚实刚柔之谓拳。"由此可见虚实范畴的体现就是太极拳经拳术的基本点。虚实即阴阳变化，有变化方能生技巧，有技巧才可以言拳术。虚实不分，即阴阳不分，则成孤阴独阳，无生长变化可言，更无变技巧之术。所以从某种意义上说，不谙虚实或不懂得分虚实，即不明阴阳、动静、刚柔和不懂劲，就等于不懂太极拳。而"折叠者亦变化虚实也，其所变的虚实最为细微，太极拳劲往往用折叠，外面看似未动而内已有折叠。进退必变换步法，虽退仍是进也"。（陈微明释折叠《太极拳术》）由此可见，不懂折叠即不懂虚实，亦即不懂太极拳，故拳谚曰："不懂折叠枉徒劳。"然而须注意太极拳除有形的表现于外的折叠之外，更多的是内外不见的无形的折叠。折叠之形于外者，势也；蕴于内者，劲也。运行于外者，外功也；导引于内者，内功也。折叠之为注重内劲内功，所以应该"凡此皆是意"。随造化之物性，顺自然之本性，任意所之，意气相连，劲由内换，刚柔互运，虚实渗透，动静浑然，蓄发相变，奇正相生，如波之磅礴，连绵不断，尽为自然造化。

## 十二、抽丝劲详释

《黄帝阴符经》曰："自然之道静，故天地万物生。天地之道浸，故阴阳胜。阴阳相推，变化顺矣。故圣人知自然之道不可违，因以制之。"

"浸"，渐渐之意。《易•遁》："浸而长也。"孔颖达疏："浸者，渐进之名。"长洲八十老孩子张清夜子还注："浸者如湿与干渐沁渐渍，无非形容气机流动之象，即阴阳相胜之理如此。"《传》曰："浸，微也。……微之渐也。"

"胜"，注家多注为胜利、克制、超过，即竞争相克。如此"阴阳相胜"就被释为阴胜（克制）阳，阳胜（克制）阴，则违背了"阴阳相乘，变化顺矣"的自然之道，蒙昧之至，大谬也。"胜"这里应作承受、胜任、相承解。如此"阴阳（相）胜"，即是阴阳相承，亦即阴阳相乘，则合符自然之道了。

"推"，源自《易•系辞上》的"刚柔相推，八卦相荡"句。此"推"者，即推移、循环、摩荡、变化顺也。有不明所以者，望文生义，将"推"字理解成推搡之推，此又谬也。

于是知之，上述《阴符经》所说的正是幽微之渐，渐而顺变，不断流化，化而玄妙，阴阳相乘，天机合法，造化自行的自然之道。就太极而言，说的正是粘连黏随、敷盖对吞、以心行气、随曲就伸、舍己从人、黏走相生、刚柔相推、八卦相荡、虚实渗透、阴阳相胜的太极变易之道，亦即渐浸渐渍、渐渍渐沁、心牵意连、黏走相依、相与周旋、缠绵缱绻、屈曲委细、随应而变、随变而化的抽丝劲或缠丝（绵）劲。

## （一）抽丝劲 缠丝劲

抽（缠）丝劲：“抽”，《说文解字》析为“引也，从手由声”。“缠”，《说文解字》析为“绕也，从糸廛声”。《太极拳谱歌诀》曰：“极柔即刚极虚灵，运若抽丝处处明。”《十三势行功心解》曰：“先在心，后在身。腹松净，气敛入骨。神舒体静，刻刻在心。切记一动无有不动，一静无有不静。牵动往来气贴背，敛入脊骨。内固精神，外示安逸。迈步如猫行，运劲如抽丝。”陈鑫曰：“拳者，缠法也，不明此，即不明拳。”又曰：“打太极拳须明缠丝劲，缠丝者，运中气之法也。”

或曰：“抽丝劲是抽丝劲，缠丝劲是缠丝劲，两者不是一回事，风马牛不相及也。”此又一大谬也。君见过江南手工缫丝，抽丝首先要索绪，理绪以觅得茧中的丝绪（头），引出茧丝，然后直而抽拉；而釜池中的茧则滚动、拧裹、转翻、缠绕、旋转不已。故知太极抽丝劲的“（查）抽丝两字，非仅指缓缓直拉而出，乃指旋转出入，如来福线之螺丝形也”。（沈家桢《何为太极拳》，见《体育月刊》第4卷第3期，1936年3月）

太极拳比拟缫丝，以四梢两手的“劳宫”穴、两足的“涌泉”穴，头顶“百会”穴、海底“会阴”穴和前任脉的“神厥”穴，后督脉的“命门”穴，及足少阳胆经（左右）的“带脉”穴，亦即两腰隙（眼）为丝绪（头）；以中腹（腔）为釜池，以少腹丹田为茧子。“如意胳膊罗圈腿”，上于两膊相系，双手如意运劲如抽丝，下于两胯相联，两足罗圈缠绕如螺旋。故拳家论：“拳者，抽丝也，缠丝也，是二也，亦一也，手足之运，绝无直来直去。其抽之与缠绕螺旋相连相成，直中带旋，旋中求正，八方凑力在中轴，周身绞缠如龙蛇，内藏一着螺旋劲，劲意不断丝相连。”此“中轴”者，即是上自头顶百会，中通二十四椎，下达海底会阴，一线穿成（包括脊椎）的中枢，随着功夫进入豁然神明虚无的境界，“中轴”渐幼渐微而为“轴心”，此“轴心”即精气神伏结而成的内丹，是人身的璇机，动转的枢纽。而“螺旋劲”即缠丝劲，亦即抽丝劲。太极拳运劲无非是以抽丝或缠丝的方式向中轴脊椎（包括尾闾即尾椎）或轴心汇聚，又复从中轴或轴心向四面（梢）八方释放，其特点是凡此皆是意，唯从心上用功，中之以心神，正之以身形，公之以德心，平之以浩然气，以心行气，以气运身，气若车轮，气遍身躯不稍滞而敛入脊骨，此即拳论“气贴背而敛入脊骨”之谓。意气换得灵，行气滚滚潜转鼓腾，劲如穿珠九曲，玲珑宛转，有抽有引，有引有导，有旋有转，有缠有绕，屈曲盘旋，圆转如意，缠绕穿化，接续绵绵，轻灵贯串，灵活无滞，此即拳论之谓：“意气须换得灵，乃有圆活之趣，所谓变转虚实须留意。……行气如九曲珠，无微不到，所谓气遍身躯不稍滞也。”而“手足之运，绝无直来直去”则是太极抽丝行功、手足之运“蛇手猫步”的特征。即上于两膊相系相吸，会于脊椎的骨会大椎（张景岳云：肩脊之骨会于此，故曰骨会，肩能任重，以骨会大椎也），双手缠绕，补手相承，犹如奔蛇走虺之游行夭矫。下于两腿两胯相联相制，会于脊椎的髓会绝骨（张景岳云：诸髓皆属于骨，故曰髓会。人能健步，髓会绝骨）两腿曲伸，挪移发脚，仿佛似猫之蹑足，五趾微摄，掌缘着地，足心形洼虚含潜行，举步轻，动步灵，落步稳，沉着轻灵，虚实分明。虚，非空，其势仍未断，而留有伏而后起，起而后伏，伸缩变化之余意存焉，是谓纵。实，确实而已，非用劲过分、用力过猛之谓，行功运步，足起望膝，膝起望怀，合而即离，离而即合，紧劲连绵，连绵相属，气脉连贯，贯串九曲，是谓腾，能纵腾，则气势腾挪，见象而闪，见形而化，飘若凌云，形迹杳然；能纵腾，则能支撑八面而稳固厚重，八面转换而轻灵圆活。如是则精气神贯注，意透脊背，劲发于根，注于丹田，形于足趾，千变万化由我运，行之于腿，而蹲伸；纵之于膝，而连腾；蹬之于足，而踩沉。气之鼓荡，劲之纵腾，周身全局，脚打踩意，一呼而纵，一吸而敛，伸可成曲，住亦能行，曲如伏虎，伸比腾龙，曲伸潜踪，犹如捕鼠之猫。迈步有准头，足下能捕人，轻灵沉着稳固兼而有之，此手足运行的特点，即傅钟文宗师所总结的“如意胳膊罗圈腿”。即上于两膊相系，运而动之，屈肘弯肱，柔和利活，曲伸似如意；下于两腿相随，行而运之，闪赚腾挪，回转扶势。变换如箩圈。胳膊为上肢主节，与根节肩、中节肘、梢节手（腕）相连相系；腿为下肢主节，与根节胯、中节膝、梢节足（踝）相联相制。出手落步有缠绵意，有曲伸势，柔和连活，细绵不断，灵活转换，步随身换，手随腰转，拧裹钻翻，缱绻缠绕，动作出于无心，鼓舞出于不觉，百骸筋节贯通，上下表里联络，由根到梢、或由梢到根，劲意不断，意气相连，节节贯穿。动势之时，以梢节领中节，以中节领根节；静势之时，以根节催中节，以中节催梢节，以至根根相连，梢梢相合，根梢相系，梢末相联，不知孰之为领，孰之为催，而又领之为催，催之为领，领即是催，催即是领，而至内意气潜转川流换得灵，外肢体曲伸开合，静定相融，动静互乘摩荡，“舞之蹈之动不休”，“鼓之舞之以尽神”而“乃有圆活之趣”。着着势势，虚涵灵动，引气至灵根，呼吸入丹田，丝丝系肺腑，吐纳不停，动作不断，抽丝不松。缠绵缱绻，神意相连，拳势连绵，连绵相属，劲气匀融，气脉连贯，一片缠绵意志，尽在中定之意劲中动。始由意动，既而劲动，变易自然，运化润柔，圆活机变，依随自由，匀整浑元，劲气贯串，引劲以令柔，导气以令和。不顶而粘连，不丢而黏随，滚动争柔绕，缠绵行曲伸。时时刻刻，以静求松，以松求稳，以稳求匀，以匀求缓，以缓求合，以合求连。静松稳匀缓合连，气相连而劲不断，形似断，而心未少懈，意仍未断，神尚连也。神意相恋，心意连绵，劲气浑然，劲断意不断，意断神犹连，连而绵，绵而韧，柔而坚，丝绕蛇缠，运劲如抽丝。绕，缠也；缠，萦也。盘旋往复，萦回缠绕，“往复须有折叠，进退须有转换”。往复进退永连绵，贯串一气，联络不断，转接一线串成，而“轻灵活泼虚实走，如圆似方意绵绵，四肢随腰内外合，处处圆满任自然”。

## （二）合中轴 合脊椎

“四肢随腰内外合”者，即是上文所述的合中轴、合脊椎。要知手足四肢的任何活动都与人体脊椎尾闾（俗称龙蛇）做联合运动，而人体脊椎尾闾的任何活动是各个节段的联合动作。脊椎尾闾的旋转，总伴有手足的侧屈（伸）；反之，手足的扭屈（伸），亦伴有脊椎尾闾的旋绕。而其运动中心即枢纽，主要是胸椎段和腰骶部位，尤以尾闾为要。这是因为脊椎，尤其尾闾，是人类因直立行走进化而逐渐退化残存的“小尾巴”，是人身先天信息的贮存库，贮存着大量的先天信息和不尽的能量，是人体抽（缠）丝等劲力的源头活水。又脊椎（包括尾闾）的两条大筋与各筋脉相通，为人身之总筋，其奥妙在于它本身就是一个完备的、稳态的抽（缠）丝调节系统。顺劲气而和血脉，分虚实而辨开合，节阴阳而调刚柔，缠绕旋转以运动脊椎“大龙”之“中”，抽丝直拉以流注尾闾“灵蛇”之“一”。旋绕以求曲蓄，直抽以求发放，“曲蓄”则劲锐，“发放”则疾速，旋中带直，直中寓旋，直中求旋，旋中求正，“直的劲打成旋转的，旋转的劲打成直的”。内动导外动，外动合内动，内气潜转，劲由内换，这样心存对拉拔长、缠绕旋转抽丝之念，意寻虚灵警惕，从容中道，敛气入骨的力，运而动之，才能调动周身百骸的劲，沉着专注于一方，使劲气充沛、圆满饱和而敛入脊骨，一气浑噩而周流六虚，深沉于丹田，倾注于尾闾，是以“气满任督开，劲气动天地”。“天”者，百会也。百会者百脉之会，其位至高，位当天门，髓海中镇，阳之极也，为神魂之会。“地”者，海底也，阴也，任督之聚，诸阴所会，故为会阴，即尾闾、地户，对于天门者也。位有上下之别，居有魂魄之异，阳之神日魂，阴之精日魄。经云：“随神往来谓之魂，并精出入谓之魄。”魂附于内则与魄合真，魄注于外则与身混一，魂上行督脉升天门而化为元神，故谓“魂会百会”；魄下行循任脉降地户而化为元精，故谓“魄会地户”。

“魂会百会”即“虚领顶劲”“顶头悬”。头顶百会（内泥丸宫），虚虚领起，若有若无，如领虚空而神贯于顶，处于勿忘勿助的虚领状态，此“提纲挈领”提精神之法，故“魂会百会”即“神会百会”。这是因为头顶乃周身之主，全体之纲领。头顶比乾，乾卦属天，是为天根，此方寸之地虚灵（领）而高耸直竖，使六阳之首如临虚空，提起精神而使神贯彻于顶；提挈全身，使轻清上升，升发一身阳气，达到炼气化神的成功。

“魄会地户”即“尾闾正中”“把正尾舵”。尾闾，古代传说中海水所归之处，有众水流归大海之义。《庄子•秋水》曰：“天下之水莫大于海，万川归之，不知何时止而不盈，尾闾泄之，不知何时已而不虚。”嵇康《养生论》曰：“或益之以畎浍，而泄之以尾闾。”尾闾位于躯骶骨端，与脊椎骨有联带关系，为动转元气升降之要道。督脉的长强穴正在尾闾部，为督脉的络穴，别走任脉，系足少阴、少阳之会，故谓“会阴”，是以知“尾闾”“会阴”是二而一也。

而人身之“大海”泛指腹部，俗说“腹深如海”“肚量如海”或“气量如海”。可见民间及武术气功一类学说多指腹部为“气海”，气海者气之海。《针灸大成》曰：“男子生气之海”，气海位处冲任，穴居少腹，前邻脐，后近肾，其用专主吐纳，为呼吸之根。气海的最低处为“海底”，而中医针灸气功等学说以为腹部最下端为任脉的起点、督脉的终点，系任督二脉交会的总枢。二者及诸阴皆交会于处，又位于下部，故称为“会阴”。陈鑫在《陈氏太极拳图说》一书的《人身缠丝正•背面图》中说："气海之底为会阴，即任脉起处。"又说："督脉通前蛋弦为海底。"由此说明"海底""会阴"是同一穴位，只不过是不同学说不同的命名而已。亦有拳家认为"尾闾""会阴""海底"三者虽处裆部下端同一部位，但统属于尾闾，尾闾之会阴为之外，尾闾之海底为之内。《性命圭旨》称其别名还有地户、阴端、禁门、龙虎穴、虚危穴、河车路、上天梯、生死穴，是"天人合发之机，子母分胎之路""阴阳变化之乡，任督交接之处"。《道源清微歌》曰："虚危穴，即地户禁门是也。上通天谷，下达涌泉。真阳初生之时，必由此穴经过，故关系最大。"

## （三）盘活脊椎　激活尾闾

上文已有简述，人的小宇宙，头顶比乾，为天。百会者，阳脉之会，其位至高，阳之极也，百会位当天门，即天心，为神魂的所会。腹为气海，气海之底，比坤为地。海底者，尾闾会阴也，任督之聚，诸阴所会，位对天门，故谓地户，亦即地心，虚容归藏，无所不载，为精魄出入之处。尾闾海底（地心）又为两腿相联相系的枢纽，虚实变化、闪赚腾挪、劲力贯串的主宰，故有拳家指出，根节之根在尾闾海底，系真气及人气地气相接之处，为还精聚精之舍，是以"尾闾正中，把正尾舵"乃聚精积精之法，故"魄会地户"即"精会地户"（亦有认为"气会地户"）。

神会百会，气会丹田，精会尾闾，是以知太极拳修炼的关键在百会、丹田、尾闾，"成上下之悬"的一线贯串之"中"。在形为脊椎，在意为精气神。百会（顶劲）上领悬顶为上，神贯于顶（百会）而维系于天；尾闾正中脊骨根垂插又向前裹卷，尻道上提，龟尾升起，承托丹田而为下，气注海底而联接于地。互逆相撑，伸展贯注，则上下一气有如冲天接地之意，通体准直，以竖其路线，纲举目张，而提挈全身。这样“人身上下，就犹张了一根无形而实在的琴弦，自上至下整个贯通，上下频率一致”，上部只须给以静定的动感信息，下面就会激发出劲力精气的回波而澎湃，“使整体都产生精气神浑融一体的共鸣”，此即所谓“内气鼓荡，劲力流变，如长江大河，滔滔不绝”。此正是无停止、无休息，曲则有情，圆则通融，旋转滚动的圆的劲力，即拳经所谓“左宜右有虚实处，意上寓下后天还”的太极拳之“回手”。“回”，《说文解字》析为“转也”，太极拳则为“回转扶势”之意，“回”又为“绕”“缠”也（请参见第六章太极拳百法歌中的咏“回”“绕”“缠”）。这种劲力就不再是普通的劲力，而是留恋缱绻、依恋不离、不丢不顶、粘擎黏掤和粘黏连随的劲，是时空意义的粘黏，也是泛化意义的“掤擎”。即太极拳最需要、最普遍、最基本的“纵放曲伸人莫知，诸靠缠绕我皆依”的内劲，即内功已就，外行圆成，运劲如抽丝，时而宜（直）抽即以抽，（直）抽以辅其曲；时而宜（曲）缠即以缠，（曲）缠以寓其直，“运若抽丝处处明”的抽（缠）丝劲。

抽（缠）丝劲的目的就在于盘活脊椎这条“大龙”及激活尾闾这条沉睡的“灵蛇”。大量的国内外资料及众多的体育活动家的运动实践都证明，运动包括所谓的“全身运动”，身体内外各处都能运动到，唯独尾闾会阴处运动不到，因而达不到应有的锻炼效果。其中也包括太极拳的修炼者，年深岁久，苦练太极，终其一生，入宝山而空回，主要原因就是不能激活尾闾的“灵蛇”，不能盘活脊椎这条“大龙”，其中尤以尾闾的不活为最。

那么如何通过形外意内的抽（缠）丝劲来盘活脊椎的“大龙”，来激活尾闾这条“沉睡的灵蛇”呢。上文提到，尾闾是人类因直立行走进化而逐渐退化残存的“小尾巴”，这个小尾巴“用进废退”，因不活动逐渐丧失了“尾巴”原先所固有的垂、竖、摇、拽、裹、掷、捲、敛、旋、翻等功能，尾骨也渐渐固化而不灵活了。它的枢纽地位（作用）逐渐为腰所代替。腰者，要也，一身之要，上承背脊，下连尻尾，中为脊柱，为全体的主宰，为一身动转开合的枢纽，曲伸俯仰，旋转侧翻，无不由之。所以太极拳注重腰脊，认为“腰脊为第一主宰”，然而腰与脊相联相制，所以这里的“腰脊”当非指分离支解的“腰”与“脊”，而是指腰与脊的重叠偶合处，即太极拳所谓“命意源头在腰隙”“刻刻留心在腰间（际）”的腰隙或腰间，即命门。又太极拳以阴阴为用，以圆为体，主张“气如车轮，腰如车轴”“气为旗，腰为纛”“腰如干，肢如枝，腰微动，枝自动；腰不动，枝乱动，无用功，一场空”。从而推崇主张太极行功应“摇中合气，晃中合骨”。此摇晃者，是尾闾的灵活摇拽缠绕旋转，“转摇不能，筋将惫也”，难激活。此骨者，脊骨、脊柱也，即脊椎也。脊为髓的通道，督阳的都纲，上可营脑海以轻健多力，下可润肢骨以支重健步。察骨干之能，所以支重，四体之功，皆系于腰脊，若骨病则支干无力，多为痿废，亦难激活。激活脊椎、尾闾的关键，是通过绵而韧、柔而坚，丝绕蛇缠的抽（缠）丝劲，令脊（椎）骨中定雄健、令尾闾玲珑宛转。中定雄健，气敛入骨，才能有沉厚鼓荡之劲；玲珑宛转，活力无方，自能现汹涌澎湃之势。反之，脊骨的中定雄健、尾闾的舒卷灵动也有利于意寻入骨的抽丝劲。且脊骨与尾闾原本一体，尾闾（骶）只是脊椎的尾椎，故喻为“龙蛇”。现在的太极拳家多知脊椎的“大龙”，而罕有知尾闾的“灵蛇者”。太极修炼者，迨拳功深，拳意真真，就会体会到尾骨（闾）上与骶骨相接，前扣的骶骨与后翘的尾骨相接处尚有微隙可以活动，其穴名腰腧，即腰气血转输之处，与两胯处于同一水平线上，而腰脊与两胯却呈三角形的状态，所以以尾闾为轴、为枢纽、为舵、为主宰，不会或较少产生扭力或应力，相较于以腰为主宰、为枢纽常产生扭力和应力集中，而损伤腰椎间盘，具有更可靠的安全性和优越性，亦更灵敏乖觉。然而因其修炼极其困难，拳家多视为畏途，所以太极修炼功臻豁然贯通神明者“代不数人”。

## （四）抽（缠）丝劲修炼关键

太极拳抽（缠）丝劲修炼的关键，在形为脊椎，在意为精气神。《阴符经》认为：“修炼的关键在眼睛上。”眼为心之苗，亦即为精神之苗，其根在尾闾，与“精会尾闾”合。若“周身精神全系于顶，顶劲起来，是在似有似无之间”，复随眼“回光返照”而下至关元丹田、尾闾海底。如此精气神贯通一身之中的三关，则虚灵含拔，气机和调，神得凝炼而知觉机敏，自可免除太极拳板滞迟涩之病，而带来一片抽（缠）丝的灵动和生机。自以知太极拳的精华，即核心是抽（缠）丝劲，它关乎精气、连乎神机、运乎自然、法乎动静、行乎柔弱、应乎旋绕、恃乎松长，所以聪明的太极拳家就会心存拳内，意在势中，心深微而用着。在拳势中，每招都“装”上“拧裹”“钻翻”“螺旋”“圆转”“折叠”“缠绕”。行拳运势，上提玉楼，下收尻道，龟尾升起，丹田炼神，前任后督，行气滚滚，气调而匀，劲松而紧，丹田吐纳，潜转鼓腾，光聚天心，气下于海，内收丹田，气息归根，踵息深深。内气随丹田之动而无有不动，随丹田之静而无有不静。静极而嘘，动极而吸。幽幽微微，如百虫蛰。柔顺定聚，如春蚕吐丝。呼则百骸万窍气随以出，吸则百骸万窍气随以入，皆以抽（缠）丝出入。习之勤而用之熟，内功已就，外行圆成，则调之不废，真气丛生，动与静偶，形气相得，一气浑噩，而连绵不断，长丝连带，劲断意不断，意断神相连，起止转折，灵活转换，变化无常。其虚实开合，中节合拍，动而分阴阳，阴静阳动，阴变阳合，藏奇正需要之道，含攻守变化之机。八法咸备，五气顺布，瞻之在前，忽焉在后，如影随形；隐劲于绵，劲净而匀，化方成圆，方圆相生，粘连黏随，敷盖对吞，“虽退所以成进，虽后所以成先，虽迟所以成速，虽守所以成攻，虽柔所以成刚，虽曲所以成直，虽静所以成动，虽虚所以成实，虽阳所以成阴”。此即太极拳“凡此皆是意，不是外面。有上即有下，有前即有后，有左即有右。如意要向上即寓下，意若将物掀起，而加以挫之之力”。太极拳“知变、善变、制变”的回劲，即去一份拙力、蛮力，得一份柔劲后的抽（缠）丝劲也。抽（缠）丝劲是一种柔弱智慧的劲，是一种无自而然、无静而静，浸浸然积累而生的内劲，它是太极拳抟气致柔的一种实质，是太极拳精气神全的表达形式。

精气神！神也者，精之神，精也者，气之精。一气能变曰精，一精能化曰神。精神意气，可以互变，形态各异，实则同类，乃名谓不一。精化则神，神固则精，精化则气，气聚则精；精神与气，精神原气的凝英，气本精神的升华，精气神之道，精主化生，气主作用，神主宰制，独立不改，周行不殆，变化无穷，浑融贯通，和谐统一。精气神的融会贯通、和谐统一、逐末返本，其所以炼化积累而成鼓荡，柔韧而富有弹性，沉着而如棉裹铁，直而辅曲，曲而含直，且无丝毫坚硬者，是谓太极拳先天之劲。这种劲既具灵活善变之化，又有柔和成势之机；既有依随机势粘连黏随之妙，又有旋绕环化"重轮"敷盖对吞之神。此为太极拳领域内特殊的"隐性的十分自觉而又成熟的忍耐性力量"，这种隐性的潜藏于拳中的力量，是一种不加力而力自彰的自然缠绵之力，用之于内而为德，用之于外而为道，用之于养生则真气绵绵，用之于技击则劲力充沛。这种真气劲力，非劲且有劲，无意且有意，有力亦无力，随意生化，随力变通，行之如意，发之如力；藏于丹田，运于百骸，达于四梢，充塞周身，流通百脉；迹不外露，功蕴于内，放之则弥溥六合，卷之则退藏于密，寄于无形之中而接于有形之表，可以意会而难以言传。它是通过自我身心的赞参调燮，通过精气神劲的圆融中和，"周身一家，完整一气"的内劲，亦即抽（缠）丝劲，此为太极拳的精髓。这种劲，精神为主宰，表现在神韵；造化在身手，变化在心意；心心深入真，念念契神韵；幽微若深远，唯有道相和"。其"渐浸而长""豁然贯通"而"阶及神明"难矣，故曰："太极（抽丝）难运是精神。"

《抽丝劲歌》咏："逝者如斯大流轻，绵绵太极抽丝劲。由武入道集虚灵，德音长留造化情。"

# 第八章　太极拳十大捶斟解

清代万本《太极指掌捶手解》一文说："五指权里，其背为捶。"权者"卷"或"蜷"也，即向里蜷曲的意思。所以五指向里收拢蜷曲团握，即为捶。捶即是拳头之拳，为名词。太极拳的拳形为四平拳，即拳的四维均须平整，其蜷曲成拳的形式为：以中指领先，四指并拢蜷曲，指尖微微触贴掌心，然后将拇指轻轻盖压于中指中节，慢慢攥拢，团握形成四平拳。因太极拳为柔中寓刚、棉里藏针之术，不以刚硬为能，所以握拳不宜紧实，外形似紧非紧，内则大松，以松柔为好。但虽为松握，须有团聚之意，使之有分之不开、击之不散的作用。握拳时，拳背与前臂齐平，腕骨正直，腕背自然伸直，不可歪曲，不可内拗或外凸，形成戳拳。所谓戳拳者，腕骨不正，握拳不顺，腕骨不松，尺（骨）桡（骨）别扭，形如印戳，这样的拳头不可用。只有四平拳，才能运腕利活，节力均平，浅轻而坚，掣打劲利。

《太极指掌捶手解》又说："如其用者……打，捶也。"则"捶"是拳击的意思了，为动词。"捶"有"搬拦""指裆""肘底""撇身"，四捶之外有"覆捶"。"覆捶"即为"栽捶"，是为五捶。《太极指掌捶手解》

又说："其次……有'通山捶''叶下捶''背反捶''势分捶''卷挫捶'。"有人认为前者是按势式命名，后者是按形象性质命名，两者是一一对应的，这种说法恰当与否有待商榷。如前者的"覆捶"即"栽捶"，就是按形象命名的。若一定要说一一对应，则应该搬拦捶对通山捶、指裆捶对势分捶、肘底看捶对叶下捶、撇身捶对背反撇捶、栽捶对卷挫捶。似乎与前论之对稍有不合，现将以"捶"字命名的太极"五捶"斟解如下。

## 一、搬拦捶斟解

搬拦捶又叫"板拦捶"，武式太极拳作"搬揽捶"，仅一字之差，陈式作"掩手肱捶"，陈式二路另有"搬拦捶"，拳势虽全然不同，但"搬拦"二字有假借关系。杨、孙式则均作"进步搬拦捶"，此捶名列"太极五捶"之首，可见是一招极为凶狠的招式。从拳势的名称可看出，该势的技击特点是一搬二拦三捶，三招连环着法加进步。三着连环，环环紧扣，一气呵成，瞬间出击，防不胜防。"进步"是连续的，以适应搬拦捶抡臂搬化、护中拦截和远拳捶击，以及一打就是三下的技击三步曲的步法连续逼插进套的需要。拳谚说："拳打拢，棍打开。"散手对打，两人原本相距不远，加上"远拳、近肘、贴身靠"的尺度规律，如用拳进步太深，反而难于发挥"捶"击的力量，甚至会发生两人相撞的现象。这就是搬拦捶势的进步安排一步半的原因。其连续进步，要在松腰落胯、提裆沉劲的前提下，由腰胯的虚实变化转换，来带动手足上下相随地协调运动，做到迈步如猫行。整个的动作过程保持立身中正安舒和处处圆满。

搬拦捶的“搬”，腰臂连运，化中有打，搬开之谓。有拳面向下的“俯腕搬”，简称“俯搬”；有拳面向上的“仰腕搬”，简称“仰搬”，因仰搬是以拳背搬之，所以也有称“拳背搬”；俯仰之间，反腕而成，因而又称“翻腕搬”。“搬”的作用，是以我腕臂顺势搬动引化对方进攻我的来拳，引出对方的反作用力，为“拦”作准备，所以“搬”时，不可只动手不动腰，不用腰来带动搬，是“搬”化不掉来拳的。“搬”的动作过程必须完整，动作高度要恰到好处，也不宜太远，做到肘不离肋。正确的搬动高度应与肩同高。

搬拦捶的“拦”，臂随腰出，追、封、截、打，拦截之谓。

“搬拦”均是短打拳法中近距离的攻防兼备动作。能“搬”则“搬”，将对方搬出。不能“搬”，则在引出对方反作用力的同时，趁机以“拦手”，拦截格开对方具有向外抵抗性的手臂，迫使其“正门”大开，暴露胸胁，为我乘虚捶击，攻其中路，为重创对方创造条件。

搬拦捶的“捶”，进步跟上，顺势击拳，捶击之谓。其出拳、收掌、弓腿要一气呵成。动作失调，拳势也就散乱。出拳捶击不宜直臂远伸，出拳太过，易失重心，劲力也会僵涩中断；出拳也不宜过高，过高易落空，宜在心窝胸肋间。

《太极拳体用全诀》说：“太极五捶吾为先，四肢随腰劲连绵；进步搬拦捶胸胁，搬拦得法显神奇。”李亦畬传抄的《各势白话歌》说：“搬拦捶儿打胸前。”“侠本”（吴孟侠）杨式太极拳九诀中《全体大用诀》说：

“进步搬拦肋下使。”可见“搬拦”虽是短打拳法中攻防兼备的动作，但在三着中还是处于从属地位，为最后的“捶”击、重创对方服务的。而“捶”，必须在“搬拦得法”、引出对方顶抗性的反作用力、正门洞开、胸胁暴露的情况下，才能充分发挥“捶”的犀利的前冲直击作用。搬拦捶一式，搬拦为辅，捶为主，而妙在搬拦，三招贯串，方显神奇。

搬拦捶一式在太极拳套路中都是拗步冲捶的，而太极散手对打的套路中，搬拦捶的顺步冲捶却屡见不鲜。其定势与扇通背之定势完全一致，只是以拳代掌罢了。因“扇通背”又名“三通背”或“山通背”，“山通”与“通山”是一致的，所以“搬拦捶”应该与“通山捶”对应。而太极散手无论顺、拗搬拦捶的上体与戚继光《纪效新书》“拳经捷要篇”的当头炮势的上体完全一致。当头炮势口诀为“当头炮势冲人怕，进步虎直撺两拳”。所以搬拦捶与当头炮势的冲捶，即是直拳。直拳作为最基本的进攻拳法，始终是我国散手技术，也是太极技艺最有效的技法。只是由于太极拳崇尚“曲中求直”，故搬拦捶虽为直拳而宜稍曲，劲以曲蓄，直以发放，以示与他派直拳的区别。遗憾的是“直拳”一直被视为西方“拳击”的专利，是一种舶来品，而被我国武术界所排斥，尤其因其“直”而被太极拳界一些不甚了了的太极拳家所鄙视。

## 二、肘底看捶斟解

《太极拳体用全诀》说：“划圈抹转化敌攻，掤托缠黏断其根；拳藏肘底伺机势，乘隙一捶定乾坤。”说明肘底看肘势的成形是两手划圈抹转，左手抑掌经右臂里侧穿出向前探扑，轻盈如一叶，而右掌沿左前臂尺骨下盖，随盖随握拳，拳眼向上，拳心向里，贴置于左肘下，犹如一桃藏于叶底，故又名“叶底藏桃”，所以肘底（看）捶应该对“叶下捶”。

《各势白话歌》说“肘底看捶打腰间”，《全体大用诀》说“肘底看捶护中手”，《太极拳体用全诀》说“肘底看捶缠绕黏，乘隙一拳莫失机”，都充分说明了“肘底看捶”势的体用。寓用拳看守于肘底，以静待动，伺机乘隙，蓄而后发之义。以拳横撇对方胸胁、腰等中部为主，兼或乘隙捶击腹、裆等下部，或直冲头面上部，为太极“五捶”之一，因其凶险而要谨思慎用。

“肘底看捶”势的“看”，不是五官眼睛的视看，而是技击术防守之一法，就是看守对方的动静、蓄势待发的意思，是指手法、腿法而言。俗说“看手”“看腿”或“看剑”，就是准备以手、腿或剑击人。有拳家曲解为“眼看肘底之拳”，就大谬不然矣。杨式也有简称“肘底捶”的，吴式、孙式名“肘底看捶”，陈式、武式名“肘底捶”。其实“看”字是既不能简，也不能少的。“看”字，寓以静待动之势，寄伺机乘隙、蓄势待发之态，气势呼之欲出，有画龙点睛的作用。“看”字一简略，气象顿挫，形势全无，索然无味。“看”字是万万少不得的。

## 三、撇身捶卧解

“撇身捶”，转身横拳撇击对方身体，故名。杨式、吴式太极拳有“转身撇身捶”或“翻身撇身捶”，孙式、武式太极拳无此式，陈式太极拳一路有“披身捶”，二路有“庇身捶”和“撇身捶”，而内容、功能与杨式、吴式已大为不同。因“撇身捶”是应对方身后袭击的攻防法，转身反背，右手握拳，横臂顶肘，抡臂撇捶，叠劲暗采；左掌竖落切格，迎面探扑，两手随腰里外翻转、缠绕连环撇击，所以又名“背反捶”。故“撇身捶”应该对应“背反捶”。又“撇身捶”因其两臂随身法运作似翻筋斗，故也称为“筋斗捶”。

“撇身捶”是以“捶”命名的“五捶”之一。《太极拳体用全诀》说：“撇身捶掌连环劈，掌扑头面捶撇胁；弓步如箭劲透脊，侧身击敌如霹雳。”说明撇身捶是太极拳的主要发劲动作，其特点是右拳左掌反侧阴阳，连环撇捶扑击，下盘配以进攻性的弓箭步，劲起脚根，裆中上翻，经脊透背，贯通于拳掌、向前直击，劲长而意远。“前去之中，必有后撑”，腰脊命门须有后撑之意，以期获得稳定重心、支撑八面而稳固厚重的效果。

《全体大用诀》说：“撇身捶打闪化势，横身前进着法成。”说明撇身捶应敌身后，是化中有攻、攻中有化的招法。其体用视两手臂犹如二节棍，腕肘间前臂与肘肩间上臂各为一节，以肘为轴抡臂撇拳，叠劲暗采为化，而化中有攻；以掌迎面扑击为攻，而攻中有竖落切格之化；侧身闪化，横身前进，撇扑相连，拳掌连环，变化多端，使敌眼花失措。且使用起来，顶肘、撇捶、扑掌十分灵便犀利，上可撇扑敌的头面，中可顶肘、横撇敌的胸肋，下可撇击敌的腹裆，敌的上中下尽在其扫描掌控之中而难以逃遁。

据曾昭然博士著述，杨澄甫先师早年教人，撇身捶一式，皆以左掌置左额上，晚年在穗教人左掌则置胸前。他尝询其故，承答此式着重在右肘，左掌目的在采敌手而已，故其位置高低皆可，唯提高可显威势，放低则切实用。陈微明及曾昭然等皆循其旧，以左掌置左额角上（见曾著《太极拳全书》，友联出版有限公司1960年3月初版）。

## 四、栽捶斟解

栽捶，顾名思义是用拳从上向下栽击，其状如将秧苗等植物栽入土中。此式由于步法与上势相连而进步，所以杨式、吴式太极拳均作“进步栽捶”，如依单势而论，实为“上步”，故杨澄甫弟子曾昭然等命名此式为“上步栽捶”，亦通。武、孙式均作“践步打捶”，陈式作“击地捶”。原义为我将对方蹬倒，即连步赶上，一足踩胸，一拳击腹，故须拳击及地。现为搂后捶击敌腰间或脚胫，则不必击及地，但仍须折腰挫身前俯，故又名“卷挫捶”。所以栽捶对应的应该是“卷挫捶”。

太极拳注重立身中正，上体折腰挫身前俯的动作是不多的，栽捶是其中之一，这就提出了“立身中正，中正不偏”和“神自然得中，中正之偏”的命题。综观太极拳的整体全局，从体用的角度来看是必须立身中正、中正不偏的，但个别势式，因进击对方下路的客观需要，有时弯腰幅度不大，只要保持百合、中极、会阴一气贯通，坚守中土，内劲中正不偏的原则，“神自然得中，中正之偏”也还是允许的。仅以太极拳冠以“捶”名的五捶为例，搬拦捶以打中路为主；肘底看捶、撇身捶以击上路为主，当然可以辐及中路；栽捶、指裆捶主攻下路。打上、中路的拳势，保持立身中正安舒，当然不成问题；打下路的拳势，如一点不允许弯腰，勉强维持正直的上体，则变得过于矜持、生硬僵直了。所以，我们要“通权达变”，既要坚持“立身中正，中正不偏”的原则，又要有“神自然得中，中正之偏”的灵活，这就是矛盾的辩证统一。

《太极拳体用全诀》说：“进步栽捶破前踢，搂敌仆地腰胫击；上下相随劲完整，腰沉胯松始得力。”完全秉承了《体用全书》对“进步栽捶”一式的用法总结。《全体大用诀》说：“进步栽捶迎面冲。”则此势的用法又与高探马势有点相似了。不同的是，对方以手脚击我，我搂后不是以掌而是以拳直袭其头面。此说一与栽捶的形象不符，二拳捶的“栽”法难以体现，因其已演变为“进步冲捶”了。然而胫骨的正面，又有别称“迎面骨”的，此诀又极符合栽捶势的体用，想此诀的原意可能就是如此吧。

据曾昭然说：“（栽捶）向地之捶，澄甫师早年教人，系用覆拳（即拳背向，前虎口向南），唯晚年教人，则系直拳。”曾询其故，澄甫师答曰：“两者用意全同，唯下击用覆拳较为有力，而用直拳（即虎口向前）则次势（翻身撇身捶）用肘时转来较有力耳。”充分说明无论是编拳或改拳，先辈都是综观全局，以用为主、体用合一为准则的，并主要考虑出拳是否有力。这和当前某此拳家唯“美”、唯“花哨”的主导思想是有本质区别的。

## 五、指裆捶斟解

指裆捶是太极拳以捶为名“五捶”中的最后一捶，属下路出击之捶。顾名思义，是以拳直指（击）对方裆部。杨、吴、孙式是连续进步以拳直击对方裆，故名“进步指裆捶”；武式为“上步指裆捶”，意义相近；陈式为“指裆捶”。因指裆捶的动作过程主要是左手的搂分及右手在左手分势后的向前指裆捶击，故又名“搂膝指裆捶”或“势分捶”。杨式88式（国家改编套路）就是按这样的原则将指裆捶命名为“搂膝指裆捶”的。所以“指裆捶”应该对应“势分捶”。

指裆捶右拳的打出，有向前、向下或向前略向下打出说，有向前打出说。而有先贤则认为：“此指裆捶是意在击裆部外肾（即睾丸），但外肾位于裆内下垂者，皆以右拳由后下向前上崩打方顺劲易中，如由后上往前下指打，则不相照也。”故其持向前上崩打说，并且否定了向前、向下（包括略向下）打出说。从静态分析，这个说法应该是正确的，但由于进步前击，左腿弓、右腿蹬，身法自然落胯下沉，右拳向前打出，实际就能达到“向前上崩打，顺劲易中”这一目的，所以三说之中，唯有向前打出说是正确的，不必刻意由后下向前上崩打了，否则反显别扭，劲既不易顺，也不易击中。

或说《各势白话歌》不是有“指裆捶儿向下打”句吗？怎么能说向前、向下打出说不对呢？此歌向下打是指指裆捶的用法是打击对方下路。《太极拳体用全诀》说的“进步指裆捶下路，搂腿寸靠把指裆”，前句就是向下打的最好注释，而后句则说明此招法在太极拳掤、捋、挤、按、采、挒、肘、靠、进、退、顾、盼、定十三势中应占一个靠字。即指如我用指裆捶法，手臂被对方捋住并向下捋带时，顺势进步用肩头直奔对方胸部靠击，同时实施搂腿及指裆捶。《全体大用诀》亦说：“指裆捶下靠为锋。”说的是同一个道理。如前所述，在保持中定、内劲中正不偏的原则下，个别动作，如前式之栽捶，现式之指裆捶，因进击敌下路的客观需要，只要保持百会、中极和会阴一气贯串，上体前俯幅度不大，“中正之偏”还是允许的。但不能因此而炮制“斜中求正”的理论，任东歪西斜的拳势在拳路中横行，这就是沈寿老师说的“歪斜摇摆赖拳相”“功夫越深，拳架越歪”了，也就是拳谚所说的“点头哈腰，传授不高”。

以上五捶是以“捶”命名的拳势，所谓“太极五捶”典出于此。后人亦有以此五捶名义而创编“太极五星捶”套路，流传于世。而太极应用捶法的岂止以上五捶，还有“打虎势”“双峰贯耳”“上步七星”“弯弓射虎”，加上拳掌互变的“白蛇吐芯”，恰好也是五势，可称未冠以捶名的另类“五捶”。因其势式均采用“怀抱双捶”的形式，故此五捶称为“复捶”五捶，现顺沿前所述的五捶将太极复捶五捶斟解如下。

## 六、打虎势斟解

打虎势分左打虎势和右打虎势，仅是左式右式而已，用法并无二殊。此式是太极拳术中以退为进的最猛烈杀招之一，因其势两臂圆环饱满，两拳相荡相合，如武松打虎，又似罗汉伏虎，法相庄严，虎虎生威，故名。《太极指掌捶手解》一文说：“如其用者……打，捶也。”所以打虎势的“打”也可作“捶”解。当然，这里的“捶”作动词用，就是以“捶”击“虎”。打虎势一名“披身伏虎”。杨澄甫的南宗传人曾昭然认为：旧名披身伏虎，实不可解，以其动作象形言，应改为“左右披身缚虎”，然而未被世人所接受。今88式及孙式沿用“披身伏虎”，武式简作“伏虎势”，陈式名“打虎势”，又名“兽头势”或“护心捶”，第二路有“伏虎”，与杨式“打虎势”对照，较第一路“兽头势”更为近似。吴式则无此势。

据传“打虎势及双峰贯耳二式，在旧太极中无此二目，为杨班侯先生所增加”（见吴图南著《太极拳》一书，1957年再版自序，商务印书馆出版）。若此说成立，说明此二式非杨禄禅所留传。在卞人杰《国技概论》（1936年正中书局）所辑《陈氏世传太极拳谱》中亦无此二式，这说明《陈式太极拳》一书中的“兽头势”（又名打虎势），也可能系后人所增益而成。

《太极拳体用全诀》说：“左右打虎势威武，下采上打披身退。”说明左右打虎势的正统用法是下扼住对方腕后沉采，上以拳击对方头或背的以退为进、退后复进的凶猛杀招。《体用大全诀》则说：“左右披身伏虎精，上打正胸肋下用。”说的是该势的另一种招法，往上打对方的胸部，往下可以打软肋。而曾昭然则说：“有不知其作用而始终握两拳上下击者，非。”即是说握两拳上下击人是不正确的。说明同一拳势，各人的理解也是有差异的。曾昭然又说：“此式，澄甫师早年教人，两掌牵动时皆覆掌，至两拳在胸前相对时两虎口相对，晚年教人，两掌变阴阳掌，两拳虎口异向。余尝询其故，承答前后用意全同。所以用阴阳掌者，示只须一手采拿而已；所以使两虎口异向者，只须一手采拿且势较顺而已。”（曾昭然著《太极拳全书》友联出版有限公司出版）可见杨澄甫晚年定型的打虎势，是采用后者的。

## 七、双峰贯耳斟解

“双峰贯耳”，贯者，掼也，喻两臂成钳状，两拳虎口相合掼击对方双耳，形如双峰雄峙，飞贯对方耳，故名。亦有拳家认为，两手握拳后，各指掌间的关节形成凸陷，一如起伏连绵的山峰，而两拳食指掌指间的关节如“奇峰突起”，则为“双峰”。双峰夹击敌双耳，是为双峰贯耳。双峰贯耳，一作“双风贯耳”，因其势如狂风骤雨贯耳而得名。

如前打虎势的斟解所述，据传“打虎势及双峰贯耳二式，在旧太极中无此二目，为杨班侯先生所加”。如李亦畬传抄的《各势白话歌》里就无双峰贯耳势。杨家藏本《十三势名目》，实即杨式太极拳谱，该谱系杨式早期拳谱，至少是杨班侯、杨健侯时代的，甚至可能是杨禄禅定的杨式初期谱子，亦无“打虎”和“双峰（风）贯耳”势。疑“双峰贯耳”势系由外家拳“武松脱铐”所衍变，该势拟武松遭人陷害，头及双手锁上木枷后，在飞云渡以两拳自上而下分击右膝脱铐后，以两拳贯击敌耳而得名。此势招式凶猛狠毒，招招致人性命，系班侯成名之拳，习者慎用。

《太极拳体用全决》说：“双峰贯耳双环捶，叠而后掼步要追。”简洁明了地说明了双峰贯耳的经典用法是以双拳环掼敌耳，步骤是先以两手背叠住敌两腕，然后掼击，掼击时要上下相随，手到、身到、脚到、一到俱到。两拳勾掼，也要用整体的劲，即裆劲下沉，骶骨坚实有力，其根在脚，发于腿，主宰于腰，形于手指，由脚而腿而腰，通达于脊，贯于两拳，总须完整一气，周身节节贯串，勿令丝毫间断。发劲沉着松净，专注一方。步趋身拥，身既略有进攻之意，亦有对拔之势，才能得势得力。《全体大用诀》说：“双峰贯耳着法灵。”着者，招也。说明此势看似凶猛，然而用法变化多样，是一种非常灵巧和实用的招式。与敌对阵者应不拘陈规，灵活多变地使用此势，获得出奇不意的制胜效果。如傅（钟文）沈（寿）两导师就常以掌代拳，叠而后掼，以双掌拍击敌双耳。与之对阵，“吃了耳光”，还不知怎么回事。当然拍击是轻轻的，仅以示“警告”而已。

## 八、上步七星斟解

上步七星，上步后两拳交错，下步成右虚步，从侧面看，其头、手、肘、肩、胯、膝、脚七个出击点的位置，形势布排恰似北斗星座天枢、天璇、天玑、天权、玉衡、开阳、摇光七星，故名。所以《各势白话歌》说："上步就排七星拳。"上步七星在拳术上通称"七星势"，也有简称"七星捶"或"七星拳"的。而太极杨、陈、吴、武、孙五大门派皆称"上步七星"，唯吴、孙两式用掌而不用拳，故无"七星拳""七星捶"之说。

《太极拳体用全诀》说："上步七星防上打，掤架之下直拳驰。"《全体大用诀》说："上步七星架上势。"说明上步七星的主要作用和十字手类同，都是以封掤防御为主、攻防结合的式子。所有手法都由十字手衍变而来。然而两拳仍有主次之分，左拳以掤架为主，右拳与左拳交叉结成十字，辅以掤架，同时直击敌胸。十字封掤，似掤如打，连架带打，且掤且打，即此之谓。

上步七星两拳的向前封掤，两肩不可因两拳的交叉而上耸或锁住，也不可扬肘，两臂呈弧形交叉曲蓄而圆满，两手合拳离胸不可过近、过远、过高、过低，两拳眼必须斜向里上。这是因为上步七星的主要用法是，敌用右手自上劈下，我以两拳交叉向前上掤住。如拳眼向上或向里，前者无掤劲，后者造成抬肘，既不能松肩沉肘，掤劲也自然不足。两手合拳过近、过低头部易受攻击，因敌之攻手及我头部；过远则两臂伸直，掤劲不足，起不了掤的作用；过高则两胁侧门、胸腹正门洞开，暴露于敌，易受攻击。

此外，两手握拳时机要恰到好处，不能太早，在两臂即将交叉时才能成拳，使之符合"去时撒手，着人成拳"

的原则（附注，拳谚说：“去时撒手，着人成拳。”即是说拳要在击到位、刚击到人的瞬间才能团握成拳，这样出劲出拳威猛有力，才能充分发挥拳的作用。所以太极拳凡握拳的动作，如栽捶等十大捶，“拳”必须有逐步形成的过程，慢慢攥拢，待击人到位时，团握成拳）。两拳交叉向前上掤时，要有且掤且打之意，右脚有前踢之意。劲起于脚，发于腿，主于腰，敛于脊，布于膊，贯注于两拳。节节贯串，动短、意远而劲长，大有一触即发之势。

上步七星势要立身中正，中正不偏，绝不可有前俯后仰；虚实要分清，应以左腿支撑身体的重量，不可用右脚掌分担；腰要沉，裆要圆而虚，要裹裆、吊裆，不可夹裆（尖裆）、荡裆。两胯根撑开，两膝微呈里扣之意，裆自然能圆。会阴虚虚上提，不使其有下荡之意，裆自然能虚。裆的虚圆，能使髋骨的骨节撑开，并使髋骨周围的韧带撑足撑开，因而增加了伸缩旋转的灵活性及活动范围，使下盘轻灵而旋转无滞，并加强了腿部的承受能力以及弹性的弓劲，从而在技术上达到太极拳名家“触之则旋转自如，无不得力”“但依着何处，便以何处击之”的境界。

上步七星的“七星”，除了头不可乱动乱用外，手可以击，肘可以顶，肩、胯可以靠，膝可以撞，脚可以踢。所以凡交手，必须眼顾“七星”，对敌的“七星”严加防范，以免为敌所乘。

戚继光《拳经》第五式“七星拳”诀曰：“七星拳手足相顾，挨步逼上下提笼，饶君手快脚如风，我自有搅冲劈重。”此诀其实也是对太极拳上步七星势的最好斟解。

## 九、弯弓射虎斟解

弯弓射虎势，两臂圆撑，两手握拳，左手握正拳，右手握反拳，呈反手开弓状，酷似猎手弯弓射虎，故名。武式除“弯弓射虎”外另有“双抱捶”，孙式作“双撞捶”，陈式无此势。

《全体大用诀》说“弯弓射虎挑打胸”，说明了本势的用法，如敌以右手攻击，我用左臂将其挑起，同时进步以右拳直击敌胸

《太极拳体用全诀》说：“弯弓射虎如发矢，沉劲蓄气双拳使。”《各势白话歌》说：“弯弓射虎项朝前。”又说“怀抱双捶谁敢进，走遍天下无人拦”。说明了弯弓射虎的威力及使招时的注意事项，即“项朝前”“沉劲蓄气”及两拳相合。项者颈也，项朝前则项顺、眼平视；眼平则心平、气顺。正如傅钟文老师所说：“虽说眼为平视，眼神随两拳转换，但实际上眼应略向前上远视，因为‘虎在山坡上呀’。这样精神才提得起，形象神情皆更合弯弓射虎。”此乃经验之谈。《太极拳体用全诀》又说：“拳打四角合内动，连环捶击谁争锋。”说明自转身摆莲转接弯弓射虎，要注意做到拳打四角，即自西北（偏北）打至西南（偏南），再打至东南，最终打至东北斜方，眼神随拳转换。起承转合，心牵意连，绵绵不断，做到意到、眼到、身到、手到、步到，动则一动俱动，到则一齐都到，上下协调相随，齐起齐止，则弯弓射虎中藏生气成浑元、上下随合妙无穷。

## 十、白蛇吐芯斟解

“白蛇吐芯”芯者舌也。此势与撇身捶基本相同，唯撇身捶右拳在白蛇吐芯中变为右掌。拳掌兼用，掌拳互变，环转成圆，劲起于脚，发于腿，主于腰，敛于脊，布于膊，运之于掌，贯之于指。在身法的配合下，两臂回环，如常山之蛇相吸相系，以意牵之，以形连之，如影随形；随心之动，两掌连环，伸缩吞吐，反侧阴阳，上下翻飞，展蹙穿插，即化即打，柔活迅捷。姿势、动作、形象、用意极似蛇之吐芯，故名。

有先贤在对《太极拳体用全书》的眉批中说：“前者为撇身捶，今者势同，所差者拳掌之分，自应名撇身掌，何言白蛇吐芯之言哉。况拳势之命名，非象形则象意，今此式形既不同，意亦不象，如何亦说白蛇吐芯哉。”傅钟文老师也曾闻有此说，不以为然，傅、沈（寿）两专家均认为，此式形也似，象也似，法也似，神意皆似，白蛇吐芯极其贴切。其势的体用，拳变掌后，先以沉劲用右掌背撇击敌脸部，此谓“迎面铁扇”，并暗用采劲将敌手叠住，左掌继施连环扑击，右掌复以左手掩护，从左腕上穿出，掌心向上，以指尖取穿敌双瞳或喉部。翻飞吞吐，阴不离阳，阳不离阴，阴阳互济；卷舒有的矢，俯仰有着落，掌心之形虽凹而其意则凸，皆因“白蛇”“吐芯”，其吐劲也，劲达于四梢，形于手指而贯注于指尖。《全体大用诀》说：“翻身白蛇吐芯变，采仵敌手取双瞳。”《太极拳体用全诀》说：“转身白蛇吐芯烈，一撇二扑三穿击；叉喉取瞳任尔为，吞吐插穿敌胆裂。”除了肯定“白蛇吐芯”的术名意义外，也说明此式在技击上是一种点穴穿刺的毒招。习练者轻易不要试着，以免误伤。

此式及撇身捶所用之劲为筋斗劲，皆因其两臂随身法运作似翻筋斗。故撇身捶有“筋斗捶”之称，而白蛇吐芯则无相应的筋斗掌名，这是因为此式是拳掌互变的关系，而归入“复捶”之系列，形成五“复捶”。

综上所述，太极拳的捶实有十捶之多，所占的比重是很重的。有人说太极拳重掌不重“捶”，显然是一种误解。太极拳历来重视捶，非但重视“曲捶”，而且重视“直拳”。这是太极拳的技击性所需要、所决定的，笔者不惜重墨斟解太极拳十大捶，目的就是消除拳家对太极拳的误解，以引起大家对太极拳的热爱和重视。如能得到拳友的认同和欣赏，则是作者恳挚的愿望了。

# 第九章　太极拳十大腿法斠解

清代李亦畬《各势白话歌》云："云手三下高探马，左右起脚谁敢拦。""转身一脚载捶打，翻身二起踢破天。""披身退步伏虎势，踢脚转身紧相连。""更鸡独立分左右，倒撵猴儿又一番。""云手高探对心掌，十字摆莲往后翻。""再拉单鞭从下势，上步就排七星拳。""收身退步拉跨虎，转脚去打双摆莲。"《牛连元转授之杨氏九诀》云："高探马上拦手刺，左右分脚手要封。""转身蹬脚腹上占，进步栽捶迎面冲。""右蹬脚上软肋踹，左右披身伏虎精。""左蹬脚踢右蹬势，回身蹬脚膝骨迎。""单鞭下势顺锋入，金鸡独立占上风。提膝上打致命处，下伤二足难留情。""十字腿法软骨断，指裆锤下靠为锋。""上步七星架手势，退步跨虎闪正中。""转身摆莲护腿进，弯弓射虎挑打胸。"文字虽然粗俗浅近，却充分说明了太极拳腿法的丰富及体用，以及其在太极拳中举足轻重的地位。为了使拳家和读者能直观地、全面地认识太极拳的腿法，现将太极拳中或暗或明使用腿法的具体着法斠解如下。

## 一、白鹤亮翅斠解

白鹤亮翅又叫“白鹤晾翅”或“白鹤凉翅”。右臂上扬亮掌，左臂下落按掌，右腿坐实，左脚虚点，舒臂提踵犹如白鹤亮翅，故名。《太极拳体用全诀》中“白鹤亮翅挤靠分，悬顶坐身寸腿踢”句，形象简明地说明了白鹤亮翅势的体用要求。即架势的基本要求是悬顶坐身，基本的技法是挤靠分踢，主要的劲法是分劲，而又不拘泥于此，要随机应变，所谓悬顶坐身，就是上顶劲虚领，精神提起，以挈其纲领；下拔腰裹臂提裆，尾闾敛垂，以竖其路线。这是因为百会虚领，会阴敛垂，二点成一直线，“成上下之悬”。上虚领,感到头顶处有一股劲虚虚往上拔；下敛垂，小腹处感到有一股劲甸甸往下沉，躯体好像被无形的两股恰到好处的劲对拉拔长，即可避免前俯后仰，使通体准直，外形上舒展安逸，精神上虚灵自然，而符合立身中正安舒的要求。攻防时，分展的两手，一臂直线上提，挤靠架格，或掤或截，而提掤的手沉肩、垂肘、坐腕；另一臂下按分楼，或采或捋，搂采的手肘不离肋，而又肘不贴肋，腋下留有回旋的余地，以称其力，以衡其身。两手有分意、有掤意，而又两膊相系。如此我的两臂展分浑圆，劲撑而力雄，故敌受我之分，其两手的力就分散不整。白鹤亮翅下盘的形势为后坐步，前（左）脚略缩回提起离地，而脚尖轻轻着地虚点。后（右）腿落胯坐实，胯根松开圆撑，裆提胯落，尾闾收正，敛臀坐齐脚跟，使下盘稳固而灵动。下盘的两腿，一脚虽提踵虚点，而寓飞踢敌下部之意，且其提踵踮脚的劲输于两臂；另一腿虽坐实，而非占煞，意含周身气血川流，通体无滞。精神团聚，含胸拔背，劲贯两膊，意注四梢，心手双畅，舒展安适，犹如白鹤展翅，信步夕阳。

综上所述白鹤亮翅势的特点是上分下踢。分以开敌正门，暴露其裆腹，我本坐身虚势，提踵踮脚之虚脚乘隙起腿飞踢敌的裆腹或胫骨。因白鹤亮翅是稍起身飞踢，所以是以踢敌腹裆为主，以踢胫骨为辅。散手时也常实施套腿还踢，其腿法较为复杂。敌受我之分，其劲已落空而倾侧，又受我下部的攻击，必负痛而轰然倾跌。故《太极拳体用全诀》云："舒臂提踵似鹤栖，着意随心肱贯气，上分下展开敌门，信步攻防惊天地。"

## 二、退步跨虎剖解

退步跨虎势，转身撤步，两手双分，其转身退步的形象酷似跨上虎背，故名。在拳术上通称"跨虎势"。此式外形似白鹤亮翅，但两手分开要比白鹤亮翅展开得多，腰胯下沉也相对较低，以显示其"跨"势。此外，左手在白鹤亮翅中只有分搂采按的劲，而本势又含捋挒的劲，右手在白鹤亮翅中只有提掤格截的劲，而本势又含黏分的劲，这是两势手法区别的所在。

《各势白话歌》说"收身退步拉跨虎"，《全体大用诀》说"退步跨虎闪正中"，《太极拳体用全诀》说："退步跨虎闪正中，如虎劲敌受扼制。"都说明此式演练的关键在于拉转腰胯，通过弧形撤步后退，将正中点闪开，以引化改变敌来劲的方向，使其全身的力落空，扼制敌的来势，并乘隙伺机进攻。退步跨虎势在十三势中占一个“退”字诀，以退为守，以退为攻，以退为进，是一招“以走制敌”的方法，即拳论所说的“时而宜退，即以退，退以鼓其进。”敌以双按攻击，一时难以借力发放，那就以退为进，以迂为直，顺势向斜撤步闪身，用柔韧的走劲牵引对方的刚劲向我身侧引化，改变对方的劲力方向，使其直来的按力落空，此时敌虽生猛如虎，亦受我制，从而达到以柔克刚、以柔弱胜刚强的目的。但走也好，退也罢，一定要恰到好处。拳诀说：“斜退得横，直退易溃。”所以退一定要弧形向斜后撤而不可以用消极的直退法来解决，因为这样既不能改变敌直前而来的按力方向，也犯了瘪丢的毛病，势必为敌所乘而长驱直入，使自己处于被动的地位。拳诀说：“得横即得势，得实即得机。”机势皆得，有了有利的形势，为后招创造了有利的反击机会，则在全局上有了成功取胜的把握。所以在退步斜闪（化）之后，右腿要屈膝坐实，腰胯下沉，这样才能使下盘稳固，并要在放松的基础上注意上体正直。不要为直而直，硬往上挺拔，也不要为沉而沉，硬往下压，以致影响腰部的枢纽作用和腰部旋转的灵活性，同样也影响了意气的贯穿、劲力的完整和专注一方。只有做到了以上这些，才能机势并得，致人而不致于人，即拳诀所谓：“胜在进步占势，不败在退步避锋。”

戚继光《拳经三十二势》歌诀曰：“跨虎势挪移发脚，要腿去不使他知，左右根扫一连施，失手剪刀分易。”“挪移”者，闪赚腾挪也；“要腿去不使他知”，暗腿隐发也；“左右根扫一连施”，左右腿连环实施扫荡（蹚）也。所以有拳家认为退步跨虎势，潜藏着扫荡（蹚）腿，只是少林扫荡（蹚）

腿的蜕变和隐化。连环的“扫荡（蹚）”，只是为了更好地“退步”，为最后“剪刀分易”及暗腿起踢，一击制敌作垫铺。同时说明退步闪化时要步随身换，步法虚实的转换必须通过身法的转换来实现。腰部动作通过左右腰隙交替转换来分虚实，下于两腿相随，这样才能使退步“左右根扫”虚实分明，稳健轻盈而“一连施”。

退步跨虎势两手的分谓“剪刀分”，两手向左右分开要同时进行，分开不宜过快，开始时分开幅度较小，转腰撤步，左手尚在右臂肘弯处，待对方按力动摇，我两手进一步分开，两手的分开也不宜过早，过早不能充分运用腰力。对于对方直前而来的按力，光用两手上下硬分是有困难的，应该先转腰胯退步，引进闪化，改变对方的劲力方向，使其直来的按力落空，然后以我两腕黏对手两腕里侧左右分之，方见引进落空之妙。此外，应注意分时不能离身过近，两手上下距离不能过小。否则不足以使对方全身的力落空，而且还容易为对方所乘，借我势随机进攻。

退步跨虎势要“轻灵活泼虚实走，如圆似方意绵绵，四肢随腰内外合，处处圆满任自然”。转腰撤步、“左右根扫”、引进闪化、“剪刀分易”要一起协调动作，上下相随，不先不后。“左右根扫”撤步成虚步时，虚非全然无力，气势要有腾挪，有随时起踢对方的下盘裆腹及胫骨之意。右腿坐实，非全然占煞，重心不上下波动，左虚腿与右胸侧有相吸相系之势，使虚腿不致偏浮。精神贯注，紧要全在胸中、腰间运化。心意帅率，百骸协调运动，内则一心，外则一身，动静在心，分合在形，起承转合，始而意动，继而劲动，转接一气串成，则其势可为。此时对方虽生猛如虎，其势也必受我所制。故《太极拳体用全诀》云：“退步跨虎闪正中，左挒右黏敌落空；虚步寓踢势腾挪，以走制敌显神通。”

## 三、高探马斠解

高探马是象形会意的拳势，右掌横掌扑面身渐高起，表示高探马头，故名。一说形容其高高地站在马镫上探路，一说因探身跨马之势而得名，亦通。

《太极拳体用全诀》说：“高探马上缠腕采，仰之弥高掌探鼻。”充分说明了高探马的技击用法是：左手缠腕沉采，是谓一拉，右手高势探鼻，是谓一打，双手一拉一打，先拉后打，中间有一个时间差。顺势采拉即为引进，使敌落空，然后乘势出击，高势探鼻一打，后发先至。拉打之时，颈椎、脊椎松沉直竖，背脊有探拔之意，但上体切不可因“探”而前俯后仰。《体用大全诀》说“高探马上拦手刺”，则又为左手“拦”、右手“刺”。技法看似和前者左手沉采、右手横探大相径庭，其实并不矛盾。因古代拦采是连词，刺探则是同义的叠词，现也有通用，如刺探军情等。拦采在技击上往往是连用的手法，“刺”技在此即是指探。杨澄甫《体用全书》明确地说明了高探马技击用法：“设敌用左手，自我左腕下绕过，往右挑拨。我随将左手腕略松动，手心朝上，将敌腕叠住。往怀内采回……同时急将右手由后而上圆转向前，往敌人面部，用掌探去。”则是对两者矛盾统一的最好注释。“拦采”的目的，是用粘黏的劲叠住敌腕，往怀内沉采，以抑制其攻势，并引进落空；“刺探”的目的，不在直“刺”

敌的双目，而是横掌坐腕高探敌面，能击则击之，不能击则不勉强。因扑面横探的主要目的是遮障敌眼，使敌迷乱，惊慌失措，为踢脚下取创造条件和机会，是太极拳上惊下取、上笼下提的典型拳法。因人眼是双目平置的，故探掌用横掌，掌缘与眉齐方为得法，用“探”比用“刺”更为确切，所以后人渐渐不用“刺”了。“高探马”一式谁也不会将它称为“高刺马”。有的拳家不明所以，在改编套路或行拳的时候将高探马势演绎为“右掌经右耳侧向前探出，掌心向下，掌指向前”。显然是受“刺”字的影响，以四指朝前“刺”敌目了。这样一来，既失掉了坐腕的意义，又达不到气垂、肩垂、肘垂，也不符遮挡敌双眼的技击意义，更有违于拳理。顾留馨说：“高探马势，以扑面掌开始，以拧转头颈告终。”以四指朝前“刺”敌目，则何以拧呀？高探马势也就有始无终了，殊为不妥。

高探马下盘的形势也是后坐步，前（左）脚提回，蓄势虚点，意踢对方胫骨，后（右）腿收胯稳坐，膝关节屈而不直，劲似植地生根，足劲下蹬而意上翻，劲起脚跟，经于腿，及于腰，终形于手指，由脚而腰而手，总须周身一家，完整一气，毋使有缺陷处，毋使有凸凹处，致使高探马势叠采横探，手前探劲前发而势后蓄；坐身起腿，脚前踢势前冲而意后撑。两手两脚对拉拔长，曲中求直，源动腰脊，劲贯四梢，心意圆满，劲气无亏，高探马势的上探下踢、上笼下提、上惊下取，自能举重若轻，收放自如。

高探马是太极拳中上惊下取的经典拳势，套路中以右手探、左脚踢的拗步形式出现，探以遮眼矇敌，使之惊慌，踢以踢敌胫骨的迎面骨为主，也可踩敌脚面。敌受我的探击，双眼受蒙蔽，必定惊慌失措，又受我踢胫，势必向后仰倒，此时乘势进身斜探，拧转敌之“马”头，敌必受我的力偶而倒地。此即所谓：“高探马势，以扑面掌开始，以拧转头颈告终。”即以正探始，而以斜探终。一些拳家因不明体用，或有始无终，或有终无始，或始乱终弃，以致心、意、神无以敛聚而迷昏；劲、力、气无由通达而散乱。而太极散手的高探马常以右手探、右脚踢的顺步形式出现，此时的踢常以踢膝为主。太极拳《十六关要论》云：“纵之于膝。”敌的膝受我踹踢，即伤失纵腾挪移之能，自然受制于人。故《太极拳体用全诀》云：“高探马上缠腕采，仰之弥高掌探面，上惊下取型典在，金针度众乐其成。”戚继光《拳经》说：“探马传自太祖，诸势可降可变，进攻退闪弱生强，接短拳之至善。”足见对高探马的推崇了。

## 四、上步七星斠解

北斗七星（斗、牛、女、虚、危、室、壁）因构图状如龟蛇，而被称之玄武。《楚辞·退游补注》释曰：“玄武为蛇龟，位在北方，故曰玄，身有鳞甲，谓之武。”为四灵（龙、凤、龟、蛇）之二。太极拳《各势白话歌》云：“上步就排七星拳。”说明“上步七星”势，上步后两拳交错封掤架打，下盘成右虚步铲踢，从侧面看，其头、手、肘、肩、胯、膝、脚七个出击点的位置，其形势布排恰似北斗星座天枢、天璇（璿）、天玑、天权、玉衡、开阳、摇（瑶）光七星，故名。

上步七星的“七星”除了头不可乱动乱用外，手可以击，肘可以顶，肩、胯可以靠，膝可以撞，脚可以踢。是一招充满灵气和凶险的招法。其手部的捶法,笔者已在《太极拳十大捶鞼解》中详细介绍（请参见《武当》2007 年第三期），本文着重论述腿法。

上步七星的形势亦是后坐步，两手交错封架，守则可以藏于九地之下，使敌的劲力顺沿“七星”循地而消解于无形，使敌无法侦知我的虚实。攻则能动于九天之上，两手的掤打、虚腿的铲踢,随“上步”逼冲之势,“七星”突发，劲冲而势涌，犹如转圆石于千仞之山，犹如天崩地裂，浪涛汹湧（涌）,排山倒海而来,使敌为之惊魂失魄,无所应从，敌受我的“七星”搅冲劈重,自然溃不成军。故戚继光《七星拳诀》曰:“七星拳手足相顾，挨步逼上下提笼，绕君手快脚如风，我自有搅冲劈重。”

上步七星是太极拳中上笼下提的经典拳势。“笼”者笼环、笼罩、虚笼之谓。两拳交错，环臂圆满，笼环逼化，将敌笼罩在我既圆且满的掤劲之下，意气鼓荡，意远而劲长；虚腿同时径直向前铲踢，直线踢敌胫骨的正面（即迎面骨)。因其劲短促，起脚又低，故称之为“寸腿踢”。太极散手“上步七星”的踢也有辐及裆部的，只是以踢迎面骨为主罢了。敌受我上之长劲笼环逼化、下之短劲铲踢，必立仆于地。

“白鹤亮翅”“退步跨虎”“高探马”“上步七星”四式腿法小结:综上所述,该四式均为象形会意的拳势。其中“白鹤亮翅”势与“退步跨虎”势都属于分踢之势而归于一类，然而其两手的分法大有异处。白鹤亮翅以上下垂直展分为主，分以开敌的胸腹正门，以实施正面踢或套踢；退步跨虎以左右展分为主，分以闪开自己的正中，使敌来劲改变方向而落空，以实施“左右根扫”后的弧形起踢，故又称之“拐踢”。而“高探马”势与“上步七星”势因均属于“上惊下取”“上笼下提”之势而又归属一类。其惊笼的手法也完全不同。“高探马”以一手叠采、一手横探遮障敌眼，下虚步坐身踢敌胫骨，以实施“上惊下取”；“上步七星”以两拳交错封掤架打，下坐身虚步铲踢敌胫骨的迎面骨，以实施“上笼下提”。此四式身法的共同之处都为虚步坐身，所以不仅决定了它是以守为主、以守为攻的招式，还决定其主要的攻击手段是“短促突击”的踢，且是踢敌下盘，尤其是踢敌胫骨的正面。因胫骨是人体中最坚硬的骨头，其“迎面骨”成锐形，且附（护）肉最少，几乎就是“皮包骨头”,所以俗称“讨饭（乞丐）骨”,最经不起击，此处受踢必“蹶然负痛而跌仆”。因此踢法尤其注重踢迎面骨，起腿低而劲又突发短促，故称“寸腿踢”，属于跌技，征南派内家拳及太极拳均注重“寸腿踢”，傅钟文当年随杨澄甫老师纵横天下，凭此技折服多少名手，晚年仍对此技津津乐道。

## 五、左右分脚斠解

“左右分脚”势，简称“分脚”。凡拳势中有“左右”两字者，皆指左式与右式而言。分脚，一名“翅脚”，系指两脚以脚尖或脚背先后向左右分踢，伸展自然，安适舒展，身心双畅，其势如飞鸟展翅翱翔于蓝天；劲贯腿脚，意注四梢，其像如苍鹰搏击于长空，故名。此式原名“踢脚”，是用脚尖上踢，故《太极拳体用全诀》说：“左右分脚胁下刺，捋来架去伺隙袭。”一个“刺”字形象地刻画了脚面绷平以脚尖踢出的特点。武式、孙式太极拳仍有“踢脚”“起脚”之名。起脚，原是武术使用腿法的通称，此外专指分脚。吴、武、孙、陈等式太极拳另有“二起脚”，别名“鸳鸯腿”，除陈式原由外功拳的箭弹腿发展而来，其余只是转身蓄势再起脚而已，难度均不大。虽然难度大，仍须注意若干技术要领。首先右左分脚的方向要正确，右分脚向东南，左分脚向东北。为了使分脚的方向正确及发劲得力，要注意独立支撑腿收胯屈膝，拳桩稳健如植地生根，而又不完全站煞，实中有虚。其次，分脚前一定要先提膝再出腿同时分手，否则无法调节和维持身体重心的稳定。而分脚起腿的膝（盖）只能朝向起腿分出的方向，这样起脚提膝出腿不仅方向正确，而且劲力完整专注一方，不致因膝部所对的方向不对而造成“横摆腿”的现象，引起身体摇晃，从而破坏立身中正。右分脚结束接左分脚，也同样先使左腿屈蹲，重心下降，在坐腿的过程中右腿先下落再迈向斜方（东南）。手既不能停滞，脚也不能停顿，动作的虚实、开合、起落都要“意气相连”“上下相随”“一动无有不动”，充分体现以腰为轴的太极拳特点。做到腰既要像中军大旗那样直竖不俯仰倾侧，又要以腰为轴带动四肢协调运转，做到四肢随腰内外相合，足随手运圆转如神。分脚时，起腿分出的脚应和与之相应分出的前手方向要一致，两臂与分脚腿上下成一线，从几何学的角度来看，应成一平面。两手分开时的动作基本上由里往外分，而不是由上往下分（微有弧形起落则允许，因这是维持拳术圆润的需要），也不是两手往外推。两手的左右分开和独立腿的起立（仍微屈膝）及分出腿的提膝出腿分出相一致，做到眼到、身到、手到、脚到，一齐俱到。

起腿分脚不能过高或过低，也不能直腿踢起，应该是先提膝，膝头对准分脚方向，把劲力集中在膝关节，然后节节贯串地通达脚尖，径直向敌胁踢去，避免摆腿现象，以加强发力。左右分脚，起脚提膝出腿不能过快，快则易牵动身体使之失去平衡；也不能以后仰的方法维持平衡，以致破坏了立身中正，出腿后膝部仍须保持一定的弯曲度。每一次分脚的完成，眼要和身体转动的方向相一致，眼神要随主要手的转动而向前平视，同时关顾上下左右，要以眼领手，眼随手转，手眼相随，四梢相应，神形合一。

《全体大用诀》说“左右分脚手要封”，则说明我以分脚踢敌胁部的时候，一手必须压住敌肘捋回，一手暗采敌腕，寓有一个“十字手”法，掤“封”住敌手后再行施招，这样就可以避免我腿被敌搂住的危险。陈鑫《太极拳经谱》说：“上行下打，断不可偏。”又说：“声东击西，左右威宣。”所以提膝分脚踢出的同时，两手即左右分开，一齐俱到，同时到位，以称其势，以取得“上惊下取”“闪惊巧取”的战术效果。而此时敌则难兼顾上下，要想抄搂我腿已失先机，为时已晚。

有拳家认为，左右分脚要“先分后踢，两手分完到位后才踢脚，不是边分边踢，也不是分一半就踢，不分完不能踢”。认为“不分开别人击来的手不能踢脚，因为对方还有防守和攻击的机会”。这样的说法，粗看似有道理，实则似是而非，主要的原因是对用法不甚明了。参见杨澄甫著《体用全书》叙述右分脚用法：“……随将右脚提起。脚尖与脚背平直向敌人左胁踢去。同时两手侧立向左右平肩分开，以称分脚之势。”这段话写得明明白白。“同时”两字明确说明两手向左右平齐分开是和踢脚同时进行的，两手

向左右平肩分开的主要目的是“以称分脚之势”，然后是扰乱对方视线，起分散对方注意力的作用。因为手脚同时从同一方向出击，对手的目光首先接触到的是离脸面较近的手，于是上面“分手”的动作迷惑了对方的攻防，而有利于我下面“分脚”的真正进攻，充分体现了《拳经总歌》所说的“声东击西”“上笼下提”,即“上惊下取”“闪惊巧取”的战术运用。而绝不是用来“分开别人击来的手”，也不是“按击进攻”，所以不存在“先分后踢”的理论和实战依据。当然“先踢而后出手”的说法更令人莫名其妙。故《太极拳体用全诀》曰：“左右分脚手须封，捋来采去伺机攻；上惊下取胁下踢，手脚齐到始成功。”

## 六、转身蹬脚斠解

“转身蹬脚”，转身后用脚跟蹬人，故名。蹬脚，陈式作“蹬一根”，陈式古谱作“庄（桩）根腿”。杨式太极拳属于蹬脚范围的拳势有转身蹬脚、右蹬脚、回身右蹬脚、左蹬脚、转身右蹬脚及杨澄甫最后修订定型的“十字腿”，共计六式，可见蹬脚的重要。因其技术要领及用法大致相同，除个别势式因有变异及特殊而需另作斠解外，其余皆以“转身蹬脚”为准以作“蹬脚”的斠解。

“转身蹬脚”是太极拳难度较大的动作，它的特点及技术的重点、难点就是旋转。难在一脚悬空，单腿支撑的情况下旋转 135° ，即由分脚后的东北方向转向蹬脚的正西方向。完成这一动作主要靠腰胯的带动，腰为一身之主宰，是上体转动的关键，对协调全身动作、调整重心、平衡身躯、输送劲力都起主导作用。但并不意味着可忽视全身其他方面协调一致的配合，须知要完成这样难度较大的动作，不可能光靠一腿支撑及腰胯的局部动作，而是需要整体的协作配合。要做到“神为主帅，身为驱使”“内动导外动，外形合内动”。转身之前，心意先行，心识先定向、定位、定速及协调诸多的内外配合。转身前，左腿下落虚悬，继而松腰胯，尤其是左胯向左松开，配合四肢自然产生向左旋转的拧动力。以右脚跟为轴旋转时，为了旋转稳定，须头容正直，上虚领顶劲；含胸拔背，中守重心；收敛闾臀，下把正闾舵。同时两臂外旋，两掌向胸前合拢，左腿微里合，使身体保持上下一条线，既不前俯后仰，又不左右歪斜，并使重心不偏离右脚支撑点。然后要转得恰到好处，既要转到想要转到的理想方位，又要转得稳定、轻灵，为蹬脚等发劲创造良好的条件，除用力得当外，还须有一个良好的制动机制。所以须头脑明清，右腿以脚跟为轴旋转后，右腿下沉，即刻全掌着地，脚心涵空，落地固定，如植地生根，左腿微里合。旋转由心，煞停随意，就能在相对稳定的情况下取得最大的灵活性，以确保稳定与灵活的统一。

旋转时左脚不可以落地。有的拳家因站立不稳而左脚落地，或用上体右倾来作为补偿，以取得“平衡”。这不符合拳论说的“百会、中极，一体管键”及《用武要言》所说的“心要占先，意要胜人，身要攻人，步要过人，头须仰起，胸须现起，腰须竖起，丹田须运起，自顶至足，一气相贯”的拳理。久而久之拳也就越打越歪，到时考究全身，就一无是处了。此外，转动时左脚不可直腿摆动。有的拳家认为：转动应两手左右分开，左腿分脚后即直腿摆动，“呈大字式旋转”，并说“含有连消带打之意”。这样做法的原因可能是想利用手脚摆动的势力来转动身体，其实这样转动既不稳又不易控制方向，失去了蹬腿的技法意义，易受制于人，也不符合基本的物理常识。

旋转后应起腿即蹬，而不能在动作停顿后再蹬脚，从而失去“机势”。太极拳，机势并得，服手服脚；机势皆失，绑手绑脚。所以转身蹬脚的整个过程是不可以身僵腿涩、气滞血淤、神驰意迷、力板劲散、失机失势的，而是要做到静、松、稳、匀、缓、合、连，一气贯串，周身一家。

太极拳的分脚或蹬脚之始，都寓有一个“十字手”法，即所谓“十字手法变无穷”。凡分脚或蹬脚，出哪条腿则哪只手在外。两手交叉合十要圆润饱满，不要瘪，两腕不可松懈弯曲，也不要抬肘露胁，蹬脚要劲贯脚跟，提膝后出腿，先把劲力集中膝关节，然后节节贯串地通达脚跟，均匀地蹬出。发劲则快速出腿即收。太极拳的分、蹬脚不是用腰胯的劲，而是提膝出腿弹劲瞬间分蹬。因用腰胯的力量发劲分、蹬，反而易使身体失衡，导致劲力分散不整。这一踢法与武禹襄《十三势说略》“其根在脚，发于腿，主宰于腰，形于手指，由脚而腿而腰，总须完整一气”的论述是吻合的。分、蹬踢出脚的根，在于一支撑腿。换句话说，分、蹬脚的关键，在于站立支撑的腿，支撑腿脚、腰、胯相连坐稳，是踢出脚的基础和发劲的源泉。以支撑腿为根本，立定根力，劲起脚跟，两腿相合相随，根跟相连，劲劲相贯，劲于内换，节节贯串，则分、蹬起处，敌必应腿而仰了。故《太极拳体用全诀》曰:“转身蹬脚打敌援，悬腿蹬伸腹上踹，上惊下取桩根腿，立身中正最得势。”

《全体大用诀》说“转身蹬脚腹上占”，又说“右蹬脚上软肋踹”“左蹬脚踢右蹬势，回身蹬脚膝骨迎”“十字腿法软骨断”。《太极拳体用全诀》说：“转身蹬膝腹占，轻黏慢挒猛飞腿。”“十字腿起分手拦，上惊下取最得势。”等，都说明蹬脚的攻击部位是敌肋、腹、胁、膝等中、下部。所以蹬脚高度以腰肋部为限，不宜过高，否则宜为人所制。和左右分脚一样，它是上惊下取的典型拳势，蹬出发劲之势要“猛飞腿”，而平时演练只需缓缓蹬出。故《太极拳体用全诀》又歌曰：“右拳被擒绕敌腕，两臂合抱须圆满，双手分处伊心乱，轻黏慢挒飞腿踹。”

## 七、转身右蹬脚斠解

“转身右蹬脚”本应列入“蹬脚”范畴，但因其与前势“左蹬脚”组成连环腿法，这是太极拳中一种特殊的腿法，且此势的转身是以脚掌为轴转动，完全有别于他势蹬脚以跟为轴的转动，故另作斠解。

《太极拳体用全诀》说：“形似松鹤单腿立，上卸下取常蹬膝，足掌为轴转自由，转身蹬脚连环踢。”《各势白话歌》说：“踢脚转身紧相连，蹬脚上步搬揽（一作拦）打。”《全体大用诀》说：“左蹬脚踢右蹬势，回身蹬脚膝骨迎。”充分说明转身右蹬脚是以脚掌为轴旋转的，其目的是“转自由”，既轻盈且灵活，有利于连环腿法的实施，这是为连环进击专门设计的，也是太极拳中唯一的“枢纽”旋转方法，这一点是要引起注意的。同时说明转身右蹬脚与前势左蹬脚组成连环腿法，也说明一个连环腿后紧接下一个腿打连环的“进步搬拦捶”。招招连环，步步进逼，显示了太极拳“如长江大海，滔滔不绝”的气势和特点，敌受此上卸下取，连环进击，莫不仓皇失措。此外也说明蹬脚主要是踹敌肋、腹、胁、膝，尤其是膝。《十六关要论》曰:“(太极拳)……行之于腿……纵之于膝……”“行之于腿”即举步行动发于腿之意。太极步变换在腿，出步落腿有缠绵意，有屈伸势，柔和利滑，细绵不断，节节贯串。动势时，以足领膝，以膝领胯；静势前，以胯催膝，以膝催足，以至动静一源，不知谁为领，谁为催；而又领为催，催为领。轻轻提起，慢慢潜行，默默催止，弧进弧退，全神贯注，气势腾挪。可见膝于太极步的重要。膝由股骨、胫骨及髌骨（膝盖骨，即半月板）构成，其有纵身之灵，闪展纵跳之赋，盘旋曲伸之功，蹿奔腾挪弹腿之能。在走架行功中，根节胯，中节膝，梢节踝足，相联相制，其中膝起屈伸、传导、回转、纵腾的作用，而使太极行步气势腾挪，神行连绵如行云，恍若身置太虚中，故谓之“纵腾于膝”。

膝之为功。内曲而外直，其势虽曲而伸，裆深而藏，忽然而来，倏然而往，此纵腾之妙，太极之步法，模拟五行，进、退、顾、盼、定，回转扶势都须先提大腿，蓄劲于膝，膝曲而伸，虚实渐变，脚下自有自尔腾虚之感；出步落腿,纵膝投足,动必有源,而使膝寓有伸缩弹动的活力，犹如猫蹑足而行，沉着轻灵，虚实分明。虚，非空，其势仍未断,而留有伏而后起,起而后伏,伸缩变化的余意存焉，是谓纵。实，确实而已，非用劲过分、用力过猛之谓，行拳运步，脚起望膝，膝起望怀，合而即离，离而即合，有缠绵意，有曲伸势，由根到梢，节节贯串，是谓腾。能纵腾，则气势腾挪，见象而闪，见形而化，飘若凌云，形迹杳然；能纵腾，则能支撑八面而稳固厚重，八面转换而轻灵圆活。如是则精气神贯注，意透脊背，劲发于根，注于丹田，形于脚趾，千变万化由我运，行之于腿，而蹲伸；纵之于膝，而连腾；蹬之于脚，而踩沉。气之鼓荡，劲之纵腾，周身全局，脚打踩意，一呼而纵，一吸而敛，伸可成曲，住亦能行，曲如伏虎，伸比腾龙，行往无迹，曲伸潜踪，犹如猫行，轻灵、沉着、稳固，兼而有之，则太极功成矣。故膝于太极至关重要，蹬脚以踹膝为主，可谓是击中要害。敌膝受创，即如解除武装，而听任宰割。

转身右蹬脚的连环腿法是前势左蹬脚后，敌转从后左侧翼袭击，我迅速右转，左脚落地站稳，即起右腿蹬其腹胁膝等处，此起彼落，连环进击。拳谚说："手是两扇门，全靠腿打人。"转身右蹬脚，上以两手左右分展以称蹬脚之势兼惊敌，下以连环蹬脚以击敌。而进步搬拦捶则以右脚向前横蹬下踩，左脚前迈踢臁或套脚以击敌，也属腿打连环之法。太极拳的腿打连环法并非罕见，岂止仅此二式而已。《苌子拳法》中指出："因敌用术，最要变通。""兵无常势，水无常形，临阵拳斗，宛如水行。""自古手搏，原无定法。法即是变，通即是法。"又说："着变手变，神活在先。""神龙隐现，瞬息万变；克敌制胜，全在一变。"什么时候用什么招，什么时候用什么腿打连环，一切都要视敌我双方的形势来变通。

## 八、十字腿斠解

杨澄甫晚年修订定型的"十字腿"是顺势蹬脚势，属于蹬脚的范围，本可不再作斠解，但原式及散手中却是以“单摆莲”方式演绎的，故斠解如下：

“十字腿”势，傅钟文老师生前记述：“杨澄甫老师在《太极拳体用全书》第一版（1934 年版），只是一张十字腿定势动作图，过程图没有列出，原来的练法是单摆莲，本书的这种练法（指顺势蹬脚势）是杨澄甫最后修订定型的，早已普遍推广，因之作为目前最后的定型动作。”（见傅钟文著《杨式太极拳教法练法》227 页）

顾留馨著《太极拳术》也记述：“十字脚这个拳势，原来的练法是单摆莲腿，现在名称未改，仍是‘十字腿’，但练法改为右蹬脚的动作。这是当年杨澄甫老师南下到上海授拳为了‘十字腿’练法对年老体弱者不能适应，就修订为右蹬脚的动作。”（见《太极拳术》224 页）

李雅轩老师也曾说：“我学拳时此处（指十字腿）是踢脚，不是蹬脚，不知何又弄错也！”（见李敏弟《关于杨氏太极拳的几个名称注释》）。其实并非郑曼青“又弄错”，而是杨澄甫在一路中初改十字摆莲为蹬脚时，原系拗势即拗腿踢，故名“十字腿”，为了顺势得力（而非为适合年老体弱者）而最终修订为顺势，便与“蹬脚”势无异，仅仅保留“十字腿”之名而已，也就“名不副实”“名存实亡”“徒具虚名”了。故《太极拳体用全诀》曰：“十字腿法昨非今，不是弄错为改进，上行下打无偏废，徒具虚名更流行。”现行的 88 式则改为“转身十字蹬脚”，其形式为“两手合抱胸前，右手在外，手心均向里，成十字手势；然后两臂向左右分开，手心转向外；右脚向前方蹬出；眼看前方”。改成了既非拗步又非顺步的正面蹬脚法，想是为名实相符使然。然而如此改动，改则改矣，是否符合拳理，是否顺势得力，则是值得推敲的。现行的吴式、武式、孙式、陈式仍有“十字摆莲”即单摆莲势。

为了使拳家对原来的练法有所了解，并有更多的选择，兹将原拗势单摆莲介绍如下：

自左穿掌后，身体渐右转，左胯内旋里收，左脚尖里扣踏实，重心渐全部移于左腿。同时，左臂屈肘右移，掌心朝里，右掌仍在左腋下。身体继续右转，右脚自左向右上方弧形外摆，膝部自然微屈，高不过肩，脚背稍侧向右边。同时，左掌自上向右、向左横侧迎面拍击右脚面；右掌经左腋而下经腹前弧形向右移（另一种打法，是右掌抹经左臂肘上经胸前向右后抹），右臂外旋，握掌内收于右腰侧，掌轮贴腰，拳心朝上。下接进步指裆捶。

实施十字腿，当两掌于胸前交叉合抱成十字手时，须全身松沉，环臂圆满，分清虚实，圆转如意，气势不可散乱，拘意切莫放松。气势散漫，便无含蓄，身就散乱。意若懈驰，精神势必不能贯注，神驰意迷，则必有迟重之虞。《全体大用诀》说“十字腿法软骨断”，说明十字腿势起腿提膝应踢蹬敌胁部的软肋，或起脚以我脚掌由下而上直截敌膝下软骨。为使十字腿踢蹬有效，右腿提膝要高于脐，至少不低于胯的高度。右腿蹬出先要把力量集中于膝关节，胯部韧带拉开，这样方可蹬到胸肋部。但实用中起腿的高度，不宜过高，以腰为限，过高则易为人所乘、为人所制。然而体用互为辅成，不应执一而偏。日常练习，特别是恢复原来拗步单摆莲练法时，则可适当提高腿的高度。也就是拳谚所说的“练高用低”或“台上踢肩耳，台下踢肋膝”。这不是体用不一，而是为了使“体”更好地符合“用”，是体用的辩证。

《太极拳体用全诀》曰:“十字腿起分手拦,上惊下取最得势。”说明此势和左右分脚势一样,是上惊下取的典型拳势。两手左右分拦,起惊慑、防守的辅助作用;踢蹬腿起主要的进攻作用。起脚发功踢蹬时,上手下脚中腰,无处不相应,其劲整、势猛、根深,总以周身浑然的整劲,一气呵成。这样才符合《全体大用诀》“十字腿法软骨断”的技击要求。而平时演练可缓缓蹬之,既不持力,也不持快,使之与整套太极拳的动作相协调,亦有利于内练以养气。

十字蹬腿是一个平衡动作,两手平肩伸展是为平衡,要求立身中正,身桩端正,无所偏倚,虚灵内合。《太极平准腰顶解》有:“有准顶头悬,腰之根下株;上下一条线,全凭两手转。”用它作为十字腿的动作要求和尺度是十分贴切的。

## 九、转身摆莲斠解

360° 大转身后,以脚背缘摆踢对方,柔腰百折若无骨,撒去满身都是手,脚过似疾风摆荡莲叶,故名“转身摆莲”,又名“摆莲脚”或“摆莲腿”,简称“摆莲。”“摆莲”是武术中的通用名称,有单、双之分。前“十字腿”,早年杨澄甫练此式就是“单摆莲”,即以左掌单掌横侧仰着拍击右脚面,形成拗步“单摆莲”。而本式是左腿展开先行摆转,此为一摆;摆转后,右腿自左向上、向右外摆,以横劲摆踢,此为第二摆,双手左掌稍先、右掌略后迎着拍击脚背,故又名“转身双摆莲”,简称“双摆莲”。其转身时两手上刮、左腿下扫意含扫腿,当源于外功拳的“扫蹚腿”,只是至今仅留有演变前的某些痕迹罢了。左腿扫蹚之后，右腿即起以横劲摆踢,使敌上下受攻而难以招架。可见所谓“双摆莲”的“双”是指左右两腿的“摆莲”，有拳家理解为以双手先后拍击的“双”为“双摆莲”,则是张冠李戴莫名其妙了。

《太极拳体用全诀》说：“转身摆莲带刮扫，前后应敌旋风势。”充分说明了转身摆莲势依靠上下刮扫的技法，以旋风之势应击前后夹击之敌。而若无左腿向右后、向下一摆的助势，则右腿的摆踢绝无可能有“脚过似疾风摆荡莲叶，所谓柔腰百折若无骨，撒去满身都是手”的这种境界和效果。所以，要使右摆腿有旋风之势，必须先做好转腰左摆腿。首先左摆腿的方向要正确，为西北角。如左腿摆转过多，落地超过西北方向，造成右腿摆踢方向越超东南，就用法上说，左腿落地已过于接近正面（东）对方，致使右腿难以摆踢，摆踢也就失去威力；如左腿摆转不足，则左腿落点在西面，造成右腿摆踢方向为东北，就用法上说，左腿落地已过于偏离对方，致使右摆腿无法触及正面（东）对方，摆踢也就失去了作用。其次，左腿展开向右摆动的路线要长,要随腰旋转摆动。腰一转向西面,左腿随势摆转，脚尖内扣落地，右腿即变虚提起，以旋风之势摆踢，虚实分明，这样右腿单独支撑的时间不长，身法也较稳定，右腿摆踢的劲力也就大了。加上左腿摆转扫刮，右腿摆踢扫荡，招招贯串，相连不断，中间几乎没有停顿，就不致产生旧力已尽、新力未生这种情况，敌也就难有所乘。此外，左腿摆转，右腿自左向上、向右摆踢，用的是横劲。除须以腰的转动来带动右摆动外，右腿摆踢的弧度不宜过大，过大动作易散所费的时间就长，踢到正面之敌的机会就相应减少，不符合实际的用法要求。右腿摆踢的高度也不宜

过肩，同时右腿不要挺直，要微屈，这样就能充分运用腰部力量达到横劲的要求，而且所发出的右脚背劲力也更大。反之，右腿伸直、摆踢的高度超过肩部，则势必强化了胯部力量的运用，而弱化了腰部的力量，也就无法达到横劲的要求，“摆”击就在打折扣而不成其为横摆，变为高踢了，从而失去了“摆莲”的意义。

《全体大用诀》说“转身摆莲护腿进”，《太极拳体用全诀》说：“若要摆腿显神奇，疾如旋风莫忘捋。”说明应用摆腿时的注意点，即如前有敌，而又有敌自身后用右手打来，我摆腿还击之前，我双手须黏住敌右腕，随绕其腕里往左捋带挒开，才可掩护起右腿横劲摆击，以免被敌捞住我的摆腿。旋转时，要注意两捋手的高低随之变动，但不可突变，以免造成断续。要意牵劲连，两手随腰捋转，圆润无滞。又要注意身法稳沉，裆劲圆撑，为两掌的捋挒和起腿横劲摆踢打下牢固根基，不致使发劲飘浮无力，劲力分散。

因“双摆莲”动作有“疾似旋风摆莲”的要求，故练来易于刚劲外露，刚劲有余而柔劲不足，右腿硬摆猛踢，拍脚噼啪声响，故作威猛，有违于《太极下乘武事解》关于“太极之武事，外操柔软，内含坚刚，而求柔软。柔软之于外，久而久之，自得内之坚刚，非有心之坚刚，实有心之柔软也。所难者，内要含蓄坚刚而不施，外终柔软而迎敌，以柔软而应坚刚，使坚刚尽化无有矣”的论说，也有违于陈长兴在《太极拳十大要论•刚柔第十》中“然刚柔既分，而发用亦自有别。四肢发动，气行诸外而内持静重，刚势也；气屯于内而外现轻如，柔势也。用刚不可无柔，无柔则环绕不速；用柔不可无刚，无刚则催逼不捷。刚柔相济，则粘、游、连、随、腾、闪、折、空、掤、捋、挤、按，无不得其自然矣！刚柔不可偏用，用武岂可忽耶”的关于刚柔的论说。陈鑫说：“运动之功久，则化刚为柔，练柔为刚，刚柔得中，方见阴阳，故此拳不可以刚名，亦不以柔名，直以太极之无名名之。”“太极者，刚柔兼至，而浑于无迹之谓也。”杨澄甫老师说：“太极拳，乃柔中寓刚、绵里藏针之艺术。”又说：“软太极法，方是真太极法。”拳诀云：“以柔用刚方是真疾，以柔用疾方是真刚。”所以，傅钟文、沈寿、赵安洲等宗师平时演练摆腿时疾如旋风摆莲，虽迅捷而作声甚微，有时干脆不动声，行若微风拂莲，徐徐而来，缓缓而至。其神情韵味真正显示了“柔腰百折若无骨，撒去满身皆身手”的太极虚无境界，因而也更切合于拳论。

## 十、左右金鸡独立斠解

金鸡独立，象形也。一手上托，一手下按，一腿屈膝提起，一腿支撑独立，其姿势恰似金鸡独立，故名。而武式、孙式作“更鸡独立”。

《太极拳体用全诀》说“金鸡独立随势起”，《全体大用诀》说：“单鞭下势顺锋入，金鸡独立占上风。”又说：“提膝上打致命处，下伤二足难留情。”说的是敌以由上而下的招法向我击来，我应以下势顺其来势向下黏随，待其落空，即用黏随之手，借腰、胯、膝三节前进之势，随势而起撩击其裆部；或以手向上挑，闭托其手肘，同时提膝撞击其裆部；或以一腿抬起即落，以脚跟猛踏踩其脚面，同时另一腿上抬，以增加下踩的力量，使全身重力落在脚跟上,以全身之力踏击敌脚,这就是“千斤坠”的著名用法，也是独立势又名“千斤坠”的原因。

金鸡独立前后动作的衔接过程，从单鞭的高姿势到下势的低姿势再到左右金鸡独立的高姿势，波起波落，波峰波谷，形若波澜，吞吐汪洋，气势跌宕磅礴。在实施的过程中，由下势的左仆腿接左独立，应先以左脚尖外撇，继而上体平行前移，重心慢慢前置，左腿渐屈弓成左弓步，左腿先要屈膝坐实，下盘稳固，然后右腿以右膝带领向前上渐渐提起，不可在两腿伸直的情况下起立，切忌借助上体的前倾力量。当右脚下落变右独立时，应注意左腿必须同时落胯、屈膝下蹲，也就是说右脚的下落是随着左腿的屈膝下蹲渐渐“送”下的,不可右脚下落而左腿依然直立，这样才能两腿虚实分明，劲路顺达。如果独立支撑腿僵直站煞，气滞血淤，劲路不畅，腰腿分家，自己站立不稳，则又如何以提起的腿脚，近则以膝撞击，略远则以脚尖弹踢敌下部？又如何进可以攻，退可以守呢？独立时，要虚领顶劲，沉肩、垂肘、坐腕、舒指，要气沉丹田，意定桩稳。头顶项竖，立身才能中正；沉肩、垂肘、坐腕而又舒指，则可得全身完整之劲；气沉丹田，百骸自然舒适；意定桩稳，不唯支撑八面，足当十面埋伏，而发劲之时更能专注一方。

太极拳金鸡独立如日之升，全赖于蹬劲。拳论云：“其根在脚。”是劲起脚跟之谓，脚有蹬劲，则下盘稳固扎实。上“虚领顶劲”，就是“六阳”之首，百会朝天，不偏不倚，不俯不仰，喉头不抛。能虚领顶劲，才能“神贯顶”而“满身轻利”。落脚有蹬劲，就是“足踩涌泉”，即涌泉含空，掌缘着地，五趾微抓，也就是俗说的“足踩太极”。能劲起脚跟，则劲有根源。上领而下蹬，内则一心，外则一身，拳弥六合。内则心与意合，意与气合，气与劲合；外则手与脚合，肩与胯合，肘与膝合。鼻尖、指尖、脚尖三尖相照，向前的方向一致，加之支持身体重量的腿收胯微屈，不动如山，则金鸡独立自有顶天立地的气概。

《太极拳体用全诀》说：“金鸡独立随势起，撩撞闭踢任我为。”充分说明此式手、膝、脚是并用且变化多端的，是一招以手法为辅腿法为主的、一招多用的招式，其主要用法除撩、撞、闭、踢外，尚有手的托、采、搂、按和脚的踩踏。其手法的托、采、搂、按、闭都是为牵制敌手，而为顺势蹿起实施腿的撩、撞、踢、踩服务的。左右独立势所用的“上托”，就是该动作的技击作用而设立的，实际演练时，不要为了“上托”一词的含义而将掌心朝上，而是应该手指朝上。上托手的作用是闭敌手或托敌肘部；而独立提膝的技击意义是，近则以膝撞击敌裆部，稍远则以脚踢敌裆或腹部，或提膝保护自身的裆部和腹部，皆因膝和脚的用法是多变的，或撩踢，或撞闭，或沉踩，却其攻守往往是双向的。因而拳论有“足来提膝”“近便加膝”的说法。所以实际的演练中脚虽未踢出，但须寓踢意。有拳家在眉批杨澄甫《体用全书》“金鸡独立势”时指出：“此式本为以膝盖冲击对方之裆部外肾。今云以脚尖踢去殊有未合也，否则何以脚尖未往前出也。”后学敬请先贤“博学之，审问之，慎思之，明辨之，笃行之”。

金鸡独立一式，根据杨澄甫早年演示的拳照来看，肘与膝是相贴的，但晚年演此式时则肘与膝离开约数寸，杨南宗弟子曾昭然解释为：“盖其晚年胖甚，腹大如鼓，膝提太高未免太辛苦也。”笔者曾以此式请教傅钟文老师，答曰：“杨老师所谓晚年亦只有五十左右，虽胖，但因长年练拳还不至于肘无法贴膝，也不至于太辛苦，这一点辛苦对练拳的人算什么呀！只因不贴膝更自然、顺势，更从心而已，因而其晚年定型的拳照为肘不贴膝，应按此演练。”笔者所收藏的杨守中（振铭）、董英杰、牛春明等先贤此式拳照亦是肘不贴膝的，故应以肘不贴膝为准。

《太极拳体用全诀》曰：“金鸡独立随势起，撩踢撞闭任我为，腿起脚落千斤坠，不见阎王亦见鬼。”可见此式是一招非常厉害、致对手死命的招法，纯系毒招，非不得已切莫轻易使用。此式类如的腿法尚有双峰贯耳一式，因该式以捶法为主，以腿法为辅，且腿法类同，故已归入捶法斠解（参见《太极十大捶斠解》），而不再作斠解。

综上所述，可知太极拳有十分丰富的腿法，可分为：踢脚、分脚、蹬脚、摆（寓扫蹚）腿、踩脚、顶（撞）膝六大类。其中踢脚有白鹤亮翅、高探马、上步七星、退步跨虎四式；分脚有左右分脚一式；蹬脚有转身蹬脚、右蹬脚、回身右蹬脚、左蹬脚、转身右蹬脚及定型后的十字腿六式；摆腿有单摆莲、双摆莲二式；踩脚有金鸡独立、进步搬拦捶二式；顶膝有金鸡独立、双峰贯耳二式。共计有十七式明显的使用腿法，此外尚有如揽雀尾的左、右掤式等诸多暗藏腿法的拳势，充分说明在三十七式太极拳中，腿法具有举足轻重的地位，也足以证明太极拳并非像一些拳家所说的那样，太极拳重手不重腿的。恰恰相反，太极拳特别注重腿法的锻炼和运用，这是“手是两扇门，全凭腿打人”的技击性使然。笔者将六类腿法，有的虽属同类，但因其使用有其特殊性，故以十大腿法进行斠解，以期纠正拳家，尤其是广大群众对于太极拳的长期偏见。但愿此文能有助于大家认清太极拳腿法庐山真相的玄秘，而热爱传统的太极拳。这也是作者矢志不渝，终身为之奋斗的动力和心愿。

# 第十章 《内家拳法十篇》序言

沈寿老师 5 岁时即遵其祖母之命，师从松溪征南派内家拳巨擘童崇武习武。年方弱冠，便仿古人四言歌诀体裁，写下《内家拳法》八篇。分别为《武德篇》《精气篇》《方略篇》《机势篇》《虚实篇》《刚柔篇》《变通篇》《周旋篇》。其各篇均为四言六十四句，故又名《内家四字经诀》。20 世纪 80 年代中期，为了弘扬中华武术，沈师遍翻旧箧，仅得幸存拳法《精气篇》《方略篇》《机势篇》《刚柔篇》《变通篇》五篇，其中《武德篇》《虚实篇》和《周旋篇》等因年代久远已先后亡佚。沈师留言：“只好容后补撰了。”自幸存的《拳法》五篇出版至今，已近三十年了。沈师大德大寿，也已八十，一直忙于解道授惑，《拳法》八篇至今未能补全。今笔者不揣浅陋，狗尾续貂，除补足《拳法》八篇外，增益《开合篇》《洞微篇》二篇，凑成《内家拳法十篇》，而每篇的内容完全重新撰写，也不再局限于每篇六十四句，而是按照每篇内容的多少而撰定。故只是借用《拳法八篇》的篇名而已，但需要说明的一点是，虽只是借用了《内家拳法》八篇的若干篇名，但每篇的内容都是笔者站在沈寿、傅钟文、赵安洲等诸恩师的肩膀上，将他们平时辛勤教育的内容所做的一次整理和总结，以奉献同好，仅供参考。其中浅陋和疏失之处，恳请海内外高尚学士、行家里手，尤其是同门贤哲和读者指教，使之渐臻完善，以共襄其成。

## 一、武德篇（四言八十八句）

星有大道，人有大德，道德合真，生命永恒。
道满乾坤，德满人间，大德大悟，大道通省。
文以评心，武以观德，疏导引路，纯朴天真。
文贵文风，武重武德，文武合德，道艺高深。
文德为上，威武为下，柔弱尚德，天下永晟。
树立道心，明道立德，祛除杂念，以戒为尊。
修道养德，智不恋尘，悲不弃世，敬德存神。
修道持身，积德累行，扬善止恶，舍妄皎正。
有德之善，思好幽深，交重仁爱，对人坦诚。
以德治道，我守我疆，不卑不亢，守中持衡。
人道为本，与人为善，广施阴德，普济众生。
人生难得，道德于身，不轻视人，不欺负人。
道德润身，宽容忍让，尊敬师长，谦虚谨慎。
心存正念，光明正大，曲全谦退，无为不争。
怀修涵育，修已立人，事了拂衣，深藏名声。
襟怀恬旷，明察事机，沉机默运，智勇深沉。
恭廉修行，见义勇为，不求闻达，舍已成仁。
养气增命，竞扑全身，致知力行，应变制胜。
专恒于道，行其气功，抵于无凌，其气混沌。
圣哲昭垂，当知所戒，善自韬藏，君子德盛。

君子行径，可以托孤，百里寄命，临节不崩。
寄身锋端，性命可怀，捐赴国难，碎骨粉身。

## 二、精气篇（四言三百五十二句）

天有三宝，日月星辰，人有三宝，精气神功。
精乃生人，气乃养命，神乃为人，混冥昌隆。
精乃气母，又为神宅，精足气充，精固神永。
天出其精，聚合成灵，灵气在心，神诚于中。
精之与气，云水相肇，相互化生，和合相熔。
精化成气，气聚凝精，形态虽异，实则类同。
精主化生，气主作用，神主宰制，各尽其用。
精气相滋，慈柔中和，无所不应，遇触圆融。
精之与静，静而非静，精之不安，神亦骚动。
精之灵动，负象载信，象之与信，皆为气踪。
静则有精，动则有象，静精动象，百体灵涌。
精气浑沦，充周不穷，自中乎道，守成中庸。
精气之道，独立不改，周行不殆，变化依从。
欲全其精，首在理气，清虚栖心，精气沛充。
欲浑其气，先在聚神，挟朴抱素，神静气冲。
抱守浑一，含精养神，通得三元，心身一统。
人之神灵，天赋真性，精神之宅，明则达通。
神居司命，气之所至，意至精聚，劲气绵重。
神壮精旺，神衰体病，神存则生，形亡神终。
外练筋骨，内练精气，心神共融，笃中见雄。
内外透彻，心华灿然，神灵显现，陶铸玲珑。

神之所至，气亦至焉，气之所至，精亦接踵。
随神往来，并精出入，三元启动，流飞浪轰。
凝神和气，守静致柔，意气贯串，心意坚融。
精气为物，游魂为变，唯神是守，修我正宗。
忽略利名，潜默修真，藏神致虚，精气华荣。
精气神宝，慎加守护，退默守雌，赫赫炯炯。
静心止浪，净心除垢，息心静气，一汪清泓。
虚无驱妄，澡雪精神，开释神本，静笃敬恭。
心静练气，身静练精，练神入微，全体透空。
以心行气，以气运身，神气融会，妙成空松。
呼吸精气，独立守神，内外兼修，天矫神龙。
神静心和，心和形全，融道入化，九转赴蓬。
炼精化气，炼气化神，炼神还虚，玄妙罩笼。
全神贯注，心静胆定，气息绵沉，魂魄相拥。
精气融混，化为一气，鼓铸弛张，劲畅气纵。
神气浑全，贯穿九曲，百炼如钢，珠玑满功。
精气神凝，劲浑弥重，浑然无迹，得其圜中。
上契拳理，下契精神，空处问津，至真至公。
凝神悟道，回归自然，天人合一，与道涵泳。
道合神明，神合自然，自然而然，造化天工。
学道无心，怀道养神，舍光藏辉，炁藏黄宫。
丹田方寸，念守精气，谨洁护持，氤氲中宫。
用意为上，拼力最戆，取法乎上，以尽道崇。
形莫若就，神莫若和，质变同神，湛然于衷。
神觉于内，形和于外，无为而为，逐流随洪。
神气翕歙，调和五行，利通百脉，神采和雍。
纯朴未漓，宝精行气，静一不变，神固精巩。

精神合一，内外明调，气脉通和，劲气弥躬。

累精聚气，精盈气盛，积功成练，阶及劲懂。

懂劲及神，刚柔相涵，无造而化，生化守攻。

意立技存，意失技亡，精气意神，成竹心胸。

胸次浩然，屈伸自运，神超乎技，出微入宏。

真气充沛，劲力绵密，柔曲百折，气势如虹。

拳贵精神，真骨凌雪，体韵遒举，拳溥风熏。

精气常存，心手无蒙，颜容不槁，眼明耳聪。

内功臻归，和气一团，浑浑噩噩，内力汹汹。

拳姿有形，形有神精，能知精神，映带于瞳。

累气为真，积精全神，精神和合，守成中庸。

元气浑然，生机勃发，劲力突溢，出青入红。

至道故之，一境凝炼，神用无方，众妙感通。

精诚故明，气微故幽，神应故妙，内家峥嵘。

精神顾盼，弥纶天地，出入造化，曲成武功。

旷世大武，末技反动，劈破鸿蒙，日出光东。

内家神功，抟气致柔，魂魄抱一，返还婴童。

风神秀逸，韵致清婉，迥出尘埃，气运生动。

精神超拔，神采粲然，生动有致，翩若惊鸿。

纯以神行，大气鼓荡，内劲潜转，真力弥弘。

气资神用，功夺化权，应变无涯，势伏强雄。

雄逸振荡，神随天动，容与徘徊，低昂颠弄。

谙练于胸，精熟于手，意先身后，中道从容。

自心付手，曲尽玄微，如水之流，似云之涌。

审幽知微，不勉而中，不思而得，明通溥公。

幽若深远，通乎神明，曲伸自由，柳浪潮涌。

敬之以神，和之以气，精神团结，极和致中。

精神贯注，悠然会心，天心月圆，宗气所拱。
精气相着，意气奋发，刚柔合劲，蓄发如弓。
神游八极，拳法超群，昂藏挺拔，气闲意浓。
精神安逸，举止平和，蓬蓬得气，超群绝众。
精气相和，劲力亭匀，曲伸宛转，阴阳迭运。
积学功深，精奥而化，连乎神机，临敌不窘。
英雄本色，内含情操，外发意气，横绝太空。
千古幽思，具在胸襟，意境千般，风情万种。
内家难运，难在精神，知一不难，难在于终。
接乎精神，意气而成，中得心源，掣打劲勇。
冥冥有气，窈窈有神，茫无定象，氤氲朦胧。
精气合神，通微显化，超脱尘凡，寿比仙翁。
内家大武，精气布合，以武演道，不朽传弘。

## 三、方略篇（四言二百六十八句）

内家慧器，道理精微，武学精品，民族精粹。
正宗重道，以武演术，以术见道，内家魂魄。
道贵留魂，得道慎守，阴阳会通，玄冥幽微。
临阵方略，柔静为旨，知拍任斗，无迹无轨。
静兮动倚，动兮静伏，动静浑然，以静为贵。
抱神以静，能静而敬，清虚静定，精力充沛。
定以用慧，慧以成定，定慧相须，体用不背。
内家武事，有无相生，虚实相乘，刚柔相推。
内家拳权，摩荡刚柔，变化消息，阴阳匹配。
以柔克刚，缠绵进取，依随退守，粘连黏随。

柔能克刚，刚能乘柔，功劲中和，刚柔兼备。
柔中寓刚，棉里藏针，刚健振作，劲蕴于内。
外尊以柔，刚中而应，居中以和，无坚不摧。
内家体为，阴阳为道，柔弱如水，曲全谦退。
君子盛德，谦逊若虚，良工深藏，善自韬晦。
虚笼诈诱，避实击虚，以虚击实，虚实神会。
人实我虚，乘虚即实，无虚无实，神明昭垂。
运实为虚，实处俱灵，以虚为实，虚实相涵。
阴阳既济，运我虚灵，活泼懂劲，劲圆无亏。
疆场搏敌，全神以赴，务令沉着，气敛入髓。
完整一气，周身一家，外气清明，内神智睿。
势势在中，招招在内，坚守中庸，大智大慧。
横撑开张，提抱含蓄，中藏生气，方矩圆规。
以圆涵方，以方立势，浑融入境，圆润无碍。
圆伏而起，方合即离，直而辅曲，对吞敷盖。
方圆曲直，得心应手，唯变所适，心手无违。
心手相应，招随意兴，出手成势，森严壁垒。
虚灵警惕，万般机警，全神照应，合德运挥。
拳外有意，意外有势，势外有劲，内家之瑰。
意先身后，松而不懈，临危不乱，逢敌不溃。
有意无意，非劲有劲，随气生化，随劲运汇。
意至气至，气至劲至，意有所至，气有所归。
气以成势，势以御气，浑噩流行，自在旋回。
触则能感，迫则能应，劲之纵横，气之深微。
气净而匀，劲隐于绵，无过不及，莫失均维。
含和抱中，雄藏凌厉，酥软如绵，浑融如醉。
守中之势，蕴藏玄机，落落自合，我顺人背。

人背我顺，刚发即随，人顺我背，柔化得遂。
以柔为用，普通全身，融通致化，自然无为。
无为而为，舍已从彼，知阴知阳，百战不殆。
逢敌不懈，时时惕励，心静步坚，犹置魔魅。
八面转换，轻灵沉稳，八方支撑，雄峙巍巍。
怀藏八卦，足跐五行，掌运八方，中不离位。
胸怀洞然，彻视无间，宽而有制，和而不浼。
遇弱不骄，不能视能，戒备在心，启迪蒙昧。
逢强不馁，厄而不忧，与人争柔，进道若退。
彼退我进，彼进我退，不即不离，不亢不卑。
进在占势，退在避锋，曲进迂回，直退易溃。
斜撤得横，有机即乘，蓄我后势，势力更锐。
当进则进，勇往直前，当退则退，扶势转回。
时而宜进，绝不可退，退馁其气，灭己之威。
时而宜退，当即以退，退以求进，虚笼诈伪。
内家舍得，柔弱道德，崇尚精神，主张力羸。
柔顺为道，顺势顺理，避逆从顺，居安思危。
彼猛休畏，掣肘避锋，依随借力，其势即衰。
动静不离，刚柔不断，阴阳虽分，虚实相含。
劲常曲蓄，曲如伏虎，伸比腾龙，发放松脆。
决战彼敌，势如潮涌，惊涛拍岸，浪雪波碎。
进取时刻，切莫凑迫，迟疑失机，空留后悔。
长驱直袭，急着前去，补手相承，一举摧毁。
瞻前顾后，不偏不隅，神为主帅，身为兵卒。
柔弱居上，坚强居下，以静制动，以动释累。
彼走我随，敌驻我扰，相与周旋，急缓相催。
佯输诈走，上笼下提，声东击西，兵不厌诡。

闪赚腾挪，诱敌深入，乘隙即发，势如奔雷。
顺人之势，随势而便，引进落空，铁壁合围。
内家方略，柔弱之道，舍得由人，知己知彼。

## 四、机势篇（四言二百五十二句）

拳法制胜，全凭机势，应敌要诀，识势知机。
拳技哲理，机势并得，知拍任斗，神惊鬼泣。
有机有势，我武威扬，失机失势，后悔莫及。
机乃天机，故不用机，心无机巧，机乃为几。
几者动微，质朴微妙，动而未形，有无之际。
动微故妙，几微故幽，审幽知微，避害趋益。
拳斗之机，厥唯虚实，真虚当空，即是战机。
避实用柔，击虚用刚，虚实相涵，攻守绵密。
虚以敌实，实以击虚，虚惊实取，四象折叠。
计利而听，乃为之势，佐助其外，制权因利。
势者顺也，顺其势也，用力贯畅，气势如霓。
势有动静，气势流变，静在含机，动在化变。
气之在是，势之在是，气耶势耶，原是并蒂。
气在势上，势在力上，有势有气，有势有力。
气以成势，势以御气，气势磅礴，酣畅淋漓。
内家论拳，以势为先，由势贯气，气势不竭。
因势利导，不相违阻，逆阻失势，失势则糜。
气势倘成，切忌嚣张，虚张声势，气势外溢。
真正气势，正大光明，求真忘我，气势发激。
用兵之势，不外正奇，克敌致胜，唯佐以奇。

奇正之变，不可胜穷，攻其不备，出其不意。
唯其无备，攻无不克，唯其不意，出无不利。
善用势者，曲伸有势，依归中和，含蓄蕴藉。
有曲有伸，屈以成伸，纵横之本，开合之基。
曲如伏虎，伸比腾龙，屈伸潜踪，行止无迹。
水无常形，兵无常势，因敌变化，扑朔迷离。
虽有智能，不如乘势，运筹帷幄，决胜千里。
拳斗之难，以迂为直，后发先至，乘势击的。
兵以诈立，分合为变，悬权而动，动如霹雳。
实施诡道，能示不能，利而诱之，使敌不疑。
统筹全局，勿计万全，过于谨慎，坐失机宜。
兵闻拙速，拳贵神速，机势奋发，制胜在即。
激水之疾，至于漂石，其势湍也，势力所系。
鸷鸟之击，至于毁折，其节短也，劲气聚集。
势不可遏，如箭离弦，机不可测，似雷闪击。
善于战者，求之于势，不谙节势，终致覆灭。
节者节奏，作而奏之，止而节之，岂限乐艺。
借势化之，知拍入之，接其力头，化其力尾。
守中之势，蕴藏玄机，气势浑雄，挡者披靡。
动正而势，搏敌能乘，顺势而为，后发先抵。
静和而机，出无入有，理而无形，得机至理。
择人任势，转石千仞，动于九天，藏于九地。
欲谋克敌，必先自固，动以乘隙，静以伺机。
真能用兵，全在用势，形立势全，求之于己。
势如彍弩，节如发机，势险节短，一往无前。
求之于势，不责于人，势胜兵胜，良有以矣。
以患为利，冒险犯难，出敌意表，意在奇袭。

一点两面，内线外线，分进合击，拘束打击。
避其锐气，击其惰归，再衰三竭，横扫顽敌。
斗乱不乱，形圆不败，以静制动，雄关如铁。
运用之妙，存乎一心，临机应变，不可拘泥。
势在得横，机乃得实，变通运用，机灵无匹。
善用兵者，清明在躬，志气如神，机势如一。
为拳之事，佯顺敌意，变化齐一，逢凶化吉。
刚在力前，柔乘力后，顺人之势，借人之力。
借势化之，知机入之，机先战后，势完紧逼。
随形就势，乘拍伺机，待机而动，往来迅疾。
居中守正，顺应机势，守持中道，混沌无极。
行武之道，智略居首，审势察机，胜露端倪。
直接冲虚，进不可御，退不可追，速不可接。
避实击虚，因敌制胜，活机活势，争胜秘籍。
勇怯刚柔，适于中庸，齐勇如一，披荆斩棘。
机势节勇，拳理真义，拳打不知，是为真技。

## 五、刚柔篇（四言三百六十四句）

内家之道，曰刚曰柔，乾坤之德，曰阳曰阴。
内家武事，外操柔软，内含坚刚，而求柔劲。
悉心求柔，运柔成刚，刚生于柔，是乃柔凝。
刚柔变化，无往非劲，势虽不侔，而劲为精。
劲之柔者，随机而变，随势而化，万般机警。
劲之刚者，随机而催，随势而乘，随意而进。
内家宗旨，柔道自守，抟气致柔，能如儿婴。

阴柔无为，导气令和，引劲令柔，以养魂灵。
魂魄相抱，五脏和适，百节柔顺，坚固性命。
鼓以遒劲，和以闲雅，形其刚柔，达其情性。
刚柔相推，雄逸震荡，低昂徘徊，万种风情。
文武之道，弛张因应，拳技之用，刚柔相亲。
势之柔者，随机而化，气屯于内，外现和靖。
势之刚者，随机而乘，气行诸外，内持重静。
绕指之柔，柔曲百折，舒曲无方，无将无迎。
百炼至刚，劲健浑雄，魄力坚强，力能扛鼎。
刚健之至，阳炎功尽，柔顺之至，阴符功竟。
静而挟刚，动而持柔，随机制宜，行当所行。
柔则茹之，刚则吐之，浩荡感激，势如雷霆。
拳技之用，一柔一刚，慢然而应，奋然而临。
嫩处如金，老处如铁，绵里藏针，刚柔联盟。
软绵而柔，柔韧而坚，折叠应手，妙合于心。
精刚果决，气势雄放，纯柔遒逸，劲力杳冥。
刚方性成，方整持重，激切剀直，雄遒侹侹。
柔圆情生，圆活温润，蕴藉纡曲，扶疏月映。
刚劲侹侹，柔劲温婉，刚柔合劲，渗透侵淫。
刚正其中，柔应其外，刚中柔外，劲匀而净。
柔者惮缩，刚者奋发，其柔湛露，其刚石金。
勇怯刚柔，适于中庸，悬权而动，主柔尚灵。
刚在力前，柔乘力后，知拍任斗，一举而擎。
刚柔互运，刚力柔乘，绵力刚用，刚柔问津。
随刚就柔，随方就圆，辅应万状，刚柔相因。
拳道之病，刚而不柔，能刚能柔，拳道大经。
无刚不立，无柔不化，叠用刚柔，刚柔殊禀。

刚柔虽殊，其归一致，柔极乃刚，刚极柔韧。
刚要有韵，柔要有骨，缺一岂道，总须持平。
柔避奄奄，刚宜浑雄，柔非茶软，刚非僵硬。
太刚易折，太柔易萎，道中而正，德和而敬。
含和抱中，刚柔得和，和柔得正，雄藏厉凌。
刚柔中和，流通相淆，相济融浑，感应灵敏。
柔而不屈，飚而不刚，空灵纵放，莫测显隐。
刚柔迷津，隐劲幽深，倏忽之间，变化俄顷。
劲潜伏隐，外柔内劲，纯棉裹铁，拳武彪炳。
刚柔得当，理想折衷，逆顺兼全，是谓妙品。
内家至理，无非柔刚，拳出五行，莫非中定。
以刚得中，以柔得和，致中达和，得一而清。
刚柔相济，权正相兼，屈伸相让，开合相倾。
刚柔得中，直当得意，纵横辟阖，悉逢肯綮。
刚而愈遒，柔而愈劲，刚柔相摩，鼓荡互浸。
刚柔端劲，叠宕流通，振发动荡，动灵静宁。
陶铸刚柔，潜默修真，澡身虚心，吾心晶莹。
心若不坚，势无劲健，身手不柔，难开胸音。
精神挽结，刚柔逊让，回抱照应，从容调停。
调停得所，刚柔不迫，运用任意，蓄发漓淋。
刚柔变易，依随自由，似有若无，难觅踪影。
曲舍枉直，优柔平中，刚柔玄通，明达古今。
拳武妙用，阴阳混成，刚柔悉化，私欲俱泯。
刚柔大化，虚实博施，变化无穷，神化无尽。
阳刚化开，阴柔守合，合气化劲，劲气和鸣。
浩荡劲气，至柔至刚，正大光明，明达诚信。
知微知彰，知柔知刚，从容中道，荣辱不惊。

拳术要旨，莫非灵劲，柔劲为上，触之即沁。
尽其松柔，全其柔棉，融通一身，气血充盈。
立意柔粹，刚猛尽收，柔而至柔，百骸听令。
积柔成刚，方是真刚，刚复归柔，才是柔晶。
以柔用事，隐劲于绵，紧劲联绵，性柔心渟。
和平情性，温柔资格，劲气默运，青辉泻银。
劲尽柔用，明劲退尽，劲潜伏隐，顿化神明。
贵柔守雌，崇阴法水，尚下尚退，退即是进。
刚为柔生，柔为刚用，体柔用刚，内家精英。
守柔曰强，刚柔既济，损益相加，中庸和平。
拙力暴动，壅塞不开，善战不怒，心渟如镜。
修炼之窍，在于柔道，敛气化神，会于黄庭。
守静致柔，柔和斯文，道行退舍，德音留馨。
道继柔劲，化雨频生，心境常圆，千江月印。
拳柔而坚，掣打劲利，触遇圆通，无所不应。
感是气柔，应是力刚，气藏于踵，力隐于筋。
柔中用刚，刚中行柔，陶然往返，浩乎沧溟。
避实用柔，击虚用刚，与人争柔，一神虚领。
守雌抱一，和合刚柔，刚柔相成，牝牡乃形。
以柔胜刚，以弱胜强，谦逊若虚，廓彻胸襟。
柔软为道，不假本力，克敌制胜，最忌力拼。
力不操坚，柔润得炼，柔流弱化，不躁不矜。
刚而能柔，形立势奔，倔强无润，难登圣境。
柔而不弱，刚而不脆，常体太和，迁流不停。
劲贵圆满，圆则能柔，满则能刚，浑圆坚挺。
阳刚阴柔，暧接之间，细缊相荡，柔生刚萌。
鼓柔泻刚，复柔委从，虚灵透空，空无止禁。

空松用柔，柔尽劲用，遒劲刚健，入红出青。
遒劲奔轶，以柔用刚，以柔用疾，气势寒凛。
圆柔若水，刚毅如峰，华山论剑，弹铗长吟。

## 六、变通篇（四言二百二十八句）

一阖一辟，是谓之变，往来不绝，是谓之通。
变化也者，进退之象，刚柔相推，虚实化运。
内家运化，阴阳开合，神化无尽，融会贯通。
运化入精，动变入微，感通入妙，妙有空洞。
空者大悟，透者大彻，大彻大悟，大明大通。
明则通达，通则明白，明通公溥，外合内通。
会而通之，顺遂缘中，透入活机，气势汹涌。
内外合机，神通意领，占尽先机，立决雌雄。
变通之道，融纳于中，从心归意，一息坚融。
因敌用术，最要变通，不可执一，尤忌双重。
自古手搏，法即是变，通即是法，方圆为宗。
方即是变，圆即是通，方圆变通，守成中庸。
方圆互运，变通圆融，阴阳贯穿，往复始终。
终至复始，一气弛张，浑然太极，无迹无踪。
极化互返，刚柔蓄发，吞吐开合，更尽风韵。
方圆寰中，神机满怀，变通自然，接战从容。
招随劲变，招变手变，敌变我变，变化玲珑。
变化在心，心与手化，妙合自然，触类旁通。
曲直刚柔，起落进退，百般变化，机巧出锋。
变化百端，熟能生巧，不熟不通，熟而能用。

开合手熟，见法辄取，真拳烂用，全凭变通。
大家善变，名家善守，变化圆通，道成总统。
能守善攻，静以待动，动中伺机，寡可敌众。
细辨虚实，善识向背，攻其不备，乘虚蹈空。
虚实实虚，阴阳万象，随手变通，烟云蛇龙。
神龙隐现，瞬息万变，克敌制胜，全在变通。
通者通达，非神不通，非化不达，神化之功。
神化通灵，变中有化，化中有变，变化一统。
统归一心，合于太极，相机而变，依心而动。
心通玄机，灵应妙变，化达神奇，是谓神通。
神通之变，圆活机变，体用变通，不离寰中。
大道至中，中融于和，妙变之化，八卦错综。
八卦相荡，阴阳相推，圆能走化，抢角上风。
定中而辖，进退顾盼，依中变通，笃中见雄。
居正立中，内寓一静，静能应变，触遇圆通。
灵变巧应，随曲就伸，变幻无定，方为劲懂。
所谓懂劲，知变识通，应变裕如，合宜行功。
功行圆满，万法皆通，所以变化，归一消融。
一气浑元，圆转如意，辅应自然，方见真功。
至真神功，拳臻化境，应变无涯，阴阳相从。
孤阴不生，独阳不长，阴阳变通，拳权轻重。
阴阳会通，神随性变，形随境化，全体透空。
变则自通，通则能达，达极必反，反者道动。
道动生生，生生为易，易有太极，变不离通。
变化于心，造化于生，缠绵往复，靡有际穷。
神巧机圆，行机达理，理以造势，势以气运。
因势利导，任心而成，随手万变，欣欣向荣。

通达道理，深明阴阳，能弱能强，覆载同洞。
圆通即机，相机而生，合于太极，八卦九宫。
刚柔立本，变通处事，依势作用，虚则实充。
在天成象，在地成形，变而化之，神在其中。
神通而和，刚柔中和，流通相淆，冥混大通。
变化融通，刚柔摩荡，和合响应，内劲潜涌。
知法忘形，自然守中，神通莫测，变化无穷。
变化自成，奇正自生，心手相师，成竹在胸。
挥运变化，出以胸臆，倏忽纵横，深达慧通。
玄玄妙妙，纯是化机，寓变于化，寓化于通。

## 七、虚实篇（四言三百八十句）

虚者空也，空而有容，有容乃大，虚则实充。
虚者伪也，伪能隐藏，虚笼诈诱，机关转动。
虚者无也，无者终也，终能含始，往复始终。
虚者静也，虚极静笃，返朴归真，炁藏黄宫。
实者充也，实至虚生，生而知复，虚实互运。
实者真也，包裹混沌，返虚入浑，积健为雄。
实者有也，有者始也，始极而终，终始相从。
实者动也，动而生机，神活机变，虚实贯融。
内家虚实，变化消息，转换机枢，拳权滥觞。
内家拳权，知虚知实，称物平施，知轻知重。
虚实相推，动静摩荡，权复变化，阴阳和同。
虚实推演，奇正刚柔，自然而然，修我正宗。
虚实交迭，盈虚消息，一炁无端，开合玲珑。

一开一合，一虚一实，曲伸往来，收放擒纵。
虚是合蓄，实是开放，开合虚实，缺一不功。
一虚一实，即为拳经，经典准则，唯虚唯空。
内家精奥，尽在虚实，不谙虚实，其功不永。
当虚则虚，当实则实，因应咸宜，成竹在胸。
当虚不虚，境界填实，当实不实，劲不浑雄。
虚实转换，谋略从应，真假隐藏，胜负辖统。
自虚而起，由实以还，浑然一炁，和谐溶熔。
虚极实生，实极虚生，虚实继续，灵妙无穷。
阴实阳虚，阳实阴虚，虚实机变，难觅影踪。
内实外虚，外实内虚，阴阳内外，冥混大通。
虚中用实，实中行虚，虚蓄实发，出青入红。
虚而能实，实又能虚，人不知我，妙有空洞。
空洞虚无，道之本体，无形无象，身心透空。
虚灵之劲，阴柔之功，动息匀合，六虚衡均。
虚非无力，气势腾挪，实非占煞，精神注重。
虚示柔顺，实征刚强，虚灵实沉，圆融活松。
以虚化虚，以实还虚，削其不当，守成中庸。
内家功夫，虚实运动，阴阳常变，得其寰中。
虚实变换，在外动作，重心变换，以腰为祟。
虚实变转，在内心意，作意转换，自然从容。
虚实转化，周流不息，气遍身躯，九转赴蓬。
内一静虚，外一动实，方寸不乱，抱神守衷。
沉实至极，虚灵无比，虚实不已，势如潮涌。
虚实无定，忽隐忽现，变化莫测，天矫神龙。
虚实变化，难有定机，随机而化，随势而运。
虚中有实，实中有虚，虚实实虚，靡有际穷。

似实而虚，如有若无，虚实相生，互根互用。
虚不离实，实不离虚，虚实相济，方为劲懂。
开实为呼，合虚为吸，劲气合一，神会行功。
取法为拳，暗合虚实，虚实转接，循环为用。
拳之大要，重在虚实，虚实运化，妙在圆融。
虚是空档，实是战机，乘虚蹈隙，避青入红。
虚以其虚，全其真虚，由虚达空，灵在其中。
实以其实，图其盈实，笃实至满，道成圆通。
实则虚之，虚则实之，不断流变，阴阳总统。
实即是虚，虚即是实，虚实相涵，运化无穷。
履虚如实，虚实杳冥，虚中求和，虚中求中。
履实万象，不离阴阳，阴阳相济，变化一统。
虚实灵变，开合有致，浑然人天，无迹无踪。
虚实相含，开合相连，阴阳相贯，化夺天工。
虚实之功，一物二体，劲出自然，万法归宗。
虚实相渗，阴阳互补，内外一体，周身浑融。
腾挪为虚，精神为实，消息盈虚，阴阳会通。
虚而示实，实而示虚，能示不能，用示不用。
遇虚当守，得实即发，乘虚击实，变幻化运。
虚实变幻，人不可知，虚实莫测，始克见功。
虚实谋略，示形动敌，舍己从人，引进落空。
隐内为虚，形外为实，虚虚实实，形神峥嵘。
有形为实，无形为虚，实则易破，虚则难攻。
虚以藏实，实以掩虚，机诈百出，出没神通。
避彼之实，击彼之虚，避实用柔，击虚刚用。
避实就虚，蓄盈待竭，后发先至，乘虚蹈空。
虚以成形，形以意行，用意不实，气势如虹。

占位中定，彼忙我静，虚恭图实，收敌惰松。
虚实俱备，方成拳法，虚贵蓄势，实重透通。
虚实渗透，本于天地，大成若虚，以虚为宗。
实处之妙，虚处而生，悠悠心会，难说与君。
不实不稳，不虚不灵，即虚即实，虚实兼容。
运实为虚，实处俱灵，以虚为实，接续始终。
虚能受物，实能应事，内受外应，致化通融。
虚要有骨，实要有韵，曲接圆满，神圆韵匀。
以实化虚，虚以致实，浑然互畅，更尽风韵。
虚则含灵，实则沉稳，虚灵沉实，共存共荣。
有实无虚，是谓填实，尽沉绝实，滞涩双重。
虚实之用，妙存乎人，开合鼓荡，纵横飞翀。
虚实贯穿，神气相抱，内外相合，抱元守中。
避虚击实，打实让虚，隐现无常，神明贯通。
守我之虚，待彼之实，详审虚实，获益更丰。
内固精神，外示安逸，虚实维系，和合求功。
细辨虚实，善识向背，奇正相生，不备而攻。
初实可摧，中实可随，极实可破，圣人之训。
惊法者虚，取法者实，惊而实取，取而虚笼。
虚实阴阳，生生不已，希微之机，清明在躬。
虚实不明，攻守失策，虚实分明，立决雌雄。
搏击之机，厥唯虚实，实而张虚，势满如弓。
搏贵无形，避其锐气，击其惰归，依势而控。
虚实制控，拳武机枢，虚实纷乱，太极懵懂。
纷乱失控，惊慌失措，是为实过，实过而恐。
懵懂失机，是为虚过，虚过则骄，溃败如崩。
虚实主旨，批亢捣虚，应敌纲领，虚实兼用。

处处虚实，处处中定，触处成圆，莫与争锋。

## 八、开合篇（四言三百三十六句）

内家拳道，开合二字，一开一合，动静相随。
动之则分，分则为开，开是变化，拳技机会。
静之则会，会则为合，合是和合，气势凝归。
动以习静，静不挠动，动分静合，往返向背。
开合变化，运动根由，动若江河，静如泰岱。
阴柔自守，是谓之合，阳刚之化，是谓之开。
行拳用意，源动腰脊，荡漾四梢，是开之为。
合则返还，由梢归椎，开合相连，互相匹配。
开合转换，互相呼应，始终不离，造诣精粹。
开即展放，开张之意，引拿化发，我顺人背。
合即齐整，均匀之义，周身一家，无坚不摧。
开是扩大，非顶非抗，合是缩小，非丢非颓。
开要舒展，势如张弓，外应百变，内气充沛。
一招一式，均齐方正，四面停当，八方俱备。
合要紧凑，劲骨宣合，百脉流真，精神聚汇。
劲气贯串，劲意不断，气势相连，圆满无亏。
开要机灵，富有变化，精神饱满，不拎不坠。
合要圆融，心眼手步，和谐自然，意动势随。
虚实开合，中节合拍，收放合度，和谐为贵。
开以立势，合以应外，开合摩荡，阴阳相推。

手与脚合，肘与膝合，肩与胯合，外合之谓。
心与意合，意与气合，气与力合，内合之说。
六合之间，相反相成，内外相衡，表里均备。
拳弥六合，退藏于密，护中用中，清虚静泰。
合之与开，合之则一，开之则二，异名同类。
欲知内家，须知开合，开即是合，合即是开。
开中寓合，合中寓开，起承转合，对吞敷盖。
逢开必合，逢合必开，引进落空，合开依皈。
开合有谱，开不忘合，合胤续开，开合连缀。
动静开合，势势相连，连在中定，贯通灵慧。
合中有开，开中有合，合中有合，开中有开。
虽开犹合，虽合犹开，并精出入，随神徘徊。
开而能合，合而能开，人不知我，妙在其微。
内家之妙，妙在能合，神在能开，开合相推。
开合连环，往复循环，始终如一，内家有宰。
开合消长，顺乎太极，顺合则胜，逆违则溃。
开合相乘，有无相生，五行生克，阴阳待对。
对待往来，开则见中，合则发放，一哈远溃。
开合鼓荡，丹田主宰，四两拨千，劲蕴于内。
周身弹簧，开合一定，任尔千斤，轻飘于海。
擎引松放，分清虚实，开合有致，屈伸无碍。
开合有由，见入则开，遇开则合，显隐显微。
开而不开，合而不合，即开即合，即合即开。
欲开先合，欲合先开，周身罔间，劲畅气遂。
开而舒卷，合而拧裹，常山之蛇，呼应首尾。
合求结密，开求婀娜，开合呼应，难能可贵。
开合之能，似开未开，似合未合，森严壁垒。

内家拳者，千变万化，无非开合，内劲臻归。
方为开展，圆为紧凑，生生不已，方圆矩规。
方圆无端，神机满怀，引进落空，粘连黏随。
内外开合，气机鼓荡，劲探意问，人走我追。
开合结合，依恋缱绻，量敌而进，虑胜而会。
开合连络，虚实相含，刚柔有致，动转有位。
动静在心，开合在形，开合鼓荡，劲力澎湃。
动无不动，总此开合，开合失灵，阴阳相违。
虚实开合，即是拳经，因敌变化，折叠进退。
变化也者，吞吐之象，开合之势，内家之髓。
物极谓变，开极合生，合极开生，开合迂回。
屈伸往来，进退存亡，声东击西，左右宣威。
吞吐辟阖，探问刚柔，能刚能柔，能进能退。
刚柔折中，奇正相兼，怀揣开合，披坚执锐。
一合一开，奇正相生，静以待动，坚我壁垒。
开合相连，开合相承，真积力久，入室可窥。
开合一气，忘其有己，舍己从人，贯串之谓。
一气弛张，形归无迹，与道为一，内功指归。
神入炁穴，守中方寸，内开心胸，外开百骸。
开则俱开，合则俱合，此中消息，须寻脊背。
拳势开合，吸蓄为合，呼放为开，丹田总汇。
内外开合，上下相随，虽动犹静，心莫懈怠。
动盘重练，心统一身，运化通达，内外合会。
静盘重修，知顺图返，运为道用，无极而归。
阴阳开合，盈虚消息，寓于心腹，神通智慧。
心与无合，达人天合，天人合一，内家巨擘。
开合之旨，变化自如，知彼知己，百战不殆。

开合变化，把握权衡，恰到好处，丝毫不违。
开展紧凑，莫教断续，欲开还合，影逐形随。
开放之处，不离法度，紧凑之处，照顾气魄。
吞吐卷放，遇而变化，曲成之妙，至玄至微。
开合为妙，神化无穷，一数无数，有为无为。
拳可开者，拳可合者，拳可权者，劲为依赖。
劲气开合，因敌变化，知拍任斗，刚柔融会。
屈伸吞吐，开合贯串，纯任自然，内家精粹。
开则弥合，合则存中，融化和合，大家风规。
能懂开合，便知阴阳，到此地位，内家首魁。

## 九、周旋篇（四言三百八十八句）

周旋也者，周转旋绕，周正旋转，周易缠绵。
周以旋之，旋以周之，攻守周旋，刚柔相兼。
周旋之致，开为之始，合为之归，开合相连。
动之为开，静之为合，动静开合，缱绻留恋。
周绕轮转，流通无滞，心包意融，一气浑元。
内气周旋，外应百变，降龙伏虎，顺修逆练。
揖让周旋，方圆流峙，经纬昭回，极尽化变。
周旋核心，在于心意，神统意领，劲力涌潜。
周身活络，进退得宜，腿可腾飞，手法利便。
而其妙也，欲开先合，颠翻倒插，忽隐忽现。
而其柔也，旋绕环化，缠绵缱绻，万丝一牵。
而其圆也，意珠活转，丹田活滚，环而无间。
而其匀也，天赋圆融，六虚衡均，毋有隆扁。

而其敏也，有触即应，置雀掌中，竟不能飞。
而其捷也，动如脱兔，劲如发矢，迅如闪电。
周旋之妙，内在圆通，外在圆顺，功劲涌潜。
周身太极，浑身是法，随机圆转，缠绕化变。
阴阳和合，五行顺布，浑圆周旋，八卦推演。
太极推演，刚柔相荡，虚实权复，阴阳倒颠。
龙虎周旋，神奇变化，曲曲相通，环环相衔。
周旋变转，化开彼劲，引进落空，四两拔千。
折叠转换，柔缓有素，松紧适度，顺达为宜。
俳徊古今，静心用意，静极默笃，心定神敛。
澄定功夫，浑圆状态，神气合一，光明如鉴。
混沌初开，变化出焉，盘旋随焉，太极推辨。
拳势斯作，周旋而发，深得其深，浅得其浅。
撮心而守，神入炁穴，大默如雷，灵慧顿显。
守中大要，乱环为真，诸法缘中，万般绻缱。
蓄发吞吐，粘绵旋随，内力汹汹，真气绵绵。
人刚我柔，以柔克刚，因敌变化，粘连黏随。
我顺人背，是谓之黏，取制敌力，中正不偏。
敌力失中，是谓人背，得中而顺，自由利便。
拳之贵重，贵在中和，重在周旋，动静无间。
先举谓动，候彼谓静，舍己从人，内家秘笺。
阳动以浑，阴静以成，阴阳浑成，动静行健。
动静开合，收揽吐纳，纵心奔放，活桩锻炼。
当时而动，如龙如虎，出乎尔而，急如闪电。
当时而静，寂然湛然，居其所尔，高垒深堑。
周旋之道，有进有退，退以成进，后以成先。
进退开合，我顺彼背，拘拿引衡，借力引牵。

屈伸开合，屈如伏虎，伸比腾龙，屈伸踪潜。
与敌周旋，拘意莫松，随曲就伸，意气占先。
敌急急应，敌缓缓随，运化应随，黏走相衔。
心司开合，转关灵动，动则化变，化则转辗。
舒卷束伸，吞吐开合，收放擒纵，紧劲连绵。
当放不放，境不舒展，当收不收，境界实填。
开合转摇，曲伸潜踪，神意相照，意气相连。
进退曲伸，顾盼开合，和合周旋，浑然人天。
一身浑噩，万般浑圆，完整一气，万丝一牵。
粘连依人，随转随即，黏随连人，不后不先。
纵横往来，穿梭旋转，俯仰盘旋，翻飞蹁跹。
俯仰有仪，方不中矩，圆不副规，状如珠连。
自在流行，回旋往复，气势洒然，气象万千。
气势迴旋，最忌嚣张，气势内敛，势运长绵。
周旋之微，运动之妙，粘黏连绵，内家宝典。
以心使身，身能从心，引化而走，相随而黏。
不丢不顶，黏走相生，黏即是走，走即是黏。
能黏能走，知阴知阳，融会贯通，折锐摧矜。
缠绵进取，依随退守，缱绻卷舒，旋绕环衔。
劲气周旋，阴阳变通，圆通幻化，地天坤乾。
阴阳二气，开合转换，互相呼应，斡旋于天。
开合往来，行为阴阳，布为五行，始终相联。
一物二通，对待流行，模糊灵活，随机化变。
阴不离阳，阳不离阴，周旋折叠，坚摧阵陷。
临阵应敌，神以知来，知以藏往，不欹不偏。
虚实无定，隐显无常，周旋往复，始终无限。
虚实者计，兵不厌诈，以计胜人，阴阳常变。

神气运动，翻江播海，开合鼓荡，神龙隐现。

应物虚己，寂寞求音，往复始终，神意相御。

周旋不息，活化中和，权物轻重，平准无愆。

彼进我退，彼退我进，不落人后，不占人先。

刚柔相催，谐合一体，折使转用，劲力千变。

牵引转换，制敌挽扳，牵曳圆活，不断相连。

柔弱旋转，环化之资，鼓荡圆撑，劲满不蔫。

柔软迎敌，内蓄刚强，笼环逼化，张如弓弦。

浑然一气，玲珑宛转，圆转如意，轻灵翩翩。

轻灵贯串，长丝连带，一泻千里，汹涌向前。

周易之道，变动不居，周流六虚，屡变屡迁。

正道行修，周旋自得，曲径通幽，通乎神仙。

经纬万端，变化无穷，任心而成，隐微难见。

劲折之旋，分合为变，劲力内蕴，随手万变。

我心如秤，折叠周旋，合乎中庸，平衡自勉。

运筹帷幄，决胜千里，圆活循环，内线外线。

以迂为直，悬权而动，周而旋之，后发至先。

静而利藏，动而利运，千仞转石，所向披靡。

上下无常，刚柔相易，唯变所适，不可为典。

周旋之经，常山之蛇，首尾互应，齐勇如骈。

攻防变化，循环无端，起承转合，势势相连。

天风泠泠，水波涉涉，体物周流，风会流迁。

或立伪形，或张奇势，声东击西，扰惑诈骗。

形圆不败，斗乱不乱，钩环盘纡，不断相连。

变幻无常，靡有端倪，忽然出现，遽而不见。

连珠一圆，依中变化，妙化一身，神动气随。

脉络周通，潜心内转，转折合法，阴柔绵绵。

积阴之下，一阳来复，犹如龙蟠，犹若虎翦。
中有真炁，幽相往来，斡转璇机，如天行健。
活在圆环，妙在圆缠，贵在圆通，变通理念。

## 十、洞微篇（四言二百七十二句）

洞者洞察，洞察机势，洞察变化，洞察微精。
洞者洞达，通乎天道，明达事体，融通至灵。
洞者洞彻，洞彻空透，神灵大定，感应灵敏。
洞者洞明，开启光明，虚明洞达，鉴照如镜。
洞者洞悉，洞悉希微，寻微探秘，修炼黄庭。
微者玄微，自然始祖，万殊大宗，大道精英。
微者微妙，探妙察微，引入堂奥，微妙可心。
微者微明，臻妙至微，神而至明，微妙神明。
微者精微，精细慎微，妙契精微，拳道集灵。
微者微机，微妙贯道，蕴藏玄机，微伏机隐。
内家拳道，唯致广大，洞察精微，能察究竟。
道微而薄，理隐而深，眇昧乎幽，故称微精。
道玄而藏，幽深微妙，绵邈乎远，故称妙境。
玄妙贯道，幽微为宗，幽微深远，只守一敬。
灵辉独耀，隐微幽深，伏于天心，潜藏乾顶。
心寄深微，物我一如，回肠荡气，大通混冥。
微来幽去，生生不已，运行不绝，迁流不停。
虚伫神聚，素处以默，妙机其微，神化无尽。

显微逆从，不见行藏，阴阳莫测，变化俄顷。
变化无穷，经纬万端，达于微妙，抵于无凌。
经论理奥，式法微妙，审幽知微，扶微则隐。
无声曰希，无形曰微，九微幽玄，宫中微精。
呼吸微精，心入精微，不出不入，引动真心。
其动至微，动之在意，其势至幽，静之于心。
练神入微，至柔至灵，精微体现，与道浑冥。
微妙无形，寂寞无听，然后可睹，窈窕淑清。
经诫所言，法义所推，赫赫兴盛，不如微精。
实不如虚，数不如希，盛者必衰，废者必兴。
圣人洞微，怀抱朴质，不敢为先，不见藏行。
玄玄微微，纯是化机，不离太极，得一而清。
悟在心内，会在身中，细致入微，洞悉微隐。
洞明秋毫，明乎心机，明察细致，明辨笃行。
洞察势机，悉于变化，得乎依随，虚实灵应。
虚实灵变，微妙生化，机诈百出，虚实无定。
至虚至灵，隐微难见，幽微极渺，微妙神灵。
寻虚逐微，竞势之奇，争劲之巧，神机通灵。
内家宗旨，曲尽幽微，自心付手，斫鼻运斤。
见微知著，引入堂奥，奥密艰深，分征博行。
反者道动，弱者道用，守弱曰强，见微曰明。
动之至微，引之至长，发之至骤，内家至境。
心触而动，动之入微，感之入妙，用之入精。
微动即化，即化即打，肯綮游刃，合理神明。
微妙通神，相望有倾，深井相对，如照明镜。
蒙者微昧，暗弱之名，察幽知微，和光修行。
内家拳权，甚微而易，甚幽而深，玄妙神灵。

天地幽微，　玄妙之至，　宏观微观，　广尽微精。
入宏入微，　取法物理，　直透本元，　神得炼凝。
心机入妙，　变易隐微，　莫测端倪，　恍惚杳冥。
具体而微，　柔而不萎，　刚而不僵，　自然坚挺。
知柔知刚，　知微知彰，　微妙领会，　理清路明。
洞悉细微，　为大于微，　防微杜渐，　终成神明。
洞见精微，　练形之精，　炼神入微，　化解质阴。
入微入纯，　探入精微，　虚静之道，　希微之境。
希微之机，　内劲发微，　招熟懂劲，　阶及神明。
微妙神明，　微乎无形，　神乎无踪，　捕风捉影。
机微要妙，　临时从宜，　任心而成，　无迹无形。
踪迹杳无，　微密难窥，　神速难应，　制敌性命。
良法微意，　微末一技，　精微巧妙，　为敌司令。
折叠司令，　微但拳法，　天成之妙，　微几在心。
论武于心，　隐微于理，　乃武乃文，　精诚至敬。
敬止于仁，　视远而明，　知微而明，　明达诚信。
慧炬通明，　无微不至，　普迪无私，　正大光明。
洞明幽微，　与道相和，　了知奥微，　妙契微精。
精微慎细，　悟彻玄妙，　微明通达，　功臻纯精。
至微至妙，　莫若化工，　神机妙化，　变化神灵。
穷微测妙，　迹在尘埌，　志出云霄，　穷理尽心。
游心舒卷，　曲伸玄微，　投刃解牛，　真意化境。
幽渺微茫，　达道知化，　微义大矣，　内家魂灵。

# 第十一章　太极拳推手经典拳论的校注诠释

## 一、王宗岳《太极拳论》校注诠释

**1.［正文］太极者，无极而生，阴阳之母也。**

**［校注］**

（1）本篇全文采自陈微明《太极拳术》。

（2）许龗厚即许禹生《太极拳势图解》，陈炎林《太极拳刀剑杆散手合编》篇题《太极拳经》。改论为经，实非笔误，乃推崇之意。

（3）［许本］［炎本］于“无极而生”后，增“动静之机”四字。正如沈子所言：“细审周敦颐（1017—1073年）《太极图说》‘阴阳一太极也，太极本无极也’，与太极拳论‘太极者，无极而生，阴阳之母也’两相对照，词虽各异，义无不同，后者显然是根据前者文字加以翻新的，也由此可以推断，‘动静之机’确系后人所加。因较早见于‘许本’，故疑为许禹生所加。而该四字系根据宋代理学派创始人周敦颐《太极图说》‘无极而太极，太极动而生阳，静而生阴。静极复动，一动一静，互为其根；分阴分阳，两仪立焉’句的意思而增益的，与原意倒也无甚不合。”

［诠释］

太极之一名，自为中国哲学的最高概念，然而太和、太一、太素、太初、太始，也皆为太极。其名首见于《易•系辞上》“易有太极，是生两仪，两仪生四象，四象生八卦”句（有个别学者认为《系辞》晚于《庄子》，“太极”一词首见于道家典籍《庄子•大宗师》：“道……在太极之先而不为高，在六极之下而不为深。”句。此论颇有争议，所以仍遵多数学者和拳家之论）。

“易有太极”，易何以有太极，太极究为何也？

这是因为《易》学理论涵括了“太极”。老子曰：“人法地，地法天，天法道，道法自然。”太公《阴符经》曰：“自然之道静，故天地万物生。”由此推见，道法自然，则自然的道静；自然的道静，则天地万物生；运行化育，生生不息。所以，静者生生之本也。《易》曰：“生生之谓易。”前之生者，生之本；后之生者，本之生。此本即为太极，故曰，易有太极。

太极者也，太之极也。太极者，不可极而极之谓。法演先天，化生于一，一气斯析，真宰自判，交映罗列，万灵肃护，阴阳判分，是谓太极。古哲名以太极，本含深义。太者大也，高也，无上之称，无上之先则始也；极者最也，尽也，无下之谓，无下之后则终也。故太极者，即始终也。又太者，大也，空也；极者，无也，虚也，虚无之指，故太极者因其无可名状，而又名称太虚。而虚无者仍即终始之义。太极者，太以虚，虚以空，空以无，无以静，静生动，动则化，化则极，极则变，变则复，复则静，静归无，无返空，空不虚，还其本来面目，宇宙万物皆循此绝对终始之大道。

老子曰："道生一，一生二，二生三，三生万物。"道生一，即道者一也，一者，浑然一气也。老子又曰："有物混成先天地生……吾不知其名，字之曰道。"即是说，天地万物没有形成之前，宇宙太虚只存在浑然一气，天地万物由这浑然一气所化育产生，其为天地始，为万物母。但这浑然一气。变幻莫测，很难用语言文字来表达，遂强名之曰"道"。

而《易经恒解》等解太极系浑然粹然，一气氤氲，象其混沌之初，有物而无形，有情而无名，无称之称，不可得而强名之者。

唐代孔颖达作《正义》等，认为太极本无所指，盖虚无之代辞。其曰："太极为天地未分之前，元气混而为一，即是太初，太一也。"宋代杨万里说："元气混沦，阴阳未分，是为太极，盖太极者，一气之太初也，极之为言至也。"

戴东原《诸言》解太极，以为太乃无上之称，极有会归之义，故太极者，始生藏归之谓。

宋代李觏说："唯初太极，道立于一，造分天地，化为万物。"可见"太极"即"道"，"道"即"太极"，"太极"与"道"同一。

"无极而生"之"无"源于老子"有生于无"。本论"无"拟作元始的"元""宇宙""无形象""无穷量""万物"解。如老子的"无名，天地之始""先天地万物而存在谓之无"。无极者也，无之极也。原始混沌也，无形无象，无虚无实，无生无灭，无起无复，无动无静，无刚无柔，无顺无逆，无高无下，无左无右，无大无小，无多无少，无轻无重，无长无短，无始无终，无方无位，无计时间，无为空间，无所谓空，亦无所谓无，无相对待，无相绝对，无以为言，无可为象，无为之指，故名无极。无极乃宇宙之本，无地之始，万物之源。

无极无空之象，“犹白纸之闲置，未始欲为也”无久必生有，无极而后生化太极，即无极气满相激，派生太极。所以邵子雍说：“是以开物为先天，成物者为后天，无极而太极者先天，太极而阴阳者后天。”无极因其无形无象而形象合同、无动无静而动静浑然、无刚无柔而刚柔既济、无虚无实而虚实渗透、无顺无逆而天道自然、无阴无阳而阴阳合德、无始无终而往复循环，规物理而成终始。终者始之终，始者终之始，则始终如一。“一”者，太极也，道也，规化育而成循环之道，所以说“太极者，无极而生”。但“无极而生”句，显然是源于周敦颐《太极图说》中所说的“无极而太极”“太极本无极”等语，其愿意是从“无极”化生“太极”，而非太极之前另有“无极”，所以虽有“无极者太极之先”的说法，也仅仅是“无极而太极”孕育化生，资始资生的关系，即“太极本无极”“无极即太极”。

“阴阳之母也”的“母”源于《老子·五十二章》中“天下有始，以天下母。既得其母，以知其子；既得其子，复得其母”。王弼注本为：天下有始，以为天下母。既知其子，复守其母。“母”在此作本体解。

老子说“道生一，一生二，二生三，三生万物”的“道生一”，即道者一也；一者，混沌一气，浑然一气也，初始未分，即为太极。浑然一气运动而分阴阳二气，抱阴负阳，一奇仪阳，二偶仪阴，谓一生二也，阴阳二气相交合，便产生新的物体，此即二生三也，新物体又包含阴阳两个方面，复交合，又产生新的物体，天地万物就这样产生了，此为三生万物。所以阴阳为万物之父母，亦即太极为万物之父母。太主始生，极主藏归，太上以启下，极尽而生有，故太极者也，始生藏归，终始相生之谓，开两仪，化阴阳，肇生万物，为阴阳之母体，故曰“太极为阴阳之母”也，也为万物之母也，即“太极是阴阳不可分割的共同体”。

太极而阴阳，绝对的相对，阴阳而太极，相对的绝对。明乎绝对相对的常变，则太极对待之旨，自可了然，而其中精蕴，也大得其半矣。

**2.［正文］动之则分，静之则合。**

［**校注**］

诸本均同。

［**诠释**］

动者，运动也，变易也。静者，动之静也，势也，亦动也，非然无动而静也。太极乃动静之契机，阴阳之母体，蕴动静于其内，含阴阳于其中，动静开合是太极拳运动的基础。动有机而静有势，太极拳动时存静势，静时寓动机，动静互为其根，以动而成机，以静而成势，机中有势，势中成机，机势难分，此太极之妙也。

“稽太极修为的动与静，本是因果显象而生分别的相对概念”。动与静，原本一体，一体而二用。阳动以浑，阴静以成，静极致动，动极致静，其静如动，其动如静，动静浑成，故无谓动静。动静相应、相须、交互、均衡、合一、浑然，则太极之象成矣。

太极拳运动静与动两个方面，静为势为本，在相对的静止状态中，“静止是运动的特殊形式”，是“动之复归”，即所谓“动中静是谓真静”。而动则为态为用，在相对运动的状态中，动是静止的萌化，即所谓“静中动是谓真动”。静动势态是不可分割的，静动体用是合一的，静中以求得动的机变之态，即无极态；动中以求得静的随应之势，即太极势。动中处静，静中寓动，相连不断，循环不息。正如《太极拳释义》曰：“夫动静无端，阴阳无始，太极者，其枢纽机关而已。太极拳当行功时，中心泰然，抱元守一，未尝不静，及其静也，神明不测，有触即发，未尝无动。于动时存静意，于静中寓动机，一动一静，互为其根。合乎自然，此太极拳之所以妙也。”《武当赵堡太极小架》曰：“太极拳内功至深至广，然观其各功理归一道，无非由浅入深之分解，一动一静分解而已。”我们既要认识到动静转化的必然性，又要主动地掌握和利用这种转化的规律。静动势态是互为因果的，我们常说“动中处静”，就是说动是因、静是果，动是手段、静是目的，即是“动中静以守本”。又说“静中求动”，则静是因、动是果，静是手段、动是目的，即是“静中动而致用”。我们既需知晓“牵一发而动全身”，更须把握“静一心而镇全局”。太极拳的动静观即运动观，就是互为因果的辩证法。

重阳子曰：“大道之原，而功先于虚静，虚则无所不容，静则无所不应。”所以太极拳“不根于虚静者，即是旁门左道”。太极拳的修为，以虚静为本，要求身心内外宁静虚无，静定久之自然功劲中和，内则一心，外则一身，动静在心，分合在形。分者，生也，辟也；合者，聚也，会也。船山先生王夫之《思问录内篇》曰：“太极动而生阳，动之动也；静而生阴，动之静也。非然无动而静，阴何从生哉！一动一静，合辟之谓也。由合而辟，由辟而合，皆动也。”动之则分，分阴分阳，两仪立焉，静之则合，合太极矣，动静浑然，冲漠无朕，分合变化，无不自如，阴阳之理，悉在其中，由此可见“动静”二字已构成了太极拳的总体，动静合练，外练内养，动静因应，动静合一，身心兼修，此太极所以珍贵也。

以“松静为体，柔圆为用的太极拳，虽以静为本，以静为体，然而其立足点却在于动，以动为用，使太极拳修炼者在松、静、稳、匀、缓、合、连，不用后天拙力的太极动式中，逐渐感知动律中的静力，复从静力之中而觉知内劲，再由劲路而得悟内运的气脉”。从而由外动有为而阶及内动无为的神明境界。

太极拳以静为体，以动为用，以静为旨，以静为贵。功夫既深，心地明澈，泰然自适，不特杂念无由而生，即自己的躯壳也可置之度外，而臻于物我俱忘之境。此境界正如《授秘歌》歌咏：“无形无象（忘其有己），全体透空（内外如一）。应物自然（随心所欲），西山悬磬（海阔天空）。虎吼猿鸣（锻炼阴精），水清河静（心死神活）。翻江播海（气血流动），尽性立命（神气充足）。”静则浑然一气，潜如无极，静如山岳。静极生动，真气磅礴，气势如虹，动若江河，此即所谓“静生光茫，动则飞腾”。刚柔动静之间、分合得失之际纯在斯也，太极修炼者若能悟得动静开（分）合之理，静动相须之道，自必事半功倍，早得功境觉受。

**3.［正文］无过不及，随屈就伸。**

**［校注］**

［李本］（李亦畲手抄本《廉让堂本太极拳谱》），［许本］（许禹生著《太极拳势图解》，1921年北京京城印书局出版），［如本］（郝少如著《武氏太极拳》1963年人民体育出版社出版），［顾本］（唐豪与顾留馨著《太极拳研究》1964年人民体育出版社出版），以及杨家藏古手抄本及［万本］（工楷手抄本，因其所用十行纸印有“万县兴隆街裕兴昌印”9个字，故简称［万本］）等，“屈”均作“曲”音义无不同。

**［诠释］**

“无过不及”一语源于孔子“过犹不及”“中立而不倚”。清康熙帝在《御纂朱子全书•序》中，衍化其意，用“不偏不倚，无过不及”二语来阐述“中庸名篇之义”。王宗岳引入《拳论》作为拳论的要义，其意思是“过头，不够都不可取，同样不得其正”。

过者，超过、过分、逾越也；不及，不到、未至也。随者，循、顺、从也，舍己从人也，应随顺势而无逆也；就者，即便、即之也。

拳的贵重，全在中和。赵安洲老师曾为笔者著作题词“禅师（指杨露禅先师）精髓，尽在其中”，一言双关，其中之义即指中和。中和者，屈伸开合，神意相照，心肾相交，身体中定，手步规矩，劲气和顺，上下相随，“外不乖于形式，内不悖于神气”，“诚于内，形于外”，中以正其内，和以应其外。过与不及，皆为失中，失中则阳亢阴睽，精神不能团聚，内外不能如一。太极拳其屈伸开合，过劲为满而不圆则凸，病在顶抗；不及为圆而不满则凹，患在瘪丢。顶抗则生断续，瘪丢则失依随，皆失粘连黏随之意。欲求不顶不丢，不即不离，阴不离阳，阳不离阴，环而无间，浑然无迹；则应随之而屈，就之而伸，屈伸有势，伸可成屈，住亦能行，屈如伏虎，伸比腾龙，行止无迹，屈伸潜踪，随机应变，屈伸相继，毋过毋不及，即李亦畬《五字诀》所谓："息心体认，随人所动，随曲就伸，不丢不顶，勿自伸缩。"如敌来攻，我依顺引化而屈，屈者，弯曲、合、收也，其小无内，谓之"随曲"；如敌来攻不逞欲退，我随势拿发为伸，伸者，抻直、展开、放也，其大无外，谓之"随伸"。此谓"劲以曲蓄，直以发放"，即曲中求直。曲（屈）是规律，伸是变化，合乎规律，通晓变化，是太极拳法的精义。不能随屈谓之顶抗，不能就伸谓之瘪丢（或丢离）。谨记顶抗瘪丢四病而去之，功到不即不离，粘连黏随，依归中和，太极才能屈伸开合，随手凑巧，得其环中，以应无穷，此即所谓："只要功夫能无间，太极随处见圆光。""发气运身，务令顺遂，乃能便利从心，屈伸开合听自由。"

**4.［正文］人刚我柔谓之走，我顺人背谓之黏。**

［**校注**］

（1）［图本］（吴图南著《太极拳》，1931年上海商务印书馆出版）"背"作"逆"。

（2）"黏"［万本］［许本］均作"粘"，为当时俗写简体字，与今之简化字一致，音义一致。

［诠释］

人者，敌也、彼也，《周易说卦》称："立天之道，曰阴曰阳；立地之道，曰柔曰刚；立人之道，曰仁曰义。"刚者，疆志以不屈不挠、刚强也。柔者，刚之相对也，顺、和也，取周行贯穿圆转而绵延也。"气有强弱，势有刚柔。气强者取乎势之刚，气弱者取乎势之柔。刚者以千钧之力而扼百钧，柔者以百钧之力而破千钧。尚力尚巧，刚柔之所以分也。然刚柔既分，而发用亦自有别。四肢发动，气行诸外而内持静重，刚势也；气屯于内而外现轻和，柔势也"。太极拳刚柔的性质，主要反映在气势劲力上。拳的运动，唯刚与柔，气聚则刚，气散则柔。"太极之武事，外操柔软，内含坚刚，而求柔软，柔软之于外，久而久之，自得内之坚刚。非有心之坚刚，实有心之柔软也。所难者，内要含蓄坚刚而不施，外终柔软而迎敌，以柔软而应坚刚，使坚刚尽化无有矣"！此即谓"极柔软然后极坚刚"的刚柔的辩证和运使。

走者，柔化、走避也，走避敌锋，以化解敌力。"走"不可"过"，"过"则"丢"。黏者，黏贴、黏逼也。"黏"不可"不及"，"不及"则"离"。人施以刚直之劲，唯顺应其势，柔以承之。柔化象征着生机，为运化功力之基。劲之柔者，随形而体，随神而应，随机而变，随势而化，改变敌的方向，使之落空，而不能直落我身。既已走化，彼之力失其中，陷被动而至背势，我之势得其中，得主动而至顺势，人背我顺，以顺黏背，敌进我退，敌退我进，丢之不开，投之不脱，如胶着物，是为黏。能黏能走，黏即是走，走即是黏，黏走相生，走黏相乘，则应化无穷矣，此即所谓“超于象外，得其圜中”，则彼虽有力而不得力矣。

**5.［正文］动急则急应，动缓则缓随。虽变化万端，而理唯一贯。**

**［校注］**

（1）［万本］［许本］［澄本］（杨澄甫著《太极拳使用法》，1931年文光印务馆出版）［炎本］［图本］“理唯一贯”作“理为一贯”。［微本］作“唯性一贯”。

［姚本］（姚馥春、姜容樵合编《太极拳讲义》，1930年上海武学书局出版）作“理与性唯一贯”。杨氏家藏古抄本作“而理性一以贯之”。

（2）［图本］“急应”后有“谓之连”，“缓随”后有“谓之随”。

**［诠释］**

“一贯”一词始见于《论语•里仁第四》“吾道一以贯之”和《论语•卫灵公第十五》“予一以贯之”。

敌急我以急应，敌缓我以缓随，以敌之缓急为缓急，不自作主张，自为缓急，自能舍己从人，粘连黏随，以资运化应随。然而欲求运化得当，应随相宜，须先察敌之机势。“机者，朕兆、动机，动而未形有无之间也；势者，趋向，静势，静而已形无有之际也”。机微而势幽，若非松灵而功深，难以察之把握。故须天君泰然，缓急在心；全体松净而沉着，安逸在形。才能百体灵动，处处合拍，因应咸宜。

敌我相交争锋，兔起鹘落，劲之刚柔、急缓、方向、大小、虚实、类别瞬息万变，故为“万端”。而我的应对之理则一，即“粘连黏随”舍己从人之理也。以不变之理，以应敌之万变，一以贯之，故谓“理唯一贯”。正如古人所云：“法有万端，理存于一。”

**6.［正文］由着熟而渐悟懂劲，由懂劲而阶及神明。然非用力之久，不能豁然贯通焉。**

［**校注**］

（1）［如本］（郝少如编著《武式太极拳》，1963年人民体育出版社出版）“着”作“著”，音义无不同。“着”zhāo“招”也，着法即招法。

（2）《太极拳真诠》“渐悟懂劲”作“渐至懂劲”。杨氏家藏古抄本无“由懂劲”三字。

（3）［炎本］“用力之久”作“功力之久”。

（4）［杨本］（杨澄甫著《太极拳体用全书》，1934年上海大东书局出版）“不能豁然”作“不与豁然”。

［**诠释**］

“神明”一词见《淮南子•兵略》：“见人所不见谓之明，知人所不知谓之神；神明者，先胜者也。”“豁然贯通”一词源于宋代朱熹《大学章句》右传之五章言：“至于用力之久，而一旦豁然贯通焉，则众物之表里精粗无不到，而吾心之全体大用无明矣。”抑或出于清康熙帝《御纂朱子全书•序》：“而一旦豁然贯通之为要。”

盘架、推手、大捋、散手久练不懈，自然纯熟而劲不落空，是谓“着熟”。以招法及攻防变化为主，熟练了才能有劲的体悟，逐渐了解掌握太极拳运动的规律，谓之“懂劲”。正如《太极拳论》曰：“阴不离阳，阳不离阴，阴阳相济，方为懂劲。”《李卫公问对》曰：“孙子千章万句，无外乎致人不致于人。”就太极而言，就是李亦畬所说的“先以心使身，从人不由己；后身能从心，由己仍是从人”。做到无劲非招，无招非劲，无劲非意，无意非劲，劲即是气，气即是劲，人不知我，我独知人，主动权始终控制在已手，这种主动权的掌握就是“懂劲”。“劲之义有五，曰粘、曰连、曰黏、曰随、曰不丢顶。粘者，提上拔高也；连者，贯也，不中断也；黏者，贴也，逼也，彼进我退，而彼退我进也；随者，从也，舍己从人也；不丢顶者，言不丢，不顶，不脱离，不抵抗，不抢先，不落后，如粘，如黏，而丢之不开，投之不脱也”。此劲之义，动静刚柔，变幻无定，奇正虚实，我不自己，能黏能走，知阴知阳，应付裕如，是谓“懂劲”。

懂劲由劲的体用中得来，体与用，相辅相成，不能执一而偏。着熟、懂劲、神明为太极功夫的三个阶段，欲速不达，故需“阶及”。“阶”即台阶，阶梯之义，意即“一个台阶，一个台阶地登上”，是谓“阶及”。太极拳的体用有“走架为知己功夫，为体，是基础；推手为知人功夫，为用，是应用”的说法。正如沈子所说：“这虽是借用《孙子兵法》‘知彼知己，百战不殆’这句名言来说明走架与推手的关系，但这样解释终究是比较牵强的。虽然只练走架是无法‘知人’的，但‘知己’的功夫也一定有限的；而推手虽能‘知人’，却也包含了‘知己’的功夫。然而要达到王宗岳《太极拳论》所说的‘人不知我，我独知人’的造诣，走架和推手两者的勤苦练习是绝不可少的‘两条腿’。”两者有机结合，始为完璧。

“由着熟而渐悟懂劲，由懂劲而阶及神明”说明懂劲有水平之分，层次之别。“懂劲后越练越精”，才能明阴阳、虚实、动静、刚柔、太极之拳权、太极之本然；才能主宰，才能由炉火纯青而达刚柔既济，虚实渗透，动静浑然，随心所欲，随机应变的化境。这种境界正如戚继光《拳经·捷要篇》所述：“遇敌制胜，变化无穷，微妙莫测，窈焉冥焉，人不得而窥者。”“浑然无迹，妙手空空，若有鬼神，助我虚灵。”太极至此境界，则其运动之功，既与圣人同体，又与天地同德，此即为“豁然贯通”的“神明”境界。“豁然”者，开通敞亮的样子，明白之谓；“贯通”者，融会贯通之谓。“由无所知而达无所不知，再由无所不知由臻无所知，能返其本，乃谓真知。即谓豁然贯通矣”。功夫无涯，艺无止境，此豁然贯通，登峰造极的神明境界，非持之以恒，勤学苦练而不能得，即所谓“非用力之久，不能豁然贯通焉”，真是“得来不觉费功夫”。

**7.［正文］虚领顶劲，气沉丹田，不偏不倚，忽隐忽现。**

**［校注］**

（1）［曾本］（曾昭然著《太极拳全书》1960年香港友联出版有限公司出版）“虚领”作“虚灵”。按虚灵，别本作“虚领”殊不可解，“顶劲”别本作“定静”，则饶有意义。

（2）《太极拳真诠》“不倚”作“不欹”，倚通欹。［图本］后二句作“中立不依，乍隐乍显”。

（3）杨氏家藏抄本“忽隐忽现”作“忽随忽现”。

［诠释］

虚者，虚灵不昧，反乎其实也。顶者头顶也，也曰囟门也，道家称为上丹田、泥丸宫，素呼天门、天庭、昆仑，为“至高清虚之地”。易曰：“行其庭，不见其人。”“庭”即天庭；“不见其人”即虚也；“行”即神气流行也。所谓虚领顶劲，即“提顶”或“顶头悬”。太极拳是“四平拳”，即“心平、眼平、顶平、肩平”，心平则气正，眼平则意正，顶平则头正，肩平则身正。顶劲的要求就是通过“心、眼、顶、肩”的顺序，在其四平身桩端正的基础上，头顶百会穴虚虚领起，勿忘勿助，若有若无，则虚灵之气自然上升，如临虚空而神贯于顶，“尾闾中正神贯顶，满身轻利顶头悬”即此意也。《十六关要论》曰：“灵机于顶，神通于背。”俗话说“灵机一动，心血来潮”。可见灵机即神，系精气所化，为心之官能，发于头顶。百会朝天，天门洞开，此方寸至高清虚之地之虚领，可提挈全身，升发一身阳气，达到炼气化神的成功。正如陈鑫所说：“周身精神全系于顶，故顶劲起来，是在似有似无之机。自可免除太极拳板滞之病，而带来一片灵动，一派生机。”正如诗之歌咏：“一片灵机写太和，全凭方寸变来多，有心运到无心处，秋水澄清出太和。”

“丹田”一词，源于道家，现已作为太极拳学、气功学中的基本术语。丹田是培养精气、调理精气神之处，是精气神三妙品凝聚伏结成丹之所。

丹田的形态学定位，诸家说法不一。晋代葛洪在《抱朴子内篇•地真》里提出丹田有上中下之分，眉间为上丹田，心下为中丹田，脐下为下丹田。后代根据精气神修炼谁为主导，其具体定位更见纷纭。如两眉间印堂、祖窍穴及头顶百会为上丹田。也有指脑中泥丸内，鼻准至额颅间为上丹田，称其为“乾顶”“天谷”“内院”“玄关”，为炼神还虚之舍。两乳之间膻中穴为中丹田，也有指膻中至脐间为中丹田，为练气化神之舍。脐神厥穴，脐下1.5寸（同身寸）气海穴，脐下3寸关元穴，甚至中极穴、会阴穴均曾被认为下丹田，也有指脐下少腹、会阴之间为下丹田，为炼精化气之舍。此外尚有前丹田、后丹田、顶丹田、底丹田之说。脐下关元穴内部及其周围为前丹田，系炼精化气，后天精气归藏之处。腰间命门之域为后丹田，系先天精气寓寄之处。头顶百会之域为顶丹田，系炼神还虚及人气天气相交之处。海底会阴之域为底丹田，系真气生化及人气地气相接之处。

而太极拳学通常的见解，多以关元穴内部及其周围为丹田。如顾留馨说：“丹田即是腹部。”此亦为前丹田，而腰间命门穴为后丹田。明代医家张景岳说：“命门居二肾之中，即人身之太极，以生两仪，而水火具焉，消长系焉。”又说：“肾两者，坎外之偶也，命门一者，坎中之奇也。一以统两，两以包一，是命门总主两肾，两肾皆属于命门，故命门者，水火之府，阴阳之宅，为动气所居。”而虞搏著《医学正传》说：“命门一穴，在脊中第十四椎下陷中，两肾之间。夫两肾固为真元之根本，性命之所关，虽为水藏而实为相火寓乎其中，愚意当以两肾总号命门。”此皆太极拳论“命意源头在腰际”“刻刻留心在腰间”的依据。孟乃昌先生说：“太极拳以阴阳为用，以圆为体，以腰为轴，命（门）之在腰，寓寄全身重心，亦寓寄肾间动气。内外相合，表里均备。其劲源动于腰，其真气亦由腰肾而发。故腰间命门穴为后丹田。”向恺然说：“太极求丹田在两腰之间，绝无疑义。”

宋书铭传钞太极拳谱《三十七心会论》曰：“腰脊为第一主宰……丹田为第一宾辅……”即是说后丹田（命门穴周围）为第一主宰，而前丹田（关元穴周围）为第一宾辅。这是太极拳作为武术的特点所决定的，是用劲时自然形成的，也完全符合太极拳的健身原理。太极拳论说“命意源头在腰隙（际）”“刻刻留心在腰间”“主宰于腰，形于手指”“力于脊发”“气敛入脊骨”等，都说明腰脊为太极拳精气的源泉，是劲力的发动之处，也是气运行的始发点，当然也就是以心行气、以气运身、意气相换的起点。而太极拳是以老子“虚其心，实其腹”为炼养原则的，欲“虚心”即须“束肋”涵胸（含胸拔背），求“实腹”则须气沉丹田。气沉丹田是指意注（而非意守）小腹关元穴周围内部的（下）丹田（丹田如陈鑫所说“如兵马屯处”“全体之气归宿处”。现代《人体生物运动力学》认为此为人体重心所在）。以心行气，务令沉着，使小腹有充实感。其模式如陈鑫所注：“百会穴领其全身，要使清气上升，浊气下降。清气如何上升，非平心静气不可，浊气必下降至足。一势即完，上体清气皆归丹田。盖心气一下，则全体之气无不俱下。”又说：“至于中气归丹田之说，不必执泥，但使气降于脐下小腹而已。若细研之，丹田非气之源，何以独以归此？此不过略言大意而已。若究其原，周身元气皆出于肾，肾水足则气自壮。”

然而太极拳的所谓“气沉丹田”，仅是采用腹式呼吸而使气能下行、虚胸实腹、稳固下盘的自然现象，是意注而绝非“意守丹田”。这是因为流注则活，固守则死。

同时必须指出，“气沉丹田”也非腹部的局部要求，而是全体整体要求的境界。一呼而气沉丹田，一吸而气敛入脊骨，以气运身，务令顺遂。绝不可格外用力，勉强使呼吸与拳势配合以致憋气而造成偏差。沈子说：“气沉丹田主要是腹式呼吸横膈肌运动的作用……在放劲时，有助于稳定重心，增强两脚力量，下盘稳固，利用地面反作用力，加大爆发力，使发劲沉着松静。”其含义是完全一致的。须知腹腔为肝脏肠胃之舍，非盛气之所，以拼命下腹充实大肚子为能，以为此即丹田气，则大谬也。顾留馨老师指出：“练太极拳如果始终气沉丹田，必然是功夫越深，肚子越大，到老年时便会感到行动不便，容易气喘的现象，因之锻炼方法上，一呼一吸时腹部的时松时紧，今天应该提出来作为纠偏的一种方法。”顾氏又指出：“不论练拳或推手，当气沉丹田以意运劲略一贯于脚跟之一瞬间，决不可下蹲作势，否则会形成缺陷、凹凸、断续之病，气势一有断续，便形成两股劲，不是一股劲，便不是气势鼓荡，一气贯通。”太极拳本意为浑圆，以圆为体，以阴阳为用，太极诸劲，非圆满不灵，能圆满则活。圆而不满则凹，满而不圆则凸，皆非真圆，即非圆满，不圆满则不能自始至终一气贯通，不能一气贯通，则于太和元气终难问津。这是“气沉丹田”时所应该注意的一些问题。

偏者，偏颇歪斜失中之谓也；倚者，依托倚赖失正之谓也。偏倚是叠词，偏、倚同义。太极拳所谓的“不偏不倚”，是指太极拳“身必以端正为本，以周身自然为妙”“立身须中正安舒”。中正者，身桩端正，虚灵内合，无所偏倚，无过不及，神自然得中之谓。安舒者，百骸自然安适，不紧张用力者是也。如此才可以应上下前后左右的应用，而不惧他人推倒。故太极拳视“立身中正，不偏不倚”为身法的第一要素。正如《太极拳推原解》所说：“拳者，权也，所以权物而知其轻重者也。”行拳走架、推手都是以锻炼保持自己、破坏对手的平衡为依归，立身中正，无所偏倚，方能支撑八面，静如山岳，动若江河。而欲不偏不倚，行拳走架须上以神领，虚领顶劲；下以气沉，尾闾敛垂。虚领顶劲为上，能虚领则顶头悬，神贯顶而维系于天；尾闾敛垂为下，能敛垂则尾舵稳，气注海底而联接于地。头顶与尾椎（骶）骨互逆相撑，伸展贯注，则上下一气有如冲天接地之意。通天准直，以竖其线路；纲举目张，而提挈全身。如此上下一条线，中正安舒，不偏不倚，脊通三关，自然得路也。

隐者，隐伏也；现者，显露也。所谓“忽隐忽现”者，虚实无定，变化无穷，神明莫测是也。太极拳纯以神行，不尚力气，全身意思，皆用精神。其全部意义皆以虚灵为本，以心为全体主宰，神为主帅，身为驱使。此即所谓“形为象，神为魂，意自形生，形随意转”。精神提得起，心境虚静专致，神态安逸明清，内则自然空灵清虚，明性立见，智慧顿开，经络气血通畅，精神和合，“诚于中而形于外”，在精神的启迪下，外则自然中正庄巍，百体无滞，通体松和圆融，动作轻捷，感觉灵敏，劲力通透，周转得当，自无冥顽不化，滞涩迟重之虞，此即所谓“尾闾中正神贯顶，满身轻利顶头悬”及“腹心松净气腾然”。前之所指为身体姿势的“不偏不倚”（前已有所释），后之所指为由呼吸的“气沉丹田”，而致神气运劲的“忽隐忽现”。气能沉丹田则腹心松净，而后气能腾然；气能腾然则鼓荡，而后意气换得灵。呼放而气沉丹田，吸蓄而气贴脊骨，翻江播海，开合鼓荡，此谓“拿住丹田练内功”。丹田动则无有不动，丹田静则无有不静，内动导外动，外动合内动，内气潜转，劲由内换，载沉载浮，轻灵贯串，圆浑通透，灵活变幻，忽隐忽现，自尔腾虚，神明莫测，而令人不可捉摸。如此太极拳的行功才可虚灵不昧，清明在躬，屈伸开合自由，转关自然灵动，虚实转换，无不如意。而符合“轻则伶（灵），伶则动，动则变，变则化”的太极拳约言。

**8.［正文］左重则左虚，右重则右杳。**

［**校注**］

［姚本］作“左实则左虚，右重则右轻”。

［图本］作“左重则左必轻，右重则右必轻”。

［**诠释**］

此处之“重”者，指“实”也，虚实之实。非填实之谓重也。

实者充也。唯实至虚生；实者真也，返归浑朴，培固本元；实者有也，有者始也，始极而终，终始随也；实者动也，动而生机，神活机变，分阴阳也。

虚者空也，唯空始能容，唯虚始能生实；虚者伪也，伪能隐藏，虚笼诈诱，机关转矣；虚者无也，无者终也，终而含始，往复始终；虚者静也，虚极静笃，返璞归真，合太极也。

杳者，无影无踪，无声无息。虚之与杳，皆虚无之义，虚无飘渺，变幻无穷，神化莫测，难以捉摸之谓。

虚实者，变化的消息，转换的机枢，谋略的法则，胜负的拳权，太极的本然。王宗岳《十三势歌》曰：“变转虚实须留意。”杨澄甫说：“太极拳以分虚实为第一义。”陈鑫说：“开合虚实，即为拳经。”董英杰在《太极拳释义》中说：“全部太极拳之精华奥妙，尽在虚实二字之运用。”《牛连元转授之杨氏九诀•虚实诀》歌曰：“练拳不谙虚实理，枉费功夫终无成。”又拳谚云：“虚实刚柔之谓拳。”

由此可见虚实范畴的体现，就是太极拳经拳术的基本点。虚实即阴阳变化，有变化才能生技巧，有技巧才可言拳术，倘虚实不分，则成孤阴独阳，无生长变化可言，更无能变技巧之术。所以某种意义上说，不谙虚实，即不明阴阳，即不懂动静，即不明刚柔，即不懂劲，就等于不懂太极拳。

因太极拳招招势势皆循圆运动，故动静不同时，阴阳常变换，虚实无定位，阳即是阴，阴即是阳；实即是虚，虚即是实；虚中有实，实中有虚；阴阳相贯，虚实相涵，如环无端，此即所谓“无处不太极，无处不虚实”。其人身之小天地呈上下、前后、左右、横竖立体空间的虚实，形神、姿势、动作、用意、呼吸、运劲都有虚实。从某种意义上说，太极拳运动就是虚实运动。在拳中的反映就是动者为阳为实，静者为阴为虚；出手为阳为实，收手为阴为虚；进步为阳为实，退步为阴为虚；刚劲为阳为实，蓄劲为阴为虚；黏劲为阳为实，走劲为阴为虚；手脚关节的伸为阳为实，屈为阴为虚，开为阳为实，合为阴为虚；呼为阳为实，吸为阴为虚；身躯的仰为阳为实，俯为阴为虚；升为阳为实，降为阴为虚。凡此种种，可以类推。而参与运动的人体，掌腕肘和肩，背腰胯膝脚，五脏六腑九窍三百六十节，究之周身，无一处不分虚实，虚中、实中仍可再分虚实。功夫越深，能分虚实的部位越多，能分的虚实越细，无穷无尽，此即拳论所谓："一处有一处虚实，处处总此一虚实。"

太极拳学是一门偏于实践性的学科，阴阳虚实分明的境界，是功夫修炼阶及一定阶段的必然产物，非笔墨所能尽言。正如董英杰《太极拳释义》中所言："练拳与对敌，总不离一虚一实。虚能实，实又能虚，人不知我，妙在其中矣。全部太极拳之精华奥妙，尽在虚实二字之运用。马步有虚实，肩肘掌指有虚实，身形转换变化亦含虚实，虚实分清，自然运用自如。然虚实在练拳时则易领悟。唯施之于推手或对敌，则非经名师指导，再下苦功，实难领略也。缘练拳之虚实，乃自我之虚实，推手及对敌之虚实，则须有知彼功夫矣。在练拳而论，凡动而聚者为实。至对敌之虚实，瞬间万变，殊非墨笔可能揭橥。"

因虚实的变转，非字面之简单而难以揭橥厘清。所以拳论由浩瀚之海洋中，精提出了"左重则左虚，右重则右杳"的虚实变换的基本法则，即太极拳虚实总纲。这一法则纲要既是指导练拳自我虚实转换的基本法，也是推手乃至对敌虚实变化的总纲。

或说："左手实而右腿虚，右手实而左腿虚，此即为'左重则左虚，右重则右杳'。李亦畲释曰：'左重则左虚，而右已去；右重则右虚，而左已去。'此为左手右脚或右手左脚之虚实。"作如是解，固然正确，然而如每招之中，必指其何者为左，何者为右，何者为虚（杳），何者为实（重），此言太滞，言之不胜其言。即有言，也不无遗漏，且不免支离破碎。笔者窃以为此虚实的基本法，虽泛指全体身手的虚实，其实主要是指腰的虚实之应对变转。只有这样才能抓住虚实应对变转的“牛鼻子”，而易于揭橥厘清虚实矛盾的本质。这是因为太极拳“命意源头在腰隙”“变换在腿，含蓄在胸，运动在两肩，主宰在腰”。变转虚实全在于腰，身法的虚实变转在腰，步法的虚实变转在腰，手法的变转虚实还是在腰，一身的虚实全凭腰的虚实操控，随腰的虚实变转而变转，故谓一身的总虚实在腰，或腰为虚实的总枢纽。“此处消息（虚实者，变化之消息，转换之枢纽……）真参透，太极只在一环中（或作圆转随意运鸿濛）”即是此意。

腰的虚实分清，中定自在其中。行拳走架，自我的虚实，自能权衡，稍有失中，重心偏移，两腰的虚实即“左重则左虚，右重则右杳”而自我调整，使之恢复“立如平准”。

临阵应敌，我不偏不欹，隐显无常，虚实莫测，静以待变。敌估我力在左，欲使我失却平衡，便加重于左；我则虚以待之，左腰偏沉虚化，而右随腰腿之劲以出击。彼揣我右方重而可以擒制，我即隐而漂杳，虚实易位，随机应变。总之“左重则左虚，或重则右杳”，处处舍己从人，粘连黏随，物来顺应，随机应变，自得虚杳落空，神明莫测之妙。

又虚实者谋略的法则，胜负的拳权，即如吴公藻以为：“计者虚实之谓，‘兵不厌诈’，以计胜人也。”虚实兼到，忽见忽藏，盈虚有象，出入无方，神以知来，知以藏往。以实击虚，避实就虚，声东击西，左右宣威，虚笼诈诱，人已相参，实中有虚，虚中有实，变化犹龙，人莫能测，宜轻则轻，宜重则重，虚实分清，自臻神明。

**9.［正文］仰之则弥高，俯之则弥深。进之则愈长，退之则愈促。**

［**校注**］

［图本］作“虚实兼到，仰高钻坚，进之则长，退之则促”。

［**诠释**］

仰者，升而上者，上浮升起也。俯者，降而下者，沉降下落也。弥者，更加也。

仰为上，俯为下。彼浮我升，彼落我沉，粘连黏随，不顶不丢，不即不离。彼欲仰攻，我觉而引之以更高，使高不可及，脚跟浮起，凌虚失重；彼欲俯袭，我觉而沉落以更低，使深不可测，如临深渊，摇摇欲坠。此敌攻我守的对策，如设我主动进攻，则如董英杰所言：“仰之弥高则眼向上看，心想将敌人掷上屋顶；俯之弥深，则心想将敌人打入地内。昔班侯老师夏日在村外场（场即北方收粮场地）内乘凉，突来一人，拱手问班侯老师居处，答曰吾即杨某也。其人突出拇食中三指袭击，老师见场内有草房高七八尺，招手曰朋友请上去，遂将其人送上屋顶。又曰请速下回家觅医，其人狼狈遁去。乡人问，何能击之使上，曰仰之弥高也。有洛万子曾从班侯老师习技数年，欲试师技。班侯老师曰将汝掷出元宝形好否，万笑曰且试之，及较手，果如所言，万手脚朝天，右胯着地如元宝形，将胯摔脱矣，医疗数月方愈。万功夫甚好，至今尚健在，常曰俯之弥深利害极矣。”

进者，前进也。长者，抻舒也。退者，退却也。促者，逼迫也，局促困厄也。

敌进我退，敌退我跟，黏走相生，我顺人背，神活机变。彼近手脚进而袭我，我不顶不抗渐引之以入，则其愈进而愈觉我幽远难及，虽劲力到尽头，犹不得逞，必愈见深入而愈陷恐慌。彼欲退却，我不离不弃，随势黏逼跟进，使彼觉如魍魉缠身，愈退愈不能走化，越退形势越加严重，局促而困厄。

仰之则弥高，俯之则弥深。进之则愈长，退之则愈促的境况，充分显示了太极拳因势利导、粘连黏随的高妙。

**10.［正文］一羽不能加，蝇虫不能落，人不知我，我独知人，英雄所向无敌，盖由此而及也。**

**［校注］**

［澄本］［许本］［炎本］［李本］“盖由”作“盖皆由”

［姚本］“盖由此而及也”作“盖皆由阶而及也”。

［图本］作“盖皆由于此也”。

**［诠释］**

羽者，禽鸟之毛也。蝇虫者，细小之昆虫也。加者，增之也。英雄，古有“文以英为名，武以雄为号”的说法，“智过万人者谓之英；勇力超众，材略标青者谓之雄”。“聪能谋始，明能见机，胆能决之，然后可以为英；气力过人，勇能行之，智足断事，乃可以为雄”。所以英雄者胸怀大志，腹有良谋，有包藏宇宙之机，吞吐天地之志。居庙堂之高则忧其民，处江湖之远则忧其君，英雄一定是先天下之忧而忧、后天下之乐而乐的人，是胸怀天下的人，准确地说英雄是那些天下为公的人，是文韬武略、智勇文武全才的人。这里泛指太极拳大家。

羽与蝇虫皆为至细至微之物，“不能加”“不能落”者，喻太极拳至诚之道，功入至静至虚的化境，皆有不听不闻的感觉，极之灵敏。稍触即知，稍纵即逝，至轻如一羽，极微如蝇虫，均能不暇思索，不烦拟议，即松化虚净而不能粘着其身而加着也，诚不期然而已然。昔传八卦掌泰斗董海川与杨露禅宗师“交技”，海川公纵捉空中过雀置露禅公的掌中，竟不能飞去。盖雀鸟欲飞，皆须有初速，感而化之，故不得其力，此即虚灵不昧的谓神的精神象征。

太极拳愈练愈精，功弥久，粘连黏随已成，自得运动知觉，方为懂劲，而后神而明之，功及化境，则得其视听“一羽不能加，蝇虫不能落”的轻灵之巧。彼的动静，我无不知，我的消息，彼难知晓，此即谓“人不知我，我独知人”。《孙子·谋攻》曰：“知彼知己，百战不殆。”故太极拳家盖由此而所向无敌。

**11.［正文］斯技旁门甚多，虽势有区别，概不外壮欺弱，慢让快耳。有力打无力，手慢让手快，是皆先天自然之能，非关学力而有为也。**

［**校注**］

（1）杨氏家藏古抄本“势有区别”作“式有区别”。

（2）［澄本］［许本］［炎本］“不外壮”作“不外乎壮”。

（3）［许本］“打无力”作“让无力”，“是皆”作“此皆”。

（4）［图本］无“先天”两字。

（5）［许本］“而有为也”作“而有所为也”，增一“所”字。而［姚本］［卞本］（卞人杰著《国技概论》，1936年上海正中书局出版）作“而有也”，则少一“为”字。

［**诠释**］

斯者，这也，该也。“斯技”指太极拳。或曰“斯技系指国术武道或外家拳”，则谬也。“旁门”即“旁门左道”，指“挂羊头卖狗肉”的非正宗的太极拳，当然更不用说外家拳了，故也泛指他项拳术。“虽势有区别”，为流派不同，势式迥异。“概”者，大体、总括也。

太极拳这种拳技的其他流派很多，其拳架姿势虽各有异，大体上不外乎以强凌弱、以快制慢（或以慢让快）罢了。有力的打败无力的，手脚慢的输给手脚快的，皆无非是凭借人的天赋自然的拙能拙力而已，而非因为学了松沉柔化、分虚实、别阴阳、舍己从人、粘连黏随、以静制动、以柔克刚的太极拳道理而“随手奏效”有所作为的关系。

“旁门”一说，正如沈子所说：《太极拳论》阐述“旁门”一段话时，或多或少带有一点“门户之见”，这里既要看到古人的历史局限性，也应予以适当地批判。这种局限性并未完全消除。论及拳技，往往多有扬己之长、讥人之短的现象；或以偏概全，偌大的天下，只看到自己这一个拳术流派。当然这里面也有拳术知识的广狭问题，是应该区别对待的。总之，要解决这些问题，似乎涉及拳德、拳风、拳知等多方面的教育问题，这也是值得武术教育工作者研究的一个问题。

**12.［正文］察“四两拨千斤”之句，显非力胜，观耄耋能御众之形，快何能为。**

［**校注**］

（1）［李本］［卞本］“能御众”无“能”字。

（2）［图本］“之形”作“之情”。

［**诠释**］

察者，研究分析、详推也。

“耄”，暮傲切，音帽，号韵。《礼记·曲礼上》“八十九十曰耄”，《“匪我言耄”传》“八十曰耄”，《盐铁论·孝养》“七十曰耄”。

“耋”，迪啮切，音迭，屑韵。《说文》“年八十曰耋”，《左传》以伯舅耋老注“七十曰耋”，《尔雅释诂》注“八十为耋”，《左传》正义又引舍人云“年六十称”。

故耄耋为年老者之称。

详推“四两拨千斤”之句，显而易见，非主张凭拙力取胜，蛮力在任何情况下都是不足取的。《大小太极解》曰：“太极练法，以心行气，不用浊力（即拙力或蛮力），纯任自然。……不用力（浊力）何能有力（劲）？盖太极练功，沉肩坠肘，气沉丹田。气能入丹田，为气总机关，由此分运四体百骸，以气周流全身，意到气至。练到此地位，其力（劲）不可限量矣。”此段文字告诉我们，太极拳的练法是以心行气，不用浊力，纯任自然。巧于用力，借力打力，举重若轻是太极拳的最高境界。同时说明了丹田为气发用总机关，意到气到，气到劲至，气路即是劲路。从某种意义上说劲就是气，故有“劲气”之说。而劲又与力有不解之缘，劲从力，劲者力之巠、力之曲（巛）、力之工（工通功）、力之法、力之效、力之运化。从物理的角度看，力是劲之本，没有力就无所谓劲，劲离不开力的范畴，故称“劲力”。可见劲是力和气的媒界和纽带，劲中分力气，力现于外而笨拙，气行于内而灵动。力为直出之门，劲为曲使之道，力奋骸外以柔软，劲行体内则坚刚。从化学的角度来看，劲是精、气、神、意、力综合因素的融会贯通。这时的劲寓力的因素，但绝非力的等同，也不再是力这样简单，是力的重复了，它是力的柔化、协调、整合和统一，性质发生了根本的变化。力仅以大小、疾缓、方向论，而劲则有虚实、刚柔、阴阳的属性，又具其位，且含其变。虚实阴阳变转神会，刚柔二元相摩相推，谐合一体反复变化转换，劲力就因千变万化，生生不息的演绎而“活化中和”，所以能“权物而知其轻重也”。至此时，处处舍己从人，无过不及，向不顶不丢中讨消息；粘连黏随，引进落空，于不即不离内求玄妙。“当时而动，如龙如虎，出乎尔而急如电闪；当时而静，寂然湛然，居其所而稳如山岳。且静无不静，表里上下，全无参差牵挂之意；动无不动，前后左右，均无游疑抽扯之形”。正如陈鑫所言：“吾谓此艺甚无奇，自幼难以打到老，打到老年自然悟，豁然一贯神理妙。”功至耄耋之年而“神理妙”，则“懂粘连黏随得其视听轻灵之巧”，量彼的虚实，测彼的刚柔，观其动静，得其机势；虚实刚柔，开合鼓荡，缓急快慢皆主宰由我。彼快，而快在自然本能之形，至快必有间隙，得以乘焉。我非不恃快，其快在意，意在人先。用意臻密，粘黏相连，形快不及意先，快又何能为。彼有力，皆天赋的拙力，至蛮定生断续，得以机焉。我非不恃力，“而规矩中用力”，劲在力前，柔软迎敌，绵里藏针，拙力难敌活劲，蛮力复又何用。故耄耋之人，劲至化境，也能籍此“四两”之力“拨”数人之众而御敌，“显非力胜”。功弥久，粘连黏随已成，得知觉运动之妙，身随劲（己之劲）转，引劲（人之劲）落空，轻灵贯串，圆浑通透，自尔腾虚，神明莫测，知缠绵而进取，知依随而退守，缱绻卷舒，旋绕环化，皆成自然。彼有力使不上，欲动且不能，又何能快，快又能何为？

董英杰常言：“战定军山之老黄忠言，马老刀不老，其言甚壮。练太极者，筋骨内壮，血气充足，功夫至老不脱，人老而精神不老，故能御众人也。昔健侯老师与八九人较，众一拥而前围攻之，但见老师数个转身，众人俱已跌出，有八九尺者，亦有远至丈余者。老师时年近八十。耄耋御众，非妄言也。快何能为之快字，指无招术之快，此忙乱耳，非真快也，焉能应用。快而不失法度为真快，斯可应用矣。”

**13.［正文］立如平准，活似车轮。**

**［校注］**

（1）［澄本］［郝本］〖郝和藏本，原是李亦畬于清光绪七年（1881年）写赠其门生郝和（1849—1920年）的太极拳谱，系李亦畬晚年用工楷缮写的3本太极拳谱之一。［郝本］封面上的原题名作《王宗岳太极拳论》，其下注“后附小序并五字诀”8个字。［郝本］由郝和传其子月如（1877—1935年），月如又传子少如（1908—1983年），少如故世后，由其学生王慕吟收藏】。［卞本］“平准”作“枰准”。

［姚本］［顾本］作“秤准”。

［图本］“立如平准”前多一“唯”字。

（2）［顾本］“活似”作“活如”。

**［诠释］**

“平准”一词源于庄周《南华经·天道》：“水静则明烛须眉，平中准，大匠取法焉。”

平者，天平也。见辞海［天平］条：为衡物之器械，平俗作秤。辞源［天平］条：测量重量之器械也，亦作天秤。可见“平”通“秤”。

枰者，棋盘，围棋之一局叫一枰。见辞源［枰］条：博局也，碁（棋）局亦曰枰。见辞海［枰］条：谓棊（棋）局，陆游诗“围棊客散但空枰”，可见“平”通“秤”似不通“枰”。而李亦畬书写的《太极拳谱》是迄今见到的最早拳谱，其中“平准”写作“枰准”。“枰准”即是“弈准”，是下棋的准则，正如沈寿老师所说，“平”亦通“枰”；“平准”作“枰准”可通。由此可见，“平准”“平秤”“平枰”三者可通。故王宗岳《太极拳论》作“平准”“枰准”皆有之，武式太极拳作“秤准”。而以“平准”为最确切。

“准”轸韵。

作（1）平也，《说文》段注：“水平谓之准，因之制平物之器，亦为之准。”

作（2）均也，礼月令：“先定准直。”

作（3）击锻令平正也。（考工记）栗氏：“权之然后准之。”

作（4）颊权也，一曰鼻也，史记：“隆准而龙颜。”

所以立如平准的“平准”为叠词，平与准，皆是衡器。平即天平或天秤，准即水准仪之类制平物的衡器，平准同义，如《淮南子》云：“道之高无上，至深无下，平乎准，直乎绳，圆乎规，方乎矩。……”故“立如平准”可解作“立身中正，像秤准那样的平准而中正不偏”。

平仍作天平、天秤解，准作“准头”解，人平的准头在头顶囟门。《太极平准腰顶解》曰：“顶如准头，故云顶头悬也。两手即平左右之盘也。腰即平之根株也。立如平准，有平准在身，则所谓轻重浮沉，分厘毫丝，莫不显然可辨矣。”把人体拟作天平，有天平准头在身，就能“权而知其轻重者”。

又见辞海“平准”条：均平赋率曰平准。《史记平准书》索隐：“大司马属有平准令，以均天下郡国输敛，贵则糶之，贱则糴之平赋以相准，输归于京师，故曰平准。”显然有均平补偿之义，也可为拳论诠释的参考。

“立如平准”提出了“虚领顶劲，不偏不倚”犹如平准的标准。上虚领顶劲，中守重心，下正尾舵，则虚灵内合，身桩端正，中正安舒，不偏不倚，脊通三关，自然得路也。

“活似车轮”则是“气沉丹田，忽隐忽现”劲气灵动犹如车轮的标志。主宰在腰，劲气鼓荡，浑灏流行，周流六虚，阴阳贯串，环连环错，环起环落，环内环外，连环套绕，曲曲相通，如环无端，超乎象外，得其寰中。则“圆妙庄严，灵活无滞，周身法轮常转不已，太极随处见圆光矣”。

立如平准而后活似车轮，立如平准是活似车轮的先决条件。太极拳枢纽在腰，腰为一身的主宰，腰能松能塌能虚则活，腰活则全盘皆活。源动腰脊，腰动则无有不动，视动犹静；腰止则全身皆静，虽静犹动。一动则动若车轮，言其滚滚，川流不息；一静则静如山岳，言其巍巍，沉稳弥坚。“静则稳如泰山，动则拳弥六合”“车轮两命门，一纛摇又转”即此意义。

**14.［正文］偏沉则随，双重则滞。**

**［校注］**

诸本均同。

**［诠释］**

偏者，侧、边也，指一端也；随者，从也，舍己从人，随人之势以为进退也；双重者，阴阳不明，虚实不清之谓也；滞者，凝、积、止也，凝聚而不流畅也。

推手或应敌，彼我相黏，两力抵抗，不让分毫，是为“双重”“填实”之谓。纠缠不休，争持不下，是为“滞”“迟涩”之谓。其结果必然是劲涩气滞，冥顽失灵，导致因不能运化而丧失变化的潜力，大力胜小力。皆是未能明偏沉松化之理。所谓偏沉，即前之所述“左重则左虚，右重则右杳”。若一经黏手，即能“左重则左虚，右重则右杳”，以虚避实，以实击虚，虚实易位，粘黏随运，随机应化，则自能得偏沉顺随之妙，解双重滞涩之弊，而“触之则旋转自如，无不得力”矣，此即拳谚所谓“偏沉为得巧，双重是拼力”。

**15.［正文］每见数年纯功，不能运化者，率自为人制，双重之病未悟耳。**

**［校注］**

［万本］［李本］［顾本］［如本］“率自”作“率皆自”。

［姚本］“率自为人制”作“率自为人所制者”。

［董本］（董英杰《太极拳释义》1948年中华商务彩色印刷有限公司出版）无“率自为人制”句。

**［诠释］**

纯者，专一不杂。率者，大抵、大概、大略也。

太极功夫的难成，除亏于勤恒外，多失于法度和悟性。每每见到有人专心致志、苦心治技若干年，练习可谓纯熟。然而一朝交手，全然不能运用柔化，遍体僵塞，虚灵荡然，体用无方，变化全无，处处受制于人，依然如门外汉者。皆因双重之病仍未彻悟之故呀。

**16.［正文］若欲避此病，须知阴阳。黏即是走，走即是黏；阴不离阳，阳不离阴；阴阳相济，方为懂劲。**

**［校注］**

（1）［万本］［炎本］［李本］［杨本］皆无“若”字。

（2）［炎本］“须知阴阳”作“须知阴阳相济”。

（3）［杨本］无“黏即是走，走即是黏；阴不离阳，阳不离阴”句，径作“须知阴阳相济”。

（4）［李本］［杨本］［顾本］［郝本］“阴不离阳，阳不离阴”作“阳不离阴，阴不离阳”。义无不同。

（5）［图本］“阴不离阳，阳不离阴，阴阳相济”作“刚不离柔，柔不离刚，刚柔相济”。

**［诠释］**

欲避“双重”之弊，须知阴阳，阴阳是太极拳生变运动的高度概括，是太极拳运动秩序与混沌间一种一分为二、合二为一的对立统一的变化规律。

阳是创造与秩序，阴是顺承与混沌，秩序中总会有混沌的可能，混沌又可凝合秩序，也就是说序可化为非序，非序中又有序，此即为秩序与混沌的变化，亦即阴阳的变化、相生与相成。

太极拳阴阳相生的运动观，其基本内容为：

（1）阴阳的对立。太极拳“往复分阴阳”，存在着虚实、开合、刚柔、动静、黏走等对立的两个方面，故阴阳即虚实、开合、刚柔、动静、黏走。

（2）阴阳的互根。即阴阳的对立统一，互相依存，“阴赖阳以化，阳赖阴以成”，阴阳既济，互为生化，阴阳合德之谓也。

（3）阴阳的消长。阴与阳，其平衡是相对的，一方的消长、变化、消亡、不足，就必然影响到另一方，引起另一方的滋长、旺盛；反之亦然。太极拳的运动，动之始则阳生，运之极则阴生；静之始则柔生，静之极则刚生，即此义。

（4）阴阳的转化。阴阳两方面发展到一定程度，可以向其对立的方面转化。“阴之与阳，唯极乃复，阳极则阴，阴极反阳”，“阴阳互为其宅，相与体用”。

太极拳最深奥神秘之处就在于阴阳，“一阴一阳之为道”。阴阳中涵相对相反之义的柔刚、虚实、开合、黏走、吞吐、曲伸于其间，而未尝失其所以为太和，则阴阳相济，刚柔相乘，而变化生焉。变化者，吞吐蓄发之象、动静开合之势、虚实方圆之韵、拳权刚柔之劲也。虚实渗透，黏走相生，刚柔既济，动静浑然，阴阳合德，是为阴阳互济。其体在劲，劲之为义有五，即粘、连、黏、随、不丢顶。粘者，提上拔高，擎起彼动借彼力；连者，贯也，不中断；黏者，贴也，留恋谴绻，彼进我退，而彼退我进也；随者，从也，舍己从人也；不丢顶者，言不丢、不顶、不脱离、不抵抗、不占人先、不落人后，如粘如黏，而丢之不开，投之不脱也。能粘黏，则连随，是谓粘连黏随；能不丢顶，则能引化，是谓走。黏即是走，走即是黏，黏走相生，进退相依。动静刚柔，变幻无定，奇正虚实，我不自己，能黏能走，知阴知阳，融会贯通，顺机随势，应付裕如，是谓懂劲。

**17.［正文］懂劲后，愈练愈精。默识揣摩，渐至从心所欲。**

［**校注**］

诸本均同。

［**诠释**］

“默识”一词出自《论语·述而第七》“默而识之”。“揣摩”一词出自《战国策·秦策一》“苏秦乃夜发书……以为揣摩”。

太极之途即懂劲之途。练习拳架、推手、大捋及散手，日日贯输，终日乾乾，进而不止，日新不已，功苦日久，自然“由招熟而渐悟懂劲”，而入太极懂劲之门。劲以积日而有益，功以久练而后成。入门后，仍躬行实践，不可稍有懈怠，则必“愈练愈精”，再加“默识揣摩”，更可精益求精。默识者，暗中记诵老师身传口授的拳旨心法，存储于心而不忘。揣摩者，测度其身手动作之意，探求比附，期得其真义而与之相切相合。如此“真识力久”，由登堂而入室，登堂犹浅，入室为深。功夫既深，阶及神明，百骸筋节自相贯通，上下表里不难联络，“捶自心出，拳随意发”“心气一发，四肢皆动，脚起有地，动转有位”，心之一动，百骸无有不动，心静则百骸皆静，一动则分阴阳，一静则合太极，曲伸开合，无不从心所欲听自由，太极自臻大成矣。

**18.［正文］本是舍己从人，多误舍近求远。**

**［校注］**

诸本均同。

**［诠释］**

太极拳运动“无外乎致人而不致于人”，即李亦畬所谓：“先以心使身，从人不由己（或作从人不从己）；后身能从心，由己仍是从人。”即舍己从人。舍己从人者，随人而动，黏则相随，走则引化，黏走相生，进退相依，彼不动，己不动；彼微动，己先动，不自主张，后发先至之谓。动而后，则有机可乘，有势可随。随彼之势，乘彼之机，使彼落空以制彼，是谓从人则活。故舍己从人是为近。

所谓舍近，就是放弃以静待动、舍己从人的原则，主动寻机，盲目行动；奋力如牛，硬顶硬抗，不知虚实，不知黏随，不知变化，是谓由己，即自作主张。由己则滞，动辄制于人。故由己而为远。

杨澄甫常言："由己则滞，从人则活，能从人便得落实之妙，由己反不能由己，能从人便能由己。"即此义。而常人多误舍近而求远。

**19.［正文］斯谓差之毫厘，谬以千里，学者不可不详辨焉。是为论。**

［**校注**］

（1）［李本］［杨本］［许本］［姚本］［顾本］"斯谓"作"所谓"。

（2）［李本］［杨本］［许本］［万本］［顾本］"谬以千里"作"谬之千里"，义无不同。

（3）［李本］［杨本］［许本］［顾本］"是为论"作"而为论"。

（4）［姚本］［微本］［徐本］（徐致一著《太极拳浅说》1927年上海文华图书印刷公司出版）无"是为论"三字。

［**诠释**］

"差之毫厘，谬以千里"句出自《礼记·经解》："《易》曰：'君子慎始，差若毫厘，谬以千里'。"《大戴礼记·保傅》："正其本，万物理，'失之毫厘，差之千里'；故君子慎始也。"《史记·太史公自序》："故《易》曰：'失之毫厘，差之千里'。"《汉书·司马迁传》："故《易》曰：'差以毫厘，谬以千里'。"李紫剑先生认为在清人著作中先见于袁枚《随园诗话卷二、四一》，继见于乾隆七年太医院汇编的《医宗金鉴·灵枢经》条目中。

太极拳精微巧妙，分寸毫厘，不可有丝毫差池。其拳技战术原则是“舍己从人”，而常人“多误舍近求远”，这就是俗说的所谓“差之毫厘，谬以千里”了，学拳者不可不加以详细辨析啊。正如前贤所云：“获得真诀好用功，苟不详为辨别，则真枉费工夫矣。”故作此论。

［万本］［微本］篇末皆有注评。

**20.［正文］此论句句切实，并无一字敷衍陪衬，非有夙慧，不能悟也。先师不肯妄传，非独择人，亦恐妄费功夫耳。**

［**校注**］

（1）［姚本］“无一字敷衍陪衬”少“敷衍”二字。

（2）［姚本］“非有夙慧”作“非有夙慧之人”。

（3）［姚本］“不能悟”作“未能悟”。

（4）姚本“妄费功夫”作“枉费工夫”

［**诠释**］

此论大法悉备，句句切中要窍，绝无一字敷衍，是非聪明智慧之人，不能领悟体会。先贤不肯随便传授，不仅仅是择人而授，也恐传非其人而枉费工夫啊。

## 二、《十三势行功心解》校注诠释

“行功心解”系太极术语，炼养心气的方法。行功为外，心解为内。外则曲伸肢体以健身，内则澄定心气以修心，而动静兼练，内外双修，练身、练心、练意、练气，参同一体。

**1.［正文］以心行气，务令沉着，乃能收敛入骨。以气运身，务令顺遂，乃能便利从心。**

**［校注］**

（1）本篇正文均依杨澄甫《太极拳体用全书》。

（2）［董本］本篇篇题作“王宗岳行功论”。［图本］作“太极拳行功要论”。［澄本］前部分自“以心行气”至“乃可臻于缜密矣”句，独立成篇，篇题作“王宗岳原序”。

（3）［万本］“乃能收敛入骨”作“方能收敛入骨”。

**［诠释］**

太极拳学范畴中，心与意常常是相连互用难以厘清的，故有心意之说。太极门秘承要诀之一为：守心不守意，心主知觉，意为识感，行功之间，当常守心主神明的性元知觉，而不问内生外感的各种识感杂念。可见心与意尚存区别，这就是“心之动为意”“心有所忆为之意”即心为意之主，意为心之副，心动则意起，意起则气随，意到气到，是为“以心行气”。

以心行气，意之所至，气即所至，意之所向，神即前往，神为主帅，身为驱使，全身因气运劲发而运动，是为“以气运身”。

以心行气，意有所注，气有所归；五灵沉着，气机沉稳，气始能行于膜络筋脉，轻通于腠理，穿渗于膜络，深入于筋骨，浅入于五脏，深沉于丹田，而敛入脊骨。

以气运身，气贯周身，气动身随；内心澄明，全体松透，气始能顺遂，过三关，行周天，达于四梢，才能灵活无滞，而从心所欲。

此段以“以心行气”为体，以“以气运身”为用，体用的关键在于“沉着”与“顺遂”，照此参修，不难收“收敛入骨”之效而得内劲，不难获“便利从心”之妙而得轻灵。

**2.［正文］精神能提得起，则无迟重之虞，所谓“顶头悬”也。意气须换得灵，乃有圆活之趣，所谓“变转虚实”也。**

**［校注］**

（1）［姚本］“精神能提得起”无“能”字；“意气须换得灵”无“须”字。

（2）杨氏家藏抄本“迟重之虞”作“迟重之愚”。

（3）［图本］“所谓顶头悬也”作“所谓顶头悬是也”。

（4）［姚本］［微本］“乃有圆活之趣”作“乃有圆活之妙”；［万本］作“乃能有圆活之趣”；［图本］作“乃有圆活趣味”。

（5）［澄本］［徐本］［董本］［图本］“变转虚实”作“变动虚实”。

**［诠释］**

太极拳的全部意义以虚灵为本，以“精神”即“心”为全体的主宰，“提起精神”为行功的准则。精者元精，神者元神；精炼而聚，神炼而凝。神固于内，则清虚栖心而不诱于外，故神自宁定，体自松静。神定，则心意空灵清虚，神志安逸明清；体静，则百骸松和圆融，经络气血通畅。精神和合，诚于中而形于外，在精神的启迪下，外则自然百体无滞，感觉灵敏，轻灵贯串，周转得当，曲伸自由，自无呆顿迟涩，冥顽不灵的“迟重之虞”。然而欲提起精神，须头容正直，颈项竖耸，沉肩垂肘，顺背舒胸，尾闾正中。头顶泥丸宫虚虚领起，若有若无，如临虚空而神贯于顶，处于勿忘勿助的虚领状态。此“提纲挈领”之法悟通，就是提精神之法也，即所谓“顶头悬”也。

太极拳招招势势皆循圆运动，故动静不同时，阴阳无定位，虚实常变换。虚实者，变化的消息，转换的机枢。虚实变换，在外为动作，在内为意气。内之意气潜转川流，劲气腾挪鼓荡；则外之肢体屈伸开合动静互乘摩荡。内之意气换得灵，则外之肢体“舞之蹈之动不休”“鼓之舞之以尽神”而“乃有圆活之趣”，此即所谓“变转虚实”也。

**3.［正文］发劲须沉着松净，专主一方。立身须中正安舒，支撑八面。**

**［校注］**

（1）［澄本］“发劲须沉着松净，专注一方”作“发劲须沉着，松净须专注一方”。又［澄本］“松净”作“松静”。

（2）［万本］［孙本］［董本］［刘本］“专主一方”作“专注一方”。

（3）［微本］“支撑”作“撑支”。

**［诠释］**

发劲须沉着松净，不使有分毫拙劲，以留滞筋骨血脉之间以自束缚。能松净，则能沉着；松净兼沉着，方为劲的完整。专主一方者，随彼之动，窥其易失重心的方向，发落点对而直去，全身之圆曲忽而化为方直。而我心静意专，体松劲沉，浑元一气，完整一劲，彼自然拔根而跌出丈远。

顶劲虚领，尾闾收正，百骸沉垂，以使中气上通百会、下通二十四椎，此处一通，则上下皆通。全身的气脉胥通，因肢体放松柔顺，而自然立身中正安舒，意定桩稳，不唯支撑八面；因肢体引长舒展，而虚灵含拔，知觉灵敏，岂独见微知著。此即所谓“支撑八面而稳固厚重，八面转换而轻灵圆活”。如此则足挡十面埋伏，以应付各方。

**4.［正文］行气如九曲珠，无往不利（气遍身躯之谓）；运劲如百炼钢，无坚不摧。**

［**校注**］

（1）［姚本］［微本］［董本］［孙本］“无往不利”作“无微不到”。［万本］［图本］作“无微不利”。

（2）［姚本］［微本］［董本］［孙本］无夹注“（气遍身躯之谓）”，［图本］作“气遍身躯之谓也”，［澄本］又作“气遍全身之谓”。

（3）［姚本］［微本］［徐本］［图本］［刘本］“无坚不摧”作“何坚不摧”。

［**诠释**］

太极练功，气沉丹田，气能入丹田，为气总机关，由此分运四体百骸，意至气至，气至劲至，说明气路即是劲路，某种意义上说气即是劲。劲气名分而实合，行潜于内者为气，化运于外者为劲，身心合运，劲气合一。浑然之一气，即浑然的整劲。浑然一气周流全身九节，如同串珠九曲，喻其玲珑宛转，圆转如意，灵通贯串。百骸九节，虽极微处，苟心意所注，未有不立至者，故无微不到，也无往不利。

太极用劲，不尚拙力，力与劲犹铁与钢，以至精钢（百炼钢）。拙力化尽，自成“精钢”，此即浑然的整劲。它粘黏随意，传递疾速，应变灵活，至柔至刚，故无坚不摧。

此诀释为：浑然之一气，行如九曲珠，无微不到；浑然之整劲，运如百炼钢，无坚不摧。

**5.［正文］形如搏兔之鹄，神如捕鼠之猫。静如山岳，动如江河。蓄劲如开弓，发劲如放箭。曲中求直，蓄而后发。**

［**校注**］

（1）［万本］［姚本］［徽本］［董本］“形如搏兔之鹄”作“形如搏兔之鹘”，又作“鹗”。

（2）［图本］“神如捕鼠之猫”作“神似捕鼠之猫”。

（3）［徐本］［姚本］［徽本］“动如江河”作“动若江河”；［图本］［刘本］作“动似江河”。［姚本］［徽本］［孙本］“蓄劲如开弓”作“蓄劲如张弓”。

［**诠释**］

鹄（hú）者，天鹅；鹘（hú）者，隼也；鹗（è）

者，鱼鹰。故以鹘为是。鹄鹘同音，疑系同音笔误。

动作的形势犹如搏兔之鹘，盘旋不已，矫健而敏捷；其神意又似捕鼠的猫，含胸拔背，伏身坐腿，全神贯注，静以试敌，量敌以进，伺机而动，蓄势待发；动则一发即至，以收全功。形神如此，气势勃发，周身无一处不精神。

静则浑然一气，潜如无极，静如山岳，言其巍巍，脚下有根，沉稳不浮，撼之弥坚；静极生动，动则真气磅礴，手舞足蹈，动若江河，言其滔滔，川流不息；此即所谓“静生光芒，动则飞腾”。动静开合之理，静动相须之道，悉在其中。

“蓄劲”有引进转化之势，曲蓄待敌，喻如张（开）弓，其诀在满。蓄而后发，直以发放，犹如放箭，其诀在快。“劲以曲蓄，直以发放”是谓“曲中求直”，即“随曲就伸”。曲者，弯曲、合、收也；如敌来攻，我粘黏依顺引化彼劲，是谓曲。伸者，抻直、展开、放也；敌劲已化，势必向彼求一直线，顺势乘隙直攻，是求直。曲中求直，蓄而后发，则劲尽可发出。歌诀所云“引进落空合即出”即是此义。

**6.［正文］力由脊发，步随身换。收即是放，断而复连。往复须有折叠，进退须有转换。极柔软，然后极坚刚；能呼吸，然后能灵活。气以直养而无害，劲以曲蓄而有余。**

［**校注**］

（1）［万本］“步随身换”作“步随身转”，以“步随身换”为是。

（2）［姚本］［微本］［孙本］［赵本］“收即是放，断而复连”作“收即是放，放即是收，断而复连”，［万本］有“连而复断”四字。

（3）［徐本］［图本］“极柔软，然后极坚刚”作“极柔软，然而极坚硬”。

**［诠释］**

太极拳动牵往来，劲宜曲蓄，气宜直养。概言之即“先天之气宜稳，后天之气宜顺”。先天之气宜稳，是指以心行气，务沉着，而收敛入骨；以气运身，务顺遂，而便利从心。后天之气宜顺，是指呼吸和顺，吐唯微微，纳为绵绵，似有若无，一任自然。气正当和顺而自然，是谓直养。气无暴动，阴阳之气和也，和则至柔至刚，虚明通达，灵通活泼，轻通腠理，穿渗膜络，深入筋骨，浅入五脏，深沉丹田，融贯百脉，周流六虚，是谓浩然养成之气，其有益而无害。故曰：“极柔软，然后极坚刚；能呼吸，然后能灵活。气以直养而无害。”

至用之时，含蓄其气，即曲蓄其劲，一呼而下沉，由两肩收入脊骨，注于腰间，中脘尚嫌不足，须贯彻丹田，是谓“劲以曲蓄而有余”。此劲气由上而下，谓之合，即是收。发放之时，鼓荡其气，即丹田放劲，一吸而劲气贴于脊背，由腰脊行于脊背，布于两膊，施于手指，力贯甲梢，是谓“力由脊发”。此劲气由下行以海底、尾闾、缘脊而上，谓之开，即是放。太极拳练至极处，开（放）与合（收），开中寓合，合中寓开，开即是合，合即是开，气相连而劲不断，形似断，而心未少懈，意仍未断，神尚连也，心意连绵，劲气浑然，劲断意不断，意断神犹连。故曰：“收即是放，断而复连。”

所谓“折叠”，表现于内者，真气鼓荡，劲气潜转；表现于外者，曲肘弯肱，曲伸开合。是为劲气折使叠用曲使之道。所谓“转换”，系阴阳、虚实、刚柔、动静变易转化，辩证之义。其理义皆涵括于“仰之弥高，俯之弥低；意欲向上，必先寓下；意欲向左，必先右去，前去之中，必有后撑；上下左右相吸相系。右重则左虚，而右已去；右重则右虚，而左已去，即左重则左虚，右重则右杳”的太极行动原则中。劲能折叠，则势有迂迴回冲而能迴转扶势；势能转换，则劲能顺逆渗透而能融会贯通。及此时，曲伸缠绵，灵活转换，“步随身换”，手随腰转，动作出于无心，鼓舞出于不觉，百骸筋节自相贯通，上下表里不难联络，散而统之，分而合之，总归于浑然一气、浑然一劲的境地。

**7.［正文］心为令，气为旗，腰为纛。先求开展，后求紧凑，乃可臻于缜密矣。**

**［校注］**

诸本均同。

**［诠释］**

太极拳的运动，“万法唯心”以虚灵为本，以心为全体之主宰。以心神为主帅以发号施令，气为号令之旗，受令而即分发五脏四肢，即五营四哨。无不依心的号令而听从调遣，唯命是从，如响斯应。“纛”者，古代军中大旗。腰为大纛，不偏不倚，屹立中军，以督师五营四哨。内则一心，外则一身，心之一动，捶自心出，拳随意发；腰间肾气一发，如大纛旋转，全身百骸九节无不随两腰眼（肾）变换虚实，作意转换自然，而周身圆转自如。

开展、紧凑、缜密为太极自初发悟至于有成递次的三层次。“开展”者，放大也，开张展舒之谓。初学练拳，柔软为道，用意不用力，先求姿势开大，各部顺畅，动作适意，即所谓舒筋活血，起衰振羸。强壮以后，研究筋骨劲气合一，练气入骨，练劲归根；动分静合，开合有致，动转有位，太极有宰；劲意不断，气势相连，聚精会神，此谓之“紧凑”。自此而后，舒散怀抱，自忘其身，虚静为上，内外兼修，鸿濛一气不散，精神圆满无亏，悟透希微之机，练成化劲，拳心合一，拳无拳，意无意，劲断意不断，意断神相连，太极随处见圆光，妙手一招一太极，丝丝入扣，有逗榫入壳的恰当，为臻形神合一、体用合一的缜密之境。

陈鑫《太极用功七言俚语》句：“初收转圈自然好，未若此圈十分巧。前所转圈犹嫌大，此圈转来愈觉小。越小小到没圈时，方归太极真神妙。”及顾留馨《咏太极拳》句：“初练转圈要宽大，功久转圈渐收拢，收小小到没圈时，紧小脱化妙用洪。”可作备注。

## 三、武禹襄《四字密诀》校注诠释

**［正文］敷：敷者，运气于己身，敷布彼劲之上，使不得动也。盖：盖者，以气盖彼来处也。对：对者，以气对彼来处，认定准头而去也。吞：吞者，以气全吞而入于化也。**

**此四字无形无声，非懂劲后，练到极精地位者，不能知。全是以气言，能直养其气而无害，始能施于四体。四**

**体不言而喻也。**

［**校注**］

（1）正文引自［李本］，李亦畬的姨甥马印书抄本及李亦畬侄孙李福荫编《廉让堂太极拳谱》也有此诀。李亦畬于光绪七年（1881年）手订的自存本，篇题全称为《禹襄母舅太极拳四字不传密诀》。说明武禹襄所传肯定是“敷、盖、对、吞”《四字密诀》，而非俗改的“敷、盖、对、吞、吐”《五字密诀》。［如本］无此《四字密诀》，出于不肯轻传此“不传之密诀”。

（2）篇题［祖本］作《四字秘诀：敷、盖、对、吞》。

（3）“以气全吞而入于化也”别本作“以气全吞而入化也”。

（4）“非懂劲后，练到极精地位者，不能知。全是以气言……”［顾本］［寿本］作“非懂劲后，练到极精地位者，不能知全。是以气言……”系句读错误。

（5）坊间诸本，一般仅记“敷、盖、对、吞”四字，［澄本］则将其与李亦畬所撰《撒放密诀》的字头合成“擎、引、松、放；敷、盖、对、吞”八字，改篇题为《太极用法秘诀》。［万本］则再增“抓筋闭穴，揉扣揣打”八字，成为“十六字诀”。然而“抓筋”“闭穴”均为动宾结构词组，纯系硬凑。更有拳家增添“吐”字，改篇题为《打手要诀》。

［**诠释**］

《四字密诀》拳理深邃，境界高妙，是“非懂劲后，练到极精地位者，不能知”的。所谓懂劲，王宗岳《太极拳论》曰：“阴不离阳，阳不离阴；阴阳相济，方为懂劲。”劲之义有四，即粘、连、黏、随。粘者提上拔高也；连者贯也，不中断也；黏者贴也，彼进我退，而彼退我进也；随者从也，舍己从人也。此劲之义，动静刚柔。变幻无定，奇正虚实，我不自己，能粘能走，知阴知阳，应付裕如，是谓懂劲。懂劲是太极拳阶及神明的基础，故“粘连黏随”全是以劲言，是为体，即太极拳练拳打手行功的总原则。而“敷盖对吞”是总原则指导下的发挥，是为用。故《太极拳使用法》将其与李亦畬所撰《撒放密诀》的字头合成“擎、引、松、放、敷、盖、对、吞”八字，改题为《太极用法秘诀》。如何用？

**※敷：敷者，运气于己身，敷布彼劲之上，使不得动也。**

敷，铺开、敷设、涂搽之意。《廉让堂太极拳谱》中，李亦畬对“敷”作了进一步诠释：“敷，所谓一言以蔽之也。人有不习此技而获闻此诀者，无心而白于余。始而不解，及详味之，乃知敷者，包获（围）周匝，人不知我，我独知人，气虽尚在自己骨里，而意恰在彼皮里膜外之间，所谓气未到而意已吞也。妙绝！妙绝！”

可见敷义，是彼劲未发，我气虽尚在己身，而敛入脊骨，布于尺骨，而意已入彼皮膜外，两手圆撑，一气贯串，敷布于彼劲之上，形成周匝包裹之势。此即傅钟文所谓，气虽未到，而意已包抄，交织罗网，管住对方，人不知我，我独知人，使彼不敢轻举妄动，一动即陷入乱环中，而自缚其身，进不得，退不得。使不得动也，此即“不战而屈人之兵也”，是为上策。而非有拳家所谓的用“老牛劲”按着对方慢慢出圈。

**※盖：盖者，以气盖彼来处也。**

盖：遮掩、遮盖、蒙上之谓。《淮南子•说林训》“日月欲明而云盖之”，有胜过、压倒之意，《史记•项羽本记》“力拔山兮气盖世”。彼蠢蠢欲动，劲欲发而未发出之际，我即乘隙而入接定彼劲，以气盖彼劲来处，彼有劲来，我就笼罩住它，彼不动，己不动；彼微动，己先动。乘其体未展，筋骨未合，气未聚，神未凝，先发制人，势如狂风巨浪盖天铺地而去，冲它个落花流水，打他个措手不及。其形势汹涌，真如转圆石于千仞之山，决积水于千仞之谿，挡者披靡，阻者毁折，迅速瓦解对手，使其丧失战斗力。要诀在一个“闭”字，胜在气势。此即打扪（闷）劲，也即闭劲。即闪电战，摧敌于“萌芽”之中。

**※对：对者，以气对彼来处，认定准头而去也。**

对，面对、应对、对接、对垒、对峙之义。韦应物《休暇日访王侍御不遇》诗“门对寒流雪满山”。

彼劲已发，而其意未圆、劲未满、势未足，我以静待动，彼进我进，待彼力方挨我皮毛，我意已入彼骨内，随手凑巧，趁势发手，阻击拦截彼劲，认定准头打去。此即董英杰所谓的打对接拦截劲。今习拳者多知柔化，不知应急之法，不易与外功对敌。如敌来势缓则柔化跟随，此理甚明显，如敌来势急则柔化焉能应付，须用太极截劲之法，不后不先之理以应之。何为截劲？如行兵埋伏突出截击。何为不后不先？于敌手已发未到之际，我手于敌膊未直时截入，一发即如落榫：一对准，二吃牢，三落实。认定准头而去。准头者，一曰鼻尖，二曰枰准，即头顶百会穴隆起处。就是以鼻或百会为准，上下一线，身手齐到，不当击梢，迎而取中堂，迎头痛击，打来劲之法。打来劲并非顶牛，而是对彼空裆，击其中堂。故傅钟文说：“不会打对接拦截之劲，即不会散手。”

**※吞：吞者，以气全吞而入于化也。**

吞，吞没、吞噬、囫囵咽下、吃掉之谓。

彼近手脚进而袭我，劲已发而势已足。我虽猝然临敌，而能审敌之势，度己之为，卸其刚猛，用其僵直，不丢不顶，应随变化，顺而化之。所谓不丢不顶，即不脱离，不抵抗，不抢先，不落后，如粘如黏，而丢之不开，投之不脱。其时彼之劲虽巨且势足，我不顶不抗，因势利导，渐引之以入，泄之以尾闾，泻之以涌泉，完全吞噬其劲，彼劲如泥牛入海无消息。则其愈进愈觉我幽远难及，虽劲力到尽头，犹不得逞，必愈见深入而陷恐慌，如临无底深渊，如进无尽隧道，此即“俯之则弥深”“进之则愈长”也。

“敷盖对吞”犹如大禹治水，亦疏亦堵，以疏导为主，以堵截为辅，即所谓“以柔克刚，以刚制柔”。遇大劲则疏之，以泄泻其劲，使之落实；遇彼劲未发，则围之，以防患于未然；遇小劲则堵之，以我的大流吞没其小流。疏非瘪丢，堵非顶抗。要诀在一个“顺”字，务使自己处于顺势而陷敌于背境。

有拳家虽仍冠以“四字密诀”，然而又想当然地增添一“吐”字，“吐者，以气击其回劲也”。意欲完整，实为添足，既违原作之意，又失含蓄之灵。须知太极而阴阳，绝对的相对，阴阳而太极，明乎绝对相对的常变，则太极对待之旨自可了然。其实“敷盖对”“以气敷布彼劲之上”“以气盖彼来处”“以气对彼来处，认定准头而去也”即是吐。“敷盖对吞”讲的就是阴阳之理、吐吞之道。吐吞贵于吞，也在于吐，太极的境界奥妙全在一个“吞”字。吞吐存乎其心，变化存乎其身，能吞则自然能吐，能吞得干净，则吐得干脆；能囫囵吞噬彼劲，则还返其劲，如何吐，吐多少，主动权全操之在我。太极拳论千章万句，“无外乎致人而不致于人”。致者，制也，支配控制之意。正如李亦畬所说：“先以心使身，从人不由己；后身能从心，由己仍是从人。”做到人不知我，我独知人，主动权始终控制在己手，总能立于主动地位去支配敌人，而不为敌人所支配。而“粘连黏随”和“敷盖对吞”两者就是太极拳“致人而不致于人”的法宝，两者都体现着太极拳的技击吐吞黏走之道，但前者全是以劲言，为体，是经过提炼的升华；后者全是以气言，为用，是应用实践的结晶。太极之道有体有用，就是在心神主司，以心行气，以气使劲，意到气到，气到劲至，日日贯输，终日乾乾之功，进而不止，真积力久，气劲融会贯通，气之浑然即劲之无迹，劲之无迹气亦浑然，此即浑元气也，亦即浑元劲也。可见劲气同一不异，同出一源，互为其根。所以“敷盖对吞”和“粘连黏随”是同一体的两方面功能，千万不可把“敷盖对吞”看作是“粘连黏随”的继续，是它的高级阶段，不能视“敷盖对吞”高于“粘连黏随”。两者互为表里，并驱齐驰，对于太极拳由懂劲而阶及神明都有其各自的重要性，对于太极拳和打手都有着同样重要的指导意义。

正如有拳家所言：敷盖对吞本没有明显的分界线，是一个整体。与彼一搭手，就要粘连黏随，就是敷盖对吞，环环相套，丝丝入扣。如果这样是敷，接着来盖，然后再对，最后是吞，就谬之千里了。所谓的全是以劲言、气言，实乃以心行气，以气运身之谓。单从字面上去追求如何用劲去粘、用劲去黏、用气去敷、用气去盖等，反而违背意不在气的原则。此皆是深刻体会的至理名言。我们逐字逐句地析解诠释，实在是不得已而为之，望读者在实践中深切体会。

## 四、《用功五志》校注诠释

**［正文］博学（是多功夫），审问（不是口问，是听劲），慎思（听而后留心想念），明辨（生生不已），笃行（如天行健）。**

［校注］

（1）正文依［万本］。

（2）“是多功夫”［于本］作“是多用功夫”，［炎本］作“足多功夫”。

（3）“不是口问，是听劲”［于本］作“不是用口问，是听劲”，［许本］及《太极拳法实践》作“不是口问是心问”，［炎本］作“非口问是听劲”。

（4）“听而后留心想念”［炎本］作“时时想念”，［于本］作“时时思念”及《太极拳法实践》作“听而后当留心想念”。

［诠释］

本文假借《礼记·中庸》“博学之，审问之，慎思之，明辨之，笃行之”等语，以太极拳的意义作注，将孔门的教学治学方法衍化为太极拳锻炼，求其精湛神明拳技的措施。

用功的五个重要措施为：

**※博学：致广大而尽精微之谓。**

太极拳是一门蕴含着深刻的辩证内涵和隽永的唯物主义思想的哲拳，所以必须广修哲学、军事学、兵法及气功、中医、武术等领域的气血、经络、穴位和脏腑学说。秉承古哲，融贯三教，横涉九流，浸淫百家，在无为无不为进取思想的指导下，既向外部世界大宇宙求知，研其生长发展，变化消亡，宏观微观的物理；又向人类自我内部世界小宇宙探索，穷其阴阳转化，炼神还虚，复返婴儿，参赞天地的化育，成就“天人合一”之道。此即所谓“胸中有道义，又广以圣哲之学，拳乃可贵”。

博学又为勤于实践，“是多功夫”即“功夫自古费工夫”。空谈皆涨墨，实运是真诠。坚持勤、恒、礼、诚，累月长年地浸淫拳经，泛览拳论，揣摩拳功，拳打万遍，神理自现。此即所谓“太极精通从苦练，艺能考究最深求”。

太极拳备极精巧，玄奥深藏，不易探求，练熟则甚易，练精则甚艰。故须广为追求，博通声气，自当从良师，又宜访高朋，结交天下豪杰，让拳技在切磋中受到考验，在交流中受到启迪。“转益多师是我师”始可谓之博。

太极拳法艺术，甘苦千重且奇妙无边，既注重于表现内心的世界，又注重于演绎拳外的境界。所以除拳术外，尚须注重道德的培养，心志、情志、意志的陶冶。多读一些书，多些书卷气；多游一些山水，师法造化；多走一些“江湖”，以武会友。“拳心文胆，武事文备”。这是太极拳外的功夫了，即所谓“功夫博通在拳外”。

**※审问：盈虚消息审察探问之谓。**

人之来势，虚实刚柔，务要审察探问。如何探问？不是口问，是听劲。鉴貌辨色，是谓目听、色听；聆音察言，是谓耳听、音听；粘黏触摩，是谓气听、劲听；以上诸听归为一听，即谓心听或意听。故曰：“不是口问是心问。”能心问即能听劲，才能阶及懂劲而愈练愈精。

**※慎思：“拳中真正诀，平心细思量。”审慎谨严，深思熟虑之谓。**

慎则谨严，思则缜密。神明之用在思，思古文作恖，囟者脑也，心者心也，心与脑神明贯通而后可成思。能熟思，则能表里精粗无不到，拳能入形，功能上身，即所谓“艺不精，熟思则精”。拳能精则应对恰合，自可避免盲目散乱之弊。

**※明辨：悟在心内，会在身中，细揣详推，商榷论理，辨析分明，旁通无穷之谓。**

能明辨，则理清路明，拳才能练得细致入微而洞悉隐微。知微知彰，知柔知刚，刚柔相摩，阴阳相荡，生生不已，运行不绝，超于象外，得其寰中，太极拳随外可见圆光矣。

“审问”“慎思”“明辨”运用之妙，存乎一心，则称物平施，知轻重。称彼劲力之大小，分厘不错；权彼劲力之长短，毫发无差，前进后退，蓄发收放，处处恰合，应付裕如。

**※笃行：恒精专致，切实履行，“终日乾乾之功，进而不止”如天行健之谓。**

太极拳为灵通之修，性需静修，功需磨炼，由招熟而渐悟懂劲，由懂劲而阶及神明，虽有高授，然而非自己具有滴水穿石的坚韧毅力而用功久者，不能豁然贯通，故须笃行之。心存笃敬，朝夕体悟于心；实修不懈，时刻运会身中。时时处处自强不息，行行重行行，深入复深入，“循序渐进工夫长，日久自能闻真香”。总有一日能达到通晓拳理，见解通达，触类旁通，通权达变的神明通会境界。

## 五、《三十七心会论》校注诠释

［正文］**腰脊为第一之主宰，猴头为第二之主宰，地心为第三之主宰，丹田为第一之宾辅，掌指为第二之宾辅，足掌为第三之宾辅。**

［**校注**］

（1）正文依［万本］。

（2）篇题“三十七心会论”［许本］［顾本］作“心会要诀”。［于本］［炎本］［赵本］［清本］（马有清著《太极拳规范》1983年11月友谊出版公司出版）作“心会论”。《太极拳宗谱》作“三十七心会说”。唯［图本］改题为“太极拳主宰宾辅说明”。

（3）“猴头”［炎本］［顾本］［图本］［清本］［赵本］均作“喉头”。

（4）“地心”［炎本］［于本］［邹本］均作“心地”。

（5）“掌指”［炎本］［于本］［图本］［清本］［邹本］均作“指掌”。

（6）“足掌”［许本］均作“足指”，疑系“足趾”之讹。

［**诠释**］

“三十七”系指传统的太极拳以其共有三十七式因而名之，又因其谐音而讹误为“三世七”。故有拳家穿凿是皆因“人有三世，天有九重（或九天），拳分七品。所以命名太极拳为‘三世七’”。人有三世为：前世、今世、后世。天有九重之“九”，虚指多数，天何止是九重。汪中《述学·内篇一·释三九》说：“凡一二之所不能尽者，则约之以三，三之所不能尽者，则约之以九，以见其极多。”天之九天为：钧天、苍天（皞天）、变天、玄天、幽天、颢天（昊天、成天）、朱天、炎天（赤天）、阳天。拳之七品为：门外、入门、阶级、当（登）堂、入堂（室）、开窍、神化（明）。更有拳家讹衍为“‘三世栖’，即于前世、今世、来世中修炼，神于古往、现今、未来三重世界中遨游”。此等说法皆似牵强附会，以此命名外功拳如何？命名广义诸内家拳又如何？

心会者，体悟于心，运会于身，心神领会之义。本篇意在论断主宰与宾辅及其相互间关系，指导意义深远，是对太极拳学的重大贡献。

主宰，统治、掌管、支配之意。杜本《和何得之见寄》诗，“春风谁主宰，客梦自清安”。毛泽东诗词《沁园春·长沙》“问苍茫大地，谁主（宰）沉浮”。宾，宾客、服从、归顺之意。《国语·楚语上》：“其不宾也久矣。”宾辅即宾服，为服从、顺从、辅助之意。《礼记·乐记》：“暴民不作，诸侯宾辅。”

## （一）腰脊为第一主宰

腰位于腹背之中，胯之上，身之下；为肾之府，触之则灵，为一身环转开合的枢纽。脊为骨，凡二十一椎，通项骨三椎，共二十四椎，上至脑、下至尾闾，为全体气脉的交通，精气升降的要道。脊之于人犹如栋梁之于屋宇。陈鑫说："中气上通百会，下通二十四椎，此处一通则上下皆通，全体之气脉胥通，自无倾倒之弊。"

然而腰与脊相联相制，所以本篇所谓的"腰脊"当非指分离支解的"腰"与"脊"，而是指腰与脊的重叠偶合处，即太极拳所谓"命意源头在腰隙""刻刻留心在腰间（际）"的腰隙或腰间，即命门。虞抟著《医学正传》说："命门一穴，在脊中第十四下陷中，两肾之间。"明代医家张景岳说："命门居两肾之中，即人身之太极。"又说："肾两者，坎外之偶也，命门一者，坎中之奇也。一以统两，两以包一，是命门总主两肾，两肾皆属于命门，故命门者，水火之府，阴阳之宅，为动气所居。"赵献可曰："命门即两肾各一寸五分之间，当一身之中。"《内经》曰："七节之旁，中有小心是也。命曰命门，是为真君真主，乃一身之太极。"孟乃昌曰："太极拳以阴阳为用，以圆为体，以腰为轴，命门之在腰，寓寄全身重心，亦寓寄肾间动气。内外相合，表里均备，其劲源动于腰，其真气亦由腰肾而发。故腰间命门为后丹田。"

以上论述明确指出了腰隙（间、际）即命门，即后丹田，也即腰脊。同时确定腰脊所处的部位为"脊（椎）中

第十四（节）下陷中，两肾之间”或“（脊椎自下往上）第七节之旁，中有小心（的地方）”及其在太极拳中的主宰地位。

主宰即太极，太极即主宰，即为“一”。太极拳“一动无有不动”，“一”就是腰（脊），腰一动则无有不动。其主宰作用有如赵献可所说：“命门为十二经之主，肾无此，则无以作强，而使巧不出矣；膀胱无此，则三焦之气不化，而水道不行矣；脾胃无此，则不能蒸腐水谷，而五味不出矣；肝胆无此，则将军无决断，而谋虑不出矣；大小肠无此，则变化不行，二便闭矣；心无此，则神昏而万事不能应矣；所谓主不明则十二官危矣。”

### （二）猴头为第二主宰

“猴头”于化行著《武当真传太极拳全书》及唐豪、顾留馨著《太极拳研究》均作“喉头”。“于本”注曰：“喉头在喉间气管之上端，上通咽喉，为空气出入之道。”也有拳家认为头顶百会为“猴头”。其实“猴头”与“喉头”是同物异名，为男子喉结的俗名，借喻其状如猢狲头而已。猴头位居颈项之间，为呼吸空气出入的要道，系咽喉的要津，生存的依恃，所以太极拳把它视作第二主宰，而有“猴头永不抛”的严格要求。抛者，露也，即猴头不能“抛头露面”，以免遭敌如《杀手歌》所言“上打咽喉下打阴”的杀招。

视头顶百会为猴头，虽则其所涵意义有所不同，但两者还是有其必然的内在联系。太极拳有“四平”的要求，即心平、眼平、顶平、肩平。百会穴虚领，即为虚领

顶劲。如何顶？头容正直，下颏微收，有坠下之意，神自下起，上贯于顶，有冲天之意。如此则顶平，眼也随之而平，则猴头不抛。所以猴头所指虽有分歧，然而最终目的都是如《周身大用论》所说："三要猴头永不抛，问尽天下众英豪。"意理相通，但以指项间猴头较为确切。

## （三）地心为第三主宰

《太极拳真诠》注曰："心之本位曰人心，其神脑注曰天心，其神腹注曰地心。"可见地心所处在腹，其具体定位当为裆部"海底"。"海底"是武术的专用名称。

俗说"腹深如海""肚量如海"或"气量如海"，可见民间及武术气功一类学说多指腹部为"气海"，气海者气之海也。《针灸大成》曰："男子生气之海。"气海位处冲任，穴居少腹，前邻脐，后近肾，其用专主吐纳，为呼吸之根。气海的最低处为"海底"，海底者气海之底。而中医针灸等学说以为腹的最下端为任脉的起点、督脉的终点，系任督二脉交会的总枢。二者及诸阴皆交会于此，又位于下部，故称之为"会阴"。陈鑫在《陈氏太极拳图说》一书的《人身缠丝正•背面图》中说："气海之底为会阴，即任脉起处。"又说："督脉通前蛋弦为海底。"由此说明"海底"和"会阴"是同一穴位，只不过是不同学说、不同的命名而已。也有拳家认为二者虽处裆部下端同一部位，但"会阴"为之外，而"海底"为之内。《性命圭旨》称其别名还有地户、阴端、禁门、龙虎穴、虚危穴、河车路、上天梯、生死穴，是"天人合发之机，子母分胎之路""阴阳变化之乡，任督交接之处"。《道源清微歌》曰：“虚危穴，即地户禁门是也。上通天谷，下达涌泉。真阳初生之时，必由此穴经过，故关系最大。”

人之小宇宙，头顶比乾，为天。百会者，阳脉之会，其位至高，阳之极也，百会位当天门，即天心，为神魂的所会。腹为气海，气海之底，比坤为地。海底者，会阴也，任督之聚，诸阴所会，位对天门，故谓地户，亦即地心，虚容归藏，无所不载，为精魄出入之处。地心（会阴）又为两腿相联相系的枢纽，虚实变化，闪赚腾挪，劲力贯串的主宰，故有拳家指出，根节之根在海底（地心），系真气及人气地气相接之处，为还精补脑之舍，是生命的动力源泉。故地心为第三之主宰，当之无愧。南夫子指出，许多人运动了一辈子，只有一个地方没有运动起来，就是海底穴，也就是说的裆部这个部位，这个部位运动到了有很大好处。

天门（心）常开，地户（心）长闭，高低列位，上下有序，取坎填离，颠倒阴阳，为太极先天逆修之不二法门。

有拳家认为“地心”为脚心的“涌泉”，可能是想“脚踩涌泉，劲起脚跟”之当然了，要知道脚仅为末梢，正文已明确“脚掌为第三之宾辅”的地位，涌泉再重要，也只是脚掌起宾辅作用的重要组成部分。

也有拳家把正文“地心”润改为“心地”，解“心”为主宰。心为主宰说虽说成立（详见笔者著作《太极拳诠释·理论篇》），然而拳论称心都独称为“心”，而无“心地”之称，且“心”历来俗配“田”为“心田”。从心神层面上说，如放主宰地位，则应为第一主宰，以符合太极拳论“先在心，后在身”“心为令，气为旗；神为主帅，腰为驱使”的论述。但该论似乎偏重实技的角度来分析主宾关系，从而将腰脊定为第一主宰，猴头为第二主宰，地心为第三主宰。这样的排列是恰当的。如把“地心”润改为“心地”，把“心为主宰”放在末位，则完全违背了太极拳“心为帅”“意为先”的原则，似与作者的原意相悖，所以“心地”主宰说只能作备考。

## （四）丹田为第一宾辅

“丹田”一词，源于道家，佛家称为“忧陀那”。它是储存、培养、调理精气神之处，是精气神凝聚伏结成丹之舍；系专气致柔，心气相守，复返婴儿，修养身心的宝藏；为太极拳行功之本，入道之基。《老子中经》云：“丹田者，人之根也，精神之所藏也；五气之元也，赤子之府也。”晋代葛洪在《抱朴子内篇·地真》里指出丹田有上、中、下之分，其形态学定位，诸家说法不一，后代根据精气神的修炼谁为主导，其具体定位更见纷纭。

**上丹田：**①指两眉间三寸处。《抱朴子内篇·地真》“两眉间……三寸为上丹田”。②脑。《金丹大成集》云：“脑为上丹田。”③泥丸宫。《天仙正理真论增注》云：“上丹田者，顶门泥丸宫也。”也有指眉间印堂、祖窍穴、头顶百会穴及鼻准至额颅间为上丹田，称其为“乾顶”“天谷”“内院”“玄关”。为炼神还虚之舍。

**中丹田：**指心。《抱朴子内篇·地真》云：“或在心下降宫、金阙、中丹田也。”唐孙思邈著《摄养枕中方》云：“中丹田者，心也。”也有指两乳之间膻中，即膻中至脐间为中丹田。为炼气化神之舍。

**下丹田：**①指脐下二寸四分处。《抱朴子内篇•地真》云："在脐下二寸四分下丹田中。"②脐肾之间。《遵生八笺》引《心书》云："下丹田者，又名玄关，前对脐，后对肾，居脐肾中间，其连如环，广一寸三分。"③阴交穴。《修习止观坐禅法要》云："脐下一寸名忧陀那，此云丹田，若能止心守此不散，经久即多有治。"④气海穴。《金丹大成集》云："气海曰下田。"也有指脐神厥穴，脐下一寸五分，脐下三寸关元穴，其中中极穴和会阴穴均被认为下丹田。为炼精化气之舍。

此外尚有空间丹田说，即前丹田、后丹田、顶丹田、底丹田之说。脐下关元穴内部及其周围为前丹田，系炼精化气及后天精气归藏之处；腰间命门之域为后丹田，系先天精气寓寄之处；头顶百会之域为顶丹田，系炼神还虚及人气天气相交之处；海底会阴之域为底丹田，系真气生化及人气地气相接之处。

太极拳学通常以关元穴内部及其周围为丹田。此即三丹田说的下丹田，也即空间丹田说的前丹田。《说文》注关，"门户也"。《韵会》注关，"要会也"。荀悦《申鉴》曰："邻脐三寸谓之关，关藏呼吸以受四气也。"所谓关元者，关会元真之门也，即老子所谓"玄牝之门"。人身元阴之地，真气之根，男子生精气，女子涵精血，历来为太极拳家练精培元、滋益后天之基，故有"精会关元"或"精汇丹田"，即气归丹田之说。丹田以其重要及与腰脊（命门）相依存的关系，名列第一宾辅当之无愧。

## （五）掌指为第二宾辅

《太极指掌捶手解》曰：“自指下至腕上，里者为掌，五指之首为之手，五指皆为指，五指权里其背为捶。”如其用者，有按、推掌，用指拿、揉、抓、闭，搓、摩手，打捶。可见“掌指”为人最灵活运使的器官。太极拳蓄劲时，掌心含虚，四指微分，拇指圆张，其气由上而下，由指掌而肘而肩收入脊骨，注于腰间，沉于脚跟。起时反作用于全身而行发劲。发劲时，掌心微吐，其意微凸，其气由下而上，劲起脚跟，发于腿，主宰于腰，敛入脊骨，布之于膊，运之于掌，贯之于指，可见掌指为劲气蓄发循行的终始，透发而作用于敌，为劲力之梢，为猴头之宾辅，门户也。故拳谚云：“手是天关机势门。”

## （六）足掌为第三宾辅

脚掌以其能承载一身之重，静如山岳，有磐石之稳，动如舟楫，无倾倒之忧，故为一身的根基，稍有不合，全体之气俱不和。太极拳运动，其根在脚，发于腿，主宰于腰，形于手指，由脚而腿而腰，总须完整一气，完整一劲。完整之劲通过脚掌作用于地，蹬而反作用于全身，是谓合。太极拳的步法，模拟五行，进、退、顾、盼、定，回转扶势，紧要全在脚掌踏实，五趾微微蹑摄，掌缘贴地，而脚心涌泉形洼虚含，如猫之蹑足而行，“千变万化由我运，脚打踩意不落空”，此即谓“脚踩涌泉”。能脚踩涌泉，则下盘稳固，举步轻灵，闪赚捷便，纵腾灵动，才能合乎机势而起到根节之梢的起领作用。脚掌为裆部海底会阴外肾的门户，是谓宾辅。故拳谚云：“足为地关生命扉。”

三十七心会论所述的三主宰和三宾辅之间的关系基本上呈一一对应的关系，也因其相互交叉而错综复杂。

第一主宰　腰脊　第一宾辅　丹田

第二主宰　猴头　第二宾辅　掌指

第三主宰　地心　第三宾辅　足掌

腰脊为第一主宰、丹田为第一宾辅即是说后丹田（命门穴周围）为第一主宰，而前丹田（关元穴周围）为第一宾辅。这是太极拳作为武术的特点所决定，是用劲时自然形成的，也完全符合太极拳健身的原理。太极拳论说“命意源头在腰隙”“刻刻留心在腰间”“主宰于腰，形于手指”“力由脊发”“气敛入脊骨”等，都说明腰脊为太极拳精气的源泉，是劲力的发动之处，也是气运行的始发点。当然也就是以心行气，以气运身，意气相换的起点。而太极拳是以老子“虚其心，实其腹”为炼养原则的，虚心即须束肋含胸，实腹则须气沉丹田，气沉丹田是意注（不是意守）小腹关元周围的（下）丹田，也即前丹田（丹田“如兵马屯处”“全体之气归宿处”。现代人体生物运动力学认为此处为人体重心所在）。以意行气，务令沉着，使小腹有充实感。其模式如陈鑫所注：“百会穴领其全身，要使清气上升，浊气下降。清气如何上升，非平心静气不可，浊气必下降至足。一势既完，上体清气皆归丹田。盖心气一下，则全体之气无不俱下。”气能沉丹田则腹心松净，而后气能腾然；气能腾然则鼓荡，而后意气换得灵。气的鼓荡，即为自然的深呼吸，吸气蓄为合，呼气放为开，一呼而气沉丹田，一吸而气贴脊背。开合鼓荡，活泼变化，气动身随，载沉载浮，忽隐忽现。此即《太极拳经歌诀》所谓：“拿住丹田练内功，哼哈二气妙无穷。”哼哈二气即丹田的阴阳二气。丹田动则无有不动，丹田静则无有不静，内动导外动，外动合内动，内气潜转，劲由内换，如长江大河，取之无尽，用之不竭。至用之时，气沉丹田，敛入脊骨，含蓄其劲，待之而动，力由脊发，则沛然而莫能御也。

《太极拳使用法•大小太极解》曰：“气能入丹田，为气总机关，由此分运四体百骸，以气周流全身，意至气至。练到此地位，其力不可限量矣。”此句所言的“力”即是“劲”，二者是统一的。肾藏元精，命门总主两肾，故命门主之，丹田元气所注，心藏元神。前丹田为元气所注之处，为气总机关；后腰脊命门为精气之源，也为劲发动之处。前后成贯注之势，在虚领顶劲、尾闾中正和松腰落胯的条件下，在心神的主司下日日贯输，日久自到。精气神凝合伏结成丹，即太极浑元劲，也即混元气，脐下、肾间动气也。秦汉医籍《难经•六十六难》指出：“脐下肾间动气者，人之生命也，十二经之根本。”当然也是太极拳的根本。

从上述可以看出，以后丹田腰脊命门为主宰，着眼处在劲，以前丹田关元，即（下）丹田为宾辅，着眼处在气。劲（力）与气合，主与宾合，劲气相守，以劲为主，突现太极拳的武术功能及以动为用的运动形式，是动中求静的动功。气劲互乘，以气为辅决定太极拳动中必须求静，以静为体，根于虚静，以阶及静中触动动犹静，因敌变化示神奇的神明境界。正如孟乃昌先生指出：本篇提出了腰脊命门与丹田的关系，是主宰与宾辅的主从关系，是我国武术理论上的重大贡献。此外本篇突出手脚的门户防守作用，即宾辅作用。以掌指（手）防守咽喉“猴头”胸胁要津，以脚掌（脚）防守腹裆海底“地心”等要害，突出太极拳以守为攻的武术特点。掌指脚掌为气的四梢而为腰脊之宾辅，故“四肢随腰内外合”。

## 六、《太极拳谱歌诀》校注诠释（原注：据乾隆年间抄本）

**歌诀一：顺项贯顶两膀松，束烈下气把裆撑。胃音开劲两捶争，五指抓地上弯弓（胃音束烈等字皆存原文）。**

［校注］

（1）正文依姚本《太极拳讲义》。

（2）［炎本］［寿本］题作《太极拳经歌诀》。

（3）［赵本］“胃音开劲”作“威音开劲”。

（4）“五指”系“五趾”之讹。

［诠释］

此为身法歌诀。所谓身法，就是身体主导权衡拳势动态的组织法则。其关键为端正、自然、顺舒、灵动。为符合此四个原则，武禹襄提出了《身法八要》，即“含胸、拔背；裹裆、护肫；提顶、吊裆；松肩、沉肘”。而李亦畬传抄的《各势白话歌》一开场就是四句歌咏：“提顶吊裆心中悬，松肩沉肘气丹田，裹裆护肫须下势，含胸拔背落自然。”简洁明了地注释了武禹襄的《身法八要》。而杨澄甫《身法十要》则为：“提起精神，虚灵顶劲，含胸拔背，松肩沉肘，气沉丹田，手与肩平，胯与膝平，尻道上提，尾闾中正，内外相合。”提法略有不同，实质一样，而本歌诀是为身法的大要。

所谓“贯顶”是虚领顶劲，即提顶或称“顶头悬”。太极拳要求“四平”，即“心平、眼平、顶平、肩平”。心平则气正，眼平则意正，顶平则头正，肩平则身正。顶劲的要求，就是通过“心、眼、顶、肩”的顺序在其四平的基础上，头顶百会穴虚虚领起，若有若无，如临虚空而神贯于顶，处于勿忘勿助的虚领状态。

头为诸阳之首，位居至高，内藏脑髓，为清虚之地，是元神之府，周身之主，全身之纲领，五官百骸莫不本此为向背。百会朝天，天门洞开，此方寸之地的虚领可提纲挈领竖路线，提举一身阳气，而致元神“天根月窟常来往”，机气通畅，浩气流行，达到炼气化神的成功。正如陈鑫所说：“周身精神全系于顶，故顶劲起来，是在似有似无之间。”自可免除太极拳板滞之病，而带来一片灵动、一派生机。正如诗之歌咏“一片灵机写太和，全凭方寸变来多，有心运到无心处，秋水澄清出太和”。

所谓“顺项”就是颈项松竖，寓意向上，顺势随转，以应各方。与虚领顶劲、含胸拔背等要领相配合，合在一起集中体现向上的力量，顶劲虚领、颈项顺竖、含胸拔背，形成纲举目张之势，从而提挈全身。从生理上讲，这是非常正确的姿势，可使颈椎中的神经中枢延髓及脊椎中的脊髓不受压迫，保证通道不受挤压，畅通无阻。

“两膀松”的膀字，《说文解字》析为胁也，即腋下肋骨所在部分。而辞海注为“胳膊上部靠肩的部分”。所以“两膀松”者，除沉肩垂肘、松开两臂外，尚须约束调整舒松胁部，顺背、顺肋、顺肩、顺项松开，可蓄势待发。这比单纯的沉肩垂肘要全面得多，在内涵上也更确切一些。正如陈鑫所言：“肩膊头骨缝要开，始则不开，不可使之强开，功夫未到开时，心说已开，究竟未开。必攻苦日久，自然能开，方算得开。此处一开，则全胳膊之往来曲伸，如风吹杨柳，天机动荡，活泼泼地毫无滞机，皆系于此，此肱之枢纽，灵动所关，不可不知。”

由上可知，“顺项贯顶两膀松”句即寓虚领顶劲、尾闾中正和松膀（肩）沉肘等义，这是十分明显的。虚领顶劲为上，能领则顶头悬，神贯顶而维系于天；尾闾中正为下，能吊裆则尾舵稳，气注海底而联接于地。头顶与尾椎（骶）骨互逆相撑，伸展贯注，则上下一气，有如冲天接地之意。通体准直，以竖其路线，纲举目张，而提挈全身，如此周身皆活，而致“尾闾中正神贯顶，满身轻利顶头悬”。

“束烈”“胃音”二词之义，拳家注释纷杂。孟乃昌注：“‘束烈’略费解，聚集收束之意，‘烈’火盛或浓烈之意。合二字为聚集温热之意，应指气汇聚于丹田。‘束烈下气’为气沉丹田。”又认为：“‘胃音’即胃部周围，指心胸部，并及于腹部。”沈寿老师注曰：“‘胃音’不可解，别本有作‘用意’，可解。以上‘束烈’‘胃音’肯定因辗转传抄而产生的讹错。”而姜容樵原注曰：“胃音、束烈等字，皆存原文。”更有拳家认为：“‘束烈下气’是收束暴烈意气，使得心安体舒，气沉丹田，松腰坐胯，撑裆以取其势。而‘胃音开劲两捶争’的意义是丹田哼哈二气发劲，以助两手出拳的猛锐。”由此可见“束烈下气”为气沉丹田是其共识，而“胃音开劲”则因各自表述而混乱。

笔者支持沈寿老师“‘束烈’‘胃音’可能因辗转传抄而生产讹错”的说法。窃疑“烈”为“肋”之讹，“束烈”是为“束肋”，即是含（函）胸拔背。《素问•金匮真言论》曰：“言人身之阴阳，则背为阳，腹为阴。”使人联想到哺乳动物背朝天，腹朝地的形象，当人一直立，人身阴阳之划分增加了多维阴阳的交叉，此时胸背为胸腔之前后，由前肋和后肋构护。胸在前，为阳为实，实宜虚之，故“束前肋”，使胸含而吞，而致虚胸虚心。背在后，为阴为虚，虚则实之，故“束后肋”，使背拔而吐，而致“动牵往来气贴背，敛入脊骨”。可见“束”为约束调整之义，“束肋”的结果致使“含胸拔背落自然”，内气则自然而下而气沉丹田。此谓“束肋下气”。故所谓“束肋下气”是“含胸拔背而致气沉丹田”，并且着重指“含胸拔背”，而非仅仅指“气沉丹田”。须防止孤立片面理解。

所谓“把裆撑”，就是敛臀裹裆。即在气沉丹田的前提下尽量放松臀部和腰部肌肉，轻轻使臀肌向外方舒展，然后再轻轻向前、向里收敛，就像把骨盆包起来，骶骨根亦同是向前托起丹田，由下而前而上“裹裆异腹”，而致“裆间撑开半月圆”。故曰：“束肋下气把裆撑。”

而“胃音”的“胃”，窃疑系胸字古异写“肎”之误，“胃音”即为“胸音”，则可解也。“音”《左传•文公十七年》注：“音，所休荫之处，古字同音，皆相假借。”如“鹿死不择音”。可见“音”即“荫”的假借，作处、部位等解，故“胃音”即“胸音”“胸荫”，也即胸部。然后此胸部系指由前肋（胸）和后肋（俗称后胸）构护的整个胸部（腔），故认为“音”为“背”之讹实谬，是蛇足之议，更何况“音”“背”两字甚异，不至于讹误。

“开劲”，陈炎林解为：“见人则开，即见人劲来即化开之谓也。开劲乃方劲，而有开展之意，用以达入人之内门。……开敌适当程度，恰到好处时，当即发之。……艺高者，往往故意自开其门，任敌进入，待彼深入，即乘机反攻……开劲非仅化人，亦可发人，其发人含有掤意，故开后须即发，不发则失其机矣。”“胸音”与“开劲”之义两者结合，则“胸音开劲”之义自明。拔背开己胸门，以诱敌深入，拔背开敌胸门，化其来劲引进落空。

“束烈（肋）下气”和“胃（胸）音开劲”皆指胸背而言上，即通过两锁骨松沉，约束调整肋骨，致含胸舒胸，而使劲力利于在胸中运化；通过背肌向下舒松，及两肩脊骨的微提并略带往后上方拉起，致拔背顺背，而使劲力利于在脊背卷放。与下的两脚脚心含虚，掌缘贴地，五趾微微抓地，脚踩涌泉相配合，形成上下一股完整劲。两臂如弓，双捶争势，“含胸拔背落自落”；以脚为根，以腰为枢纽，“紧要全在胸中腰间运化”，抖发而出，犹如猛虎下山，锐不可挡。故曰：“胃（胸）音开劲两捶争，五趾抓地上弯弓。”“上弯弓”即“两捶争”，前后两句互相呼应，形势神气呼之欲出。《太极拳体用全诀》的“弯弓射虎如发矢，沉劲蓄气双拳使”和《各势白话歌》的“怀抱双捶谁敢进，走遍天下无人拦”句，可作此诀的备注。

关于“弓”，陈、武两式太极拳有“一身备五弓”之说，两臂、两腿、脊椎，形成五弓。沉肩、垂肘，坐腕，则两臂形成两弓；两腿的伸缩形成两弓，裹裆、护肫而含胸拔背则脊椎形成一弓。“五弓合一”即为全身的整体劲，能蓄能发，触之则旋转灵活，发劲则有根源，源动腰脊，劲起脚跟，通过脊背，形于手指，贯通一气，滔滔不绝。而杨、吴、孙式太极拳则不持此说。如身躯则要立身中正，体之栋柱，厥唯脊椎，其自然准直，节节松沉，自上贯穿其下，“立如平准”“上下一条线”，何弓之有？非要说弓，则似弓非弓弓非弓。

**歌诀二：举动轻灵神内敛，莫教断续一气研。左宜右有虚实处，意上寓下后天还。**

**[校注]**

[寿本]“左宜右有”作“左右宜有”。

**[诠释]**

此诀仍是发扬古典拳论的精神。[姚本]及[鑫本]的《太极拳图说》附录，“杜育万述蒋发受山西师傅歌诀”，即歌诀二。就是以歌诀为“经”，歌诀的释文为“论”，对应适配成一体的。刘勰著《文心雕龙·论说》曰：“圣哲彝训曰经，述经叙理曰论。论者，伦也；伦理无爽，则圣意不坠。”其大意是：永久性的圣哲训示谓之经，阐明经义，申述事理谓之论。论即伦次。申述事理伦次（条理、次序）丝毫不差，则与圣哲的原训不相违背。故有拳家认为，“经”“论”不能分割，“经”无“论”则不明，“论”无“经”则不通，“经”“论”适配，其义分明。

**举动轻灵神内敛**（一举动，周身俱要轻灵，尤须贯串。气宜鼓荡，神宜内敛）。

“举动”，举手动脚也。太极拳以动为用，而动的要旨在轻灵。轻则灵，灵则动，动则变，变则化。《太极平准腰顶解》曰：“满身轻利者，金刚罗汉炼。”吴鉴泉说：“轻是轻虚，灵是灵敏。由轻灵而松沉，而粘连黏随，而后能灵敏，能不丢顶，故盘架时动作要求轻灵和缓，往复自如，自生松活之劲，粘黏之劲，故轻灵是太极下手处。”可见轻灵是太极拳的特点，也是入门的主要途径。

“神内敛”，即“精神极欲静，弥密葆藏精神”之谓。太极拳以修心养性、聚气敛神为主，若心不能安，性即扰之，气不能聚，神必乱之，心性不相接，神气不相交，则全体百脉，莫不尽死，虽依势作用，法无效也。故太极拳鼓之舞之，放心之意，外驰之神，宜收敛于内，心神专一，聚气敛神，而不外散。只有心性与意静，才能无处不轻灵。所以凝神注意，也是轻灵的先决，故曰：“举动轻灵神内敛。”

**莫教断续一气研**（无使有缺陷处，无使有凸凹处，无使有断续处。其根在脚，发于腿，主宰于腰，形于手指。由脚而腿而腰，总须完整一气。向前退后，乃能得机得势。有不得机得势处，身便散乱，其病必于腰腿求之）。

此句的精义即无使有缺陷处，无使有凸凹处，无使有断续处，轻灵贯串，总须完整一气之谓。太极的贯串，即出入运行，关节顺合，气血通畅，意无间断，劲无滞涩，虚实相涵，阴阳渗透，处处融通，招招连贯，“太极随处见圆光”。拳势开始，由一举动以至无穷势法，如长江大河滔滔不绝，而无丝毫重滞、迟涩、间断参于势间。时时虚灵内合，运化柔润，依随自由；处处松净顺舒，变易自然，圆活机变；式式联络呼应，意气相连，绵绵不断。轻灵而至“自忘其身，飘然为凌云之游”；贯串而至“妙手一着一太极”。其内与外，心意之统帅，劲力之潜行，真气之鼓荡，极小之转关，内外不见的折叠，都体现圆（包括弧）的意味。不可有丝毫缺陷、凸凹、断续，而有违太极拳轻灵贯串、浑厚圆融之义。

太极拳性本浑圆，以圆为体。形神劲气，非圆满不灵，能圆满则活。圆而不满则凹，满而不圆则凸。凹生匾丢，凸生顶抗，终生断续，是为缺陷，即是病手，其病在过与不及。过与不及，皆非真圆，即非圆满。太极拳不圆满，则不能自始至终一气贯通，不能一气贯通，则于太和元气终难问津。唯绵绵不断，环而无间，周而复始，轻灵贯串，浑融圆满，方能由懂劲而阶及神明，故曰：“莫教断续一气研。”

**左宜右有虚实处**（虚实宜分清楚，一处自有一处虚实，处处总此一虚实，周身节节贯串，无令丝毫间断耳）。

太极拳“命意源头在腰隙”，“腰脊为第一主宰”。所以太极拳源动腰脊，以腰为枢纽，以手脚为形相，四体百骸九节无不随腰眼（肾）虚实变换而转换虚实。在内为两腰（肾）（右肾者，玉堂也；左肾者，命门也）。在外为动作，以腰肾的左右虚实变换为主，转换自然，而左右两手、两脚，或左手右脚，或右脚左手，皆随腰虚实变转圆转自如，处处总腰一虚实。倘若腰的虚实分析合乎气机，则手脚的虚实变易，随曲就伸，相吸相系，无不相宜。故曰：“左宜右有虚实处。”

**意上寓下后天还**（上下前后左右皆然，凡此皆是意，不在外面，有上即有下，有前即有后。如意要向上，即寓下意，若将物掀起，而加以挫之之力，斯其根自断，乃坏之速而无疑）。

太极拳“八门五步”，概举其要，尽在“上下、前后、左右”的空间。六合之间，仰俯相倾，前后相撑，左顾右盼，相反相成，其太极辩证主义，虚实转换，阴阳变化之理，皆涵括于“仰之弥高，俯之弥低；意欲向上，必先寓下；意欲向左，必先右去；前去之中，必有后撑；上下左右相吸相系”的太极拳体用法则中。

太极拳的体用，无非是阴阳虚实相对待之法。有阴必有阳，有阳必有阴；有虚必有实，有实必有虚。阴阳变无定，虚实化无穷。“意上寓下”仅是其中的一对待。太极拳掷人时已有掀上之意，而挫下之意已在其中。犹“若将物掀起”，须顾及“其根”引之向上，然后用往返折叠的劲挫之，“斯其根自断”，从而达到拔根的效果，彼无根“乃坏之速”，易跌出而无疑。若彼意欲攻我上，我顺应以上而留意于下，下有根自然坚如磐陀，稳如泰岱。“意上寓下”即“有上即有下”，其理明，则“有前即有后，有左即有右”之理自明，虽变万化端，而理为一贯。

太极有先天后天之说。先天，是指人体在母腹一段而言，就是在胎胞里未见天之先的意思。人在母腹，一点真息和灵性，绵绵柔柔、混混沌沌的境界，易曰无极，道曰先天。出生以后就为后天，动静已分，神气分离各得其用而日遭损耗。太极拳为练后天补先天之术，使精神合一，重返先天，即“专气致柔能婴儿”。故曰：“后天还。”

**歌诀三：拿住丹田练内功，哼哈二气妙无穷。动静分合曲伸就，缓应急随理贯通。**

［校注］

抄本《太极拳真诠》“内功”作“内丹”。

［诠释］

丹田者，乃调整呼吸，固精健肾，培养精气，调理精气神之处，是精气神三妙品聚凝伏结成丹之舍，赤子之府，五气之源，人之灵根，即性命之根。也为太极拳和合阴阳的门户，内功之源泉。

丹田的形态学定位，诸家说法不一。晋代葛洪在《抱朴子内篇·地真》里提出丹田有上中下之分，眉间为上丹田，心下为中丹田，脐下为下丹田。后代根据精气神谁为主导，其具体定位更见纷纭。如两眉间印堂、祖窍穴及头顶百会为上丹田，也有指脑中泥丸内，鼻准至额颅间为上丹田，称其为“乾顶”“天谷”“内院”“玄关”等，为炼神还虚之舍，故也称神舍。两乳之间膻中为中丹田，也有指膻中至脐间为中丹田，为炼气化神之舍，故也称气府。脐神厥穴，脐下一寸五分（同身寸）气海穴，脐下三寸关元穴，甚至中极穴、会阴穴均曾被认为下丹田，也有指脐下少腹至会阴之间为下丹田，为炼精化气之舍，故也称精室。上中下三丹田中，精气神各有所主，而又可以相互转化。究其本源，无非是真一之气的不同转化形式而已。此外尚有空间丹田说，即把人的空间分成前、后、顶、底四丹田。脐下关元内部及其周围为前丹田，系后天精气归藏之处；腰间命门之域为后丹田，系先天精气寓寄之处；头顶百会之域为顶丹田，系人气天气相交之处；海底会阴之域为底丹田，系真气生化，人气地气相接之处。

而太极拳学通常的见解多以关元穴内部及其周围为丹田，如顾留馨说：“丹田即是腹部。”此也为前丹田，而腰间命门穴为后丹田。明代医家张景岳说：“命门据两肾之中，即人身之太极，以生两仪而水火具焉，消长系焉。”又说：“肾两者，坎外之偶也，命门一者，坎中之奇也，一以统一，二以包一，是命门总主两肾，两肾皆属于命门，故命门者，水火之府，阴阳之宅，为动气所居。”而虞抟著《医学正传》说：“命门一穴，在脊中行第十四椎下陷中，两肾之间。夫两肾为真元之根本，性命之所关，虽为水藏而实为相火寓乎其中，愚意当以两肾总号命门。”此皆太极拳“命意源头在腰隙”“刻刻留心在腰间”的依据。太极拳以腰为轴，命门在腰，寓寄全身的重心，也寓寄肾间动气，其劲源动于腰，其真气也由腰肾而发。故腰间命门为后丹田。向恺然说：“太极求丹田在两腰，绝无疑义。”前丹田，为元气所注之处，为气总机关；后丹田，为精气之源，也为劲发动之处，前后成贯注之势，而其鼓荡谐振之处在前后丹田之中，脐下三寸处，方圆四寸左右，中赤、左青、右黄、上白、下黑。所以在脐下三寸者，言法天、地、人；天一，地二，人三，时四，故曰四寸；法五行，故有五色。因是先后天精气生化归藏之处，故又名藏精宫，被太极视为丹田而珍重之。

丹田又名藏精宫。顾名思义，太极拳练功就有负阴抱阳，“拿住丹田练内功”的要求。即拳论所谓“拿住丹田之气，练住元形，能打哼哈二气”。何为“拿住丹田”？就是宽胸虚心，上则“无留横气于上”，“束肋下气”，由上而下，气沉丹田而“护肫”，是谓“天覆”；下则“裆间撑开半月圆”，尻道上提，龟尾升起，托起丹田，由下向前、向上，“裹裆弆腹”，是谓“地载”；“天覆地载”则“拿住丹田”了。

何为“内功”？姜容樵先生说，即道家所谓童子功者也。其注重内在呼吸、内在劲力及内在精气神的训练，就是那种以意领气的意气运动。何为“练内功”？重辑《内功经》篇可作参考。

内功之传，脉络存真，循经用之，有益无损。
顶领而平，肩平而顺，胸含而虚，背拔而正。
足坚而稳，膝屈而伸，裆撑而圆，肘垂而沉。
舒胸顺背，敛臀竖膝，圆裆壮胯，活腰固肾。
上提玉楼，下收尻道，龟尾升起，丹田炼神。
气调而匀，劲松而紧，井池双穴，发劲循循。
前任后督，气行滚滚，丹田吐纳，潜转鼓腾。
光聚天心，气下于海，内收丹田，气息归根。
升有升路，肋骨齐撑，降有降所，俞口气吞。
松焕悍萃，合劲钻坚，穿贴通透，虚实互渗。
五气朝元，周而复始，四肢元首，力乃无垠。
千变万化，不离阴阳，得其奥秘，收心离尘。

然而太极拳内功之练另有其奥。《三十七心会论》曰：“腰脊为第一主宰……丹田为第一宾辅……”以后丹田腰脊命门为主宰，其着眼处在劲，以前丹田关元为宾辅，其着眼处在气。前后丹田成贯注之势，劲与气合，主与宾合，提挈全身，以劲为主，突显太极拳的武术功能及以动为用的运动形式，是动中求静的动功。以气为辅，决定太极拳动中必须求静，以静为体，根于虚静“练内功”，方可阶及“静中触动动犹静，因敌变化示神奇”的神明境界。而太极拳是以老子“虚其心，实其腹”为炼养原则的，“虚心”即须“束肋”含胸，“实腹”则须气沉丹田。其模式如陈鑫所注：“百会穴领其全身，要使清气上升，浊气下降。清气如何上升？非平心静气不可，浊气必下降至足。一势既完，上体清气皆归丹田。盖心气一下，则全体之气无不俱下。”气能沉丹田，则腹心松净，而后气能腾然；气能腾然则鼓荡，而后意气换得灵。气之鼓荡，即为自然的深呼吸，吸气蓄为合，呼气开为放，一呼而气沉丹田，一吸而气贴脊背。开合鼓荡，活泼变化，气动身随，载沉载浮，忽隐忽现。此即所谓“拿住丹田练内功”。

“哼哈”之谓，近世民间俗称佛寺门卫二金刚为哼哈二将。此即佛经所谓金刚力士，又称金神、金刚夜叉和密迹金刚等，执金杵以护卫佛法。据《封神演义》，哼哈二将即郑伦、陈奇，学有奇术，兵战能分别以哼鼻、哈气取胜，武王伐纣战争中曾一哼一哈，彼此相拒，不分胜负。迨周灭商，姜子牙敕封郑伦、陈奇二人，镇守西释山门，宣布教化，保护法宝，为哼哈二将之神。而太极拳用来喻丹田的阴阳二气，“拿住丹田练内功”，哼哈二气随丹田之动而无有不动，随丹田之静而无有不静，静极而嘘，如春沼鱼，动极而吸，如百虫蛰。绵绵密密，幽幽微微，柔顺定聚，呼则百骸万窍气随以出，吸则百骸万窍气随以入。调之不废，真气从生。内动导外动，外动合内动，内气潜转，劲由内换，终日乾乾之功，进而不止，日久功深，精气神三妙品凝合伏结成丹，此即太极浑元之劲，也即浑元气，脐下、肾间动气也。其如长江大河，取之不尽，用之不竭。至用时，气沉丹田，敛入脊骨，含蓄其劲，待之而动，力由脊发，哼哈作声，喷薄而出，则沛然而莫能御也。哼内气为吸，多用于引化，也可为发；哈内气为呼，多用于拿发。逢敌则气凝聚于内，击敌则气勃发于外。于推手或散手间无意猝发，可使内气抒发，当有气畅之益，体内脏腑则无屏压受伤之虞，且可使敌惊恐，神态受扰。“惊则气散，恐则肾伤”。彼心气散乱，肾气乖戾，闻“声”丧胆，自必进退失据而难以攻守。同时发声有助于气沉丹田，可使内劲全部透出，无稍滞留，又使所发之劲更大，威力倍增。而彼心气既散于内，劲力又削弱于外，自当闻声披靡。此即拳论所谓的“气能入丹田，为气总机关，由此分运四体百骸，以气周流全身，意至气至，练到此地位，其力不可限量矣”。班侯、少侯当年凭此丹田哼哈二气，“比手时，一哼一哈，即时分输赢”。故曰：“哼哈二气妙无穷。”

太极修为的动与静，本是因果显象而生分别的相对概念。以静为体，以动为用。静则一气，潜如无极，静如山岳；静极生动，动若江河，气势如虹。此即所谓“静生光芒，动则飞腾”的阳动以浑，阴静以成，动静浑然，太极象成。练拳行功，中心泰然，抱元守一，未尝不静。及其静也，神明不测，有触即发，未尝无动。动静互根，动静相应，动静浑然，此太极之所以妙也。功至广深，合乎自然，功劲中和。内则一心，外则一身，动静在心，分合在形。动之则分，分阴分阳，两仪立焉；静之则合，合太极矣。动静混沌，冲漠无联，阴阳变化，无不自如。虚实开合之义，动静分合之理，悉在其中。

“曲伸就”即“无过不及，随曲就伸”也。

太极拳的贵重，全在中和。中和者，曲伸开合，神意相照，心肾相交，身体中定，手步规矩，劲气和顺，上下相随，外不乖于形式，内不悖于神气，“诚于中，形于外”也。中以正其内，和以应其外。过与不及皆为失中，失中则阳亢阴睽，精神不能团聚，内外不能如一。拳的曲伸开合，过劲为满而不圆则凸，病在顶抗；不及为圆而不满则凹，患在瘪丢。顶抗则生断续，瘪丢则失依随，皆失粘连黏随之意。欲求不顶不丢、不即不离，则应随之而曲，就之而伸，曲伸有势，伸可成曲，屈如伏虎，伸比腾龙，行止无迹，曲伸潜踪，随机应变，曲伸相继，毋过毋不及。即李亦畬《五字诀》所谓的“息心体认，随人所动，随曲就伸，不丢不顶，勿自伸缩”。如敌来攻，我依顺引化而曲，曲者，弯曲、合、收也；如敌来攻不逞欲退，我随势拿发为伸，伸者，抻直、展开、放也。“劲以曲蓄，直以发放” 曲是规律，伸是变化，合乎规律，通晓变化，是太极拳法的精义。伸而不能随曲，谓之顶抗；曲而不能就伸，谓之瘪丢。谨记顶抗瘪丢四病而去之，功到曲伸相连，不即不丢，粘连黏随，依归中和，太极方能“曲伸开合听自由”。

太极拳功擅弛张，用在曲伸。动分静合之机，曲蓄伸展之势，动静难分，机势相连。若能悟得“动分静合曲伸就”的道理，自能早得功境觉受而阶及神明。

“缓应急随理贯通”即拳论“动急则急应，动缓则缓随。虽变化万端，而理惟一贯”之谓。敌急我以急应，敌缓我以缓随，以敌之缓急为缓急，不自作主张，自为缓急，自能舍己从人，粘连黏随，以资运化应随。然而欲求运化得当，应随相宜，则须先察敌的动静机势。动分而静合，机微而势幽，若非松灵而功深，难以察之把握。敌我争锋，劲之阴阳、刚柔、虚实、急缓瞬息万变，而我之“动急则急应，动缓则缓随，粘连黏随，舍己从人”应对之理则一，以此不变之理，以应敌之万变，一以贯之，是谓“理惟一贯”，即“理贯通于一”。故曰：“缓应急随理贯通。”

**歌诀四：忽隐忽现进则长，一羽不加至道藏。手慢手快皆非似，四两拔千运化良。**

［**校注**］

诸本均同。

［**诠释**］

太极拳“拿住丹田练内功”丹田潜转，内气氤氲，劲力鼓荡，自尔腾虚，载沉载浮，轻灵贯串，圆融通透，灵活变幻，虚实无定，变化无穷，神明莫测，此即所谓“忽隐忽现”。功至“忽隐忽现”人不知我、我独知人的境界，则其行动方可虚灵不昧，清明在躬，曲伸开合自由，转关自然灵动，虚实转换，无不如意。而符合“轻则伶（灵），伶则动，动则变，变则化”的太极约言。

“进则长”者，即“仰之则弥高，俯之则弥深，进之则愈长，退之则愈促”的节略。“进”者，前进也；“长”者，抻舒也；“退”者，退却也；“促”者，逼迫、局促困厄也。敌进我退，敌退我进，黏走相生，我顺人背，神活机变，粘连黏随。彼近手脚进而袭我，我不顶不抗渐引之以入，则其愈进愈觉我幽远难及，虽劲力至尽头，犹不得逞，必愈见深入而陷恐慌。此为“进之则愈长”，即“进则长”。彼欲退却，我不离不弃，随势黏逼跟进，使彼觉得如魍魉缠身，愈退愈不能走化，越退形势越加严重，局促而困厄，此谓“退之则愈促”，即“退则促”。“仰之则弥高，俯之则弥深，进之则愈长，退之则愈促”的境地，充分显示了太极拳因势利导、粘连黏随的高妙。

“一羽不加”即“一羽不能加，蝇虫不能落”。“至道”即至为深奥的道理，及规律、方法等。“藏”者，蕴藏之所。羽与蝇虫皆为细微之物，“不能加”“不能落”者，喻太极至诚之道，功入至静至虚的化境，皆有不听不闻的感觉，极灵敏，稍触即知，稍纵即逝。至轻如一羽，极微如蝇虫，均能不暇思索、不烦拟议，即松化虚净，而不能粘着其身而加着也，诚不期然而已然，故曰：“一羽不加至道藏”。

太极拳技旁门甚多，其拳架姿势虽各有异，大体上不外乎以强凌弱、以快制慢或以慢让快罢了。有力的打败无力的、手脚慢的输给手脚快的，皆无非是凭借人的天赋自然的拙能拙力而已，而非因为学了松沉柔化、分虚实、别阴阳、舍己从人、粘连黏随、以静制动、以柔克刚的太极拳至诚之道，而“随手奏效”有所作为的关系。这一类凭借“手快手慢”的拳术都不是太极的正宗，其修为难离凡境，必无着落，难成正果，故曰：“手慢手快皆非似”。

太极拳若能因势利导、粘连黏随，则有引进落空之妙，而千斤无所施用，此所谓“四两拨千斤”。以“四两”轻微的力量，而“拨千斤”的巨劲，是非良（善）于乘机随势、粘连黏随、心牵意运、引进落空的运化而不为功，故曰“四两拨千运化良”。

**歌诀五：掤捋挤按四方正，采挒肘靠斜角成。乾坤震兑乃八卦，进退顾盼定五行。**

［**校注**］

（1）［唐本］（唐豪著《太极拳与内家拳》）"采挒肘靠斜角成"作"探……"当系误植。

（2）［赵本］作"歌诀六"。

［**诠释**］

王宗岳《太极拳释名》曰："太极拳……又名十三势。十三势者，分掤、捋、挤、按、采、挒、肘、靠、进、退、顾、盼、定也。掤、捋、挤、按，即坎、离、震、兑正四方也；采、挒、肘、靠，即乾、坤、艮、巽四斜角也。此八卦也。进步、退步、左顾、右盼、中定，即金、木、水、火、土也。此五行也。合而言之，曰十三势也。"由此可知"十三势"的提法，是掤捋挤按采挒肘靠八门手法，进退顾盼定五种步法，八五之和的总称。

在太极拳的理论体系中，八门手法及五种步法，往往与我国哲学中的阴阳、四象、五行、八卦相类比，而每一门手法和每一种步法又比附联系一种卦象、一个方位，故太极拳有怀藏（抱）八卦、足跐（踏）五行之说。手步八五，故名之曰"八门五步"。八门手法，掤捋挤按系四正之手，采挒肘靠成四隅之手，故曰"掤捋挤按四方正，采挒肘靠斜角成"。合隅正之手，得门位八卦，故曰"乾坤震兑乃八卦"。须知是作七言之诗，"乾坤震兑"乃"乾坤坎离巽震兑艮"的节略也。以身分步，步应五行，五行在意。故曰："进退顾盼定五行"。

太极拳八门五步比附对应八卦五行，主要有三种形式，简单列表如下：

## 先天八卦（伏羲八卦）表

| 八卦 | 乾 | 坤 | 坎 | 离 | 巽 | 震 | 兑 | 艮 | 庚辛 | 甲乙 | 壬癸 | 丙丁 | 戊已 |
|---|---|---|---|---|---|---|---|---|---|---|---|---|---|
| 卦象 | 三连 | 六断 | 中满 | 中虚 | 下断 | 仰盂 | 上缺 | 覆碗 | | | | | |
| 图象 | ☰ | ☷ | ☵ | ☲ | ☴ | ☳ | ☱ | ☶ | | | | | |
| 相应 | 天 | 地 | 水 | 火 | 风 | 雷 | 泽 | 山 | | | | | |
| 劲别 | 掤 | 捋 | 挤 | 按 | 采 | 挒 | 肘 | 靠 | 前进 | 后退 | 左顾 | 右盼 | 中定 |
| 方位 | 南 | 北 | 西 | 东 | 西南 | 东北 | 东南 | 西北 | 西 | 东 | 北 | 南 | 中 |
| 属性 | 火 | 水 | 金 | 木 | 土 | 土 | 木 | 金 | 金 | 木 | 水 | 火 | 土 |
| 穴位 | 祖窍 | 会阴 | 膻中 | 夹脊 | 丹田 | 肩井 | 玉枕 | 性宫 | 膻中 | 夹脊 | 会阴 | 祖窍 | 丹田 |
| 归经 | 心经 | 肾经 | 肺经 | 肝经 | 脾经 | 胃经 | 胆经 | 大肠经 | 肺经 | 肝经 | 肾经 | 心经 | 脾经 |

## 后天八卦（文王八卦）表

| 八卦 | 坎 | 离 | 震 | 兑 | 乾 | 坤 | 艮 | 巽 | | | | | |
|---|---|---|---|---|---|---|---|---|---|---|---|---|---|
| 卦象 | 中满 | 中虚 | 仰盂 | 上缺 | 三连 | 六断 | 覆碗 | 下断 | | | | | |
| 图象 | ☵ | ☲ | ☳ | ☱ | ☰ | ☷ | ☶ | ☴ | | | | | |
| 相应 | 水 | 火 | 雷 | 泽 | 天 | 地 | 山 | 风 | | | | | |
| 劲别 | 掤 | 捋 | 挤 | 按 | 采 | 挒 | 肘 | 靠 | 进 | 退 | 顾 | 盼 | 定 |
| 方位 | 北 | 南 | 东 | 西 | 西北 | 西南 | 东北 | 东南 | 北 | 南 | 西 | 东 | 中 |
| 属性 | 水 | 火 | 木 | 金 | 金 | 土 | 土 | 木 | 水 | 火 | 金 | 木 | 土 |
| 穴位 | 会阴 | 祖窍 | 夹脊 | 膻中 | 性宫 | 丹田 | 肩井 | 玉枕 | 会阴 | 祖窍 | 膻中 | 夹脊 | 丹田 |
| 归经 | 肾经 | 心经 | 肝经 | 肺经 | 大肠经 | 脾经 | 胃经 | 胆经 | 肾经 | 心经 | 肺经 | 肝经 | 脾经 |

## 第三种八卦表

| 八卦 | 坎 | 离 | 兑 | 震 | 巽 | 乾 | 坤 | 艮 | | | | | |
|---|---|---|---|---|---|---|---|---|---|---|---|---|---|
| 卦象 | 中满 | 中虚 | 上缺 | 仰盂 | 下断 | 三连 | 六断 | 覆碗 | | | | | |
| 图象 | ☵ | ☲ | ☱ | ☳ | ☴ | ☰ | ☷ | ☶ | | | | | |
| 相应 | 水 | 火 | 泽 | 雷 | 风 | 天 | 地 | 山 | | | | | |
| 劲别 | 掤 | 捋 | 挤 | 按 | 采 | 挒 | 肘 | 靠 | 进 | 退 | 顾 | 盼 | 定 |
| 方位 | 南 | 西 | 东 | 北 | 西北 | 东南 | 东北 | 西南 | 南 | 北 | 东 | 西 | 中 |
| 属性 | 水 | 金 | 木 | 水 | 金 | 木 | 土 | 土 | 火 | 水 | 木 | 金 | 土 |

需要说明的是：任何类比都无法体现出太极拳手法、步法的阴阳、虚实、动静等的丰富多样和千变万化。全体大杂烩的类比既没有意义，也是错的，所以在以易经为理论基础、以八卦五行比附太极拳八门五步时，切不可拘泥不化。

详释参见《十三势》校注诠释。

**歌诀六：（十三势歌）**

**1.［正文］十三总势莫轻视，命意源头在腰隙。**

［**校注**］

（1）本篇采自［微本］。杨氏家藏古抄本题作《十三式歌》，［李本］题作《十三势行功歌》，［郝本］题作《十三势行工歌》，［图本］题作《太极十三势歌》，［孙本］题作《十三势歌诀》。

（2）“十三总势”［澄本］作“十三势来”，［徐本］作“十三势”，杨氏家藏本作“十三总式”。

（3）“莫轻视”［郝本］［卞本］［祖本］（姚继祖著《武氏太极拳全书》1999年2月山西科学出版社）作“莫轻识”。

（4）“腰隙”［澄本］［徐本］［王本］［董本］作“腰际”。

［**诠释**］

十三势者，即类比八卦、五行的拳势合称。八卦即掤捋挤按采挒肘靠八种手法，是谓“八门”；五行即进退顾盼定五种步法，是谓“五步”。八门五步其数十三，故曰十三势。

八门手法，“紧要全在胸中腰间运化”，即手法不仅在手亦在心，心之一动，动则分阴阳，静则合太极，故八卦在胸中，即太极在心中，谓之怀抱八卦，心有太极，捶自心出，拳随意发，起落有方，动转有位，则临阵用手，招变手变，神活机先，犹如常山蛇阵，击首则尾应，击尾则首应，击中则首尾皆应。此手法之奥妙也。

而太极步法，为太极拳术的中流砥柱，言其重要，身步无分，步法熟而身法自明，就能进于得机得势之域。步法虽繁博，然而由博返约，无非是进退顾盼定也。进者前进，殚其力而勇往直前；退者后退，速其气而回转扶势；顾者体察，盼者照应，流连顾盼，相随呼应；定者中定，圆满浑元，凝重中正，轻灵圆活，稳固厚重。此步法之神奇也。

手步八五，其理奥妙，其义深邃，练一手一步之中，将伊之性能，格物至善处，用之于敌，得之于心，虽一手一步亦能生生不已，何况八门五步。其阴阳、五行、刚柔、虚实灵妙变通，循环无端，往复不已，变化无穷。故八门五步，实即千手百步，又岂止千手百步耶！故此虽言狭义的十三势，并不可以以轻微细末之技艺视之，是谓“莫轻视”。

王宗岳《太极拳释名》曰：“太极拳，一名长拳，又名十三势。”可见“十三势”不仅是指手步八五狭义的十三势，而是代指三十七势全盘整套的太极拳及其衍生系列，为广义的十三势。故曰：“十三总势。”其道博大而精深，一举一动均合科学化、精神化，小则强身祛病、御敌防侮，大则养气凝神。其功理常以道、儒、理、易哲学理论为支柱，以养身、气功、武术领域的气血、经络、穴位和脏腑学说为基础，与军事学、兵法相关联，与人文科学相涵通，可说是肇始于古哲、融贯于三教、横涉于九流、浸淫于百家，具有深刻的文化内涵，是华夏民族的精神象征，人生哲学的基础，社会教育的命脉，沟通世界文化的桥梁。其使命是修正人心，抒发感情，改造生理，发挥良能，使学者神明体健，利国利民，和谐人类，此乃人类的共同语言、世界之珍宝。故曰："十三总势莫轻视。"

"命意源头在腰隙"之"隙"者，空、穴、眼也。腰隙即腰眼、腰肾、命门穴，人之灵根。明代医家张景岳说："命门居两肾之中，即人身之太极，以生两仪，而水火具焉，消长系焉。"又说："肾两者，坎外之偶也，命门一者，坎中之奇也。一以统二，二以包一，是命门总主两肾，两肾皆属于命门，故命门者，水火之府，阴阳之宅，为动气所居。"而虞抟著《医学正传》说："命门一穴，在脊中第十四椎下陷中，两肾之间，夫两肾为真元之根本，性命之所关，虽为水藏而实为相火寓乎其中，愚意当以两肾总号命门。"此皆"命意源头在腰隙"的根据。太极拳"宇宙在乎手，万化生乎身"，提挈天地，把握阴阳，呼吸精气，以心行气，务沉着，而敛入脊骨，周流于六虚，深沉于丹田，倾注于腰隙。太极拳以腰为轴，命门在腰，寓寄全身的重心，也寓寄肾间先天精气、后天劲气。劲气源动鼓荡于腰，其真气也由腰肾而发。为意气总机关，也为劲力源头。朱熹《观书有感》云："问渠那得清如许，为有源头活水来。"腰肾精气为劲力的源头活水。活水常沏，精劲汩汩，渊涵长清，日有新知，腰为精气劲力的源泉，故曰："命意源头在腰隙。"

**2.［正文］变转虚实须留意，气遍身躯不少滞。**

**［校注］**

（1）“变转”［万本］作“变换”。

（2）“留意”［李本］作“留神”。

（3）“少滞”［李本］作“稍滞”，［郝本］［卞本］［万本］［图本］［祖本］作“稍痴”，［王本］作“少痴”。

**［诠释］**

虚实者，变化之消息，转换之机枢，谋略之法则，胜负之拳权，太极之本然。杨澄甫说：“太极拳以分虚实为第一义。”董英杰在《太极拳释义》中说：“练拳与对敌，总不离一虚一实，虚能实，实又能虚，人不知我，妙在其中矣。全部太极之精华奥妙，尽在虚实二字之运用。”由此可见虚实范畴的体现是太极拳术的基本点，不谙虚实，就等于不懂太极拳。

太极拳招招势势皆循圆运动，故动静不同时阴阳无定位、虚实常变换。虚实变换，在外为动作，有重心的变换，以腰隙的虚实变换为主；在内为心意，作意转换自然，而周身圆转自如。虚中有实，实中有虚，阴阳相贯，虚实相涵，如环无端。其曲伸开合，内与外，究之周身，掌腕肘肩、背腰胯膝脚、五脏六腑九窍三百六十节，无一处不分虚实，虚实中可再分虚实。功夫越深，能分虚实的部位越多越细，无穷无尽。此即拳论所谓“一处有一处虚实，处处总此一虚实”。从某种意义上说太极拳运动就是虚实运动，故曰：“变转虚实须留意。”

太极拳是使自身整个身心与宇宙融为一体的修炼方式，其旨在宁定松静自然。人能常清静，天地悉皆归。于人体，心静则天机活泼，身静则浩气流行。天机活泼则神灵现，浩气流行则真阳生，太极功夫方可阶及神明。功臻神明，则内外明调、气脉通畅，和气周匝一身，往来六虚，百脉通融，被于谷中，畅于四肢，此即是无痴缓，也无阻滞，故曰："气遍身躯不少滞。"

武禹襄《十三势行功要解》曰："意气须换得灵，乃有圆活之趣，所谓'变转虚实须留意'也。立身中正安舒，支撑八面，行气如九曲珠，无微不到，所谓'气遍身躯不稍滞'也。"是为注。

**3. [正文] 静中触动动犹静，应敌变化示神奇。**

[**校注**]

"示神奇"[李本][郝本][卞本]作"是神奇"。

[**诠释**]

触者，触发也，静触而动发，斯为静中寓动机也。"静水流深"，定静似静而非静（寂静），其中气势腾挪，时刻准备着转为由外而内、由假而真的更高级的动，此为"静之萌化"，是为真动，即所谓"静中动是谓真动"。动极而静，由动归静，此谓"动之复归"，是谓真静，即所谓"动中静是谓真静"。

太极拳以静为旨、以静为贵，由静而起，生动而炼，归静而养，修炼在其中，此为太极修炼的不二法门。静与动，主静慎动之体，慎动主静之用，静中以求得动的机变，动中以求得静的应随，动中处静，静中寓动，相连不断，循环不息。练拳行功，中心泰然，抱元守一，未尝不静；及其静也，神明不测，有触即发，未尚无动，于动时存静意，于静中寓动机，一动一静互为其根，动静一源，体用一道，静则为心，动则为意，妙用则为神。功夫既深，心地明彻，泰然自适，不特杂念无由而生，即自己的躯壳，也可置之度外，而臻物我俱忘之境，则静至极矣，静极生动，是为真动。真动则真气磅礴，行气如虹，如是阶及神明，可称为大成矣。其时，辩证动静，运化刚柔，调和神气，任意所之，无往不可，静则浑然一气，潜如无极，动则灵活敏捷，变幻莫测，如天娇神龙，有见首不见尾之妙。猝然临敌，能视敌的形势而应随变化，敌虽顽强，亦不能御也，故曰：“静中触动动犹静，因敌变化示神奇。”

武禹襄《十三势行功要解》曰：“发劲须沉着松静，专注一方，所谓‘静中触动动犹静’也。往复须有折叠，进退须有转换，所谓‘应敌变化示神奇’也。”是为注。

**4.［正文］势势存心揆用意，得来不觉费功夫。**

**［校注］**

（1）“存心揆用意”［微本］作“揆心须用意”。［万本］作“存心须用意”。［李本］作“存心拨用意”，系误植。［图本］作“留心揆用意”。

（2）“不觉”［孟本］［邹本］作“全不”。

**［诠释］**

“势”即行拳应敌的招式，有虚实的变化，有动静的分合。动静开合，虚实转换，相连不断，生生不息，是谓“势势”。势以应敌，瞬息万变，不容分心，故须存专一不杂之心，聚精会神，以心行气，以气运身以致用。"揆"者，审势察度之谓。审敌之势，度己之为，逐势逐动，一手一式，无不"每招全在心胸"，是谓"用意"。用意在身，动静分合摩荡，虚实变转神会，真积力久，功夫即深，阶及神明，则百骸筋节自相贯通，上下表里不难联络，捶自心出，拳随意发，心气一动，曲伸开合，无不从心所欲听自由，太极功夫自臻豁然贯通的神明境界。此皆"势势存心揆用意"的妙处。然而此豁然贯通的境界，非持之以恒、勤学苦练而不能得，即所谓"非用力之久，不能豁然贯通焉"。故曰："得来不觉费功夫。"有别本作"得来全不费功夫"，似反其意，实则一致。积累之久，总有融会贯通之时，一旦豁然，自然得悟，随手凑巧，"得来"自可"全不费功夫"。

沈寿认为，若据古诗格律韵脚分析，"得来不觉费功夫"句，应置"势势存心揆用意"句之前。再据武禹襄《十三势行功要解》"曲中求直，蓄而后发，所谓'势势存心揆用意，刻刻留心在腰间'"，证明这两句上下是紧接相连的，故"得来……"句无疑在"势势……"句之上，是为注。

**5.［正文］刻刻留心在腰间，腹内松净气腾然。**

［**校注**］

（1）"在腰间"杨氏家藏本作"存腰间"。

（2）"腹内"［孟本］作"腹心"。

（3）"松净"［微本］［董本］［李本］［少本］［图本］作"松静"。

［诠释］

腰间，此处指腰脊。拳谚云："腰如干，肢如枝，腰微动，枝自动；腰不动，枝乱动，无用功，一场空。"《十三势行功心解》："气若车轮，腰如车轴。""气为旗，腰为纛。"《心会论》说："腰脊为第一之主宰。"中医学认为"腰为肾之府"。由此可见人体的枢纽，唯腰脊，为全体的主宰。故须"刻刻留心"，即意注而非意守。意注则活，意守则滞。如何意注？陈鑫说："腰是上下体之关键，腰以上气往上行，腰以下气往下行，似上下两夺之势，其实一气贯通，并不悖行。"

此"刻刻留心在腰间"与前之"命意源头在腰隙"密切关联，内外相合。因为"命意源头在腰隙"，所以要"刻刻留心在腰间"，既是因果，又是呼应，一再强调，又突显太极腰的重要。

"腹内"一作"腹心"，系润改，指丹田而非指"腹和心"，但又一语双关，与心神有联系。"腹松净"一作"腹松静"，以"腹松净"为是。松者，涵虚柔顺而舒展；净者，透空而纯粹。太极拳"含胸拔背落自然"，腹松则气沉丹田，致蓄气充盈而腾然；腹净则内气纯粹而鼓荡。气能腾然鼓荡，则意气换得灵，则气遍身躯不少滞而敛入脊骨。气敛入骨以通神而精神焕发，故武禹襄《十三势行功要解》曰："精神提得起，则无迟重之虞，所谓：'腹内松净气腾然'也。"

**6.［正文］尾闾中正神贯顶，满身轻利顶头悬。**

［校注］

（1）"中正"［李本］［郝本］作"正中"。

（2）“神贯顶”杨氏家藏本作“神冠顶”。

［诠释］

尾闾，古代传说中海水所归之处，有众水流归大海之义，寓意甚深。《庄子•秋水》曰：“天下之水莫大于海，万川归之，不知何时止而不盈；尾闾泄之，不知何时已而不虚。”嵇康《养生论》曰：“或益之以畎浍，而泄之以尾闾。”尾闾位于躯骶骨端，故又名尾骶骨，与脊椎骨有联带关系，为转动元气升降的要道。督脉的长强穴在尾闾部，为督脉的络穴，别走任脉，系足少阴、少阳之会。在太极行功中，形体上尾闾如舵，又如推进器。身欲向何方，尾闾即从后对向何方，尾闾中正，则立身中正，故须“尾闾中正”。如何做到中正？郝少如说：“尾闾正中须两股有力，臀部前收，脊骨根向前托起丹田。所谓尾闾正中即脊骨根向前也。”而孟乃昌先生则解释得更为具体：“首先要尾尖前移二寸但用意可远至尺丈，尾闾骨向前，从而起到由曲至‘直’的拉长效果，起到向上托的作用。”从广义整体看，此即太极拳“裹裆”“敛臀”或叫“护臀”的技术规范。从狭义局部看，此即“吊裆”，谓“尻道上提”或“提肛、缩股道”，为会阴处虚虚向上吸提，适度地收缩会阴底肌和肛门括约肌。配合顶劲、松腰、落胯、圆裆等要义，就能使尾闾的舵向作用相对稳定，从而保证“尾闾中正”和“立身中正”。有助于增强脊柱的灵活性和弹性，同时也相对降低了身体的重心，促进下盘稳固，从而有利动作的平衡和蓄、引、拿、化、发的稳健。

向恺然言尾闾中正之义：“无论练拳与推手，皆须注意尾闾和脊梁，所有动作发源于此。脊梁须中正，不偏不倚。因动作必须从尾闾发端，方足以令身体运动四肢，不是四肢运动身体。尾闾有圆圈，则各部的圆圈能黏能走。如尾闾不起作用，各部的圆圈也都失了黏走之效。练太极不久的人，骤闻此语，必生疑惑，但依此练习若干年，自有恍然之时。倘教授之人，不会学者于此等处注意，在天资聪颖又能下苦功的人，或有自行领悟之一日，否则将终生不知其所以然。”

“顶头悬”即“提顶”，或称“虚领顶劲”。太极拳要求“心平、眼平、顶平、肩平”。心平则气正，眼平则意正，顶平则头正，肩平则身正。顶头悬的要求，就是通过“心、眼、顶、肩”的顺序，在其四平的基础上头顶百会穴虚虚领起，若有若无，如临虚空而神贯于顶，处于勿忘勿助的虚悬状态。

头为百脉之宗，诸阳之首，位居至高清虚之地，内藏脑髓，乃系元神之府，周身之主，全身之纲领，五官百骸莫不本此为向背。百会朝天，天门洞开，此方寸之地的虚领，可提纲挈领竖路线，而致元神“天根月窟常来往”，机气通畅，浩气流行，达到炼气化神的成功。正如陈鑫所说：“周身精神全系于顶，故顶劲起来，是在似有似无之间。”自可免除太极拳板滞之病，而带来一片灵动，一派生机。正如诗歌咏“一片灵机写太和，全凭方寸变来多，有心运到无心处，秋水澄清出太和。”

“顶头悬”为上，能悬则顶劲虚领，神贯顶而维系于天；尾闾中正为下，能吊裆则尾舵稳，气注海底而连接于地。头顶与尾骶骨互逆相撑，伸展贯注，则上下一气，有如冲天接地之意。通体准直，以竖其路线，纲举目张，而提挈全身。如此上下一线，轻灵贯串，中正安舒，不偏不倚，脊通三关，自然得路，而周身皆活，故曰：“尾闾中正神贯顶，满身轻利顶头悬。”

武禹襄《十三势行功要解》曰：“虚领顶劲，气沉丹田，不偏不倚，所谓‘尾闾中正神贯顶，满身轻利顶头悬’也。”是为注。

**7.［正文］仔细留心向推求，曲伸开合听自由。**

［**校注**］

（1）杨氏家藏本“曲伸”作“屈身”。

（2）别本“听自由”作“任自由”。

［**诠释**］

“仔细”，周密、细致、详切之谓；“留心”，留意、关心之谓；“向推求”，向、面对，指对前所阐述的十三势的基本要求、法则及原理。太极十三势的体用，阴阳、动静、刚柔、虚实、曲伸、开合，灵妙变通，循环无端，往复不已，变化无穷，其理奥妙，其义深邃，博大而精深，应“莫轻视”而须周密考究，仔细推敲，详切求学之，故曰：“仔细留心向推求。”

而太极拳求学的终极目标，为“曲伸开合听自由”也。曲者，弯曲、合、收也；伸者，舒抻、开、放也；开者，阳刚以化人也，合者，阴柔以自守也。曲伸者外也，开合者内外兼具也，外尽曲伸之象，内尽开合之理，指劲气运用和走向。陈鑫说：“以吾身本有之元气，运于吾身，曲伸往来，收放擒纵，不过一开一合与一虚一实已耳。”李亦畬《五字诀》说：“吸为合为蓄，呼为开为发。”又说：“力从人借，气由脊发，胡能气由脊发？气向下沉，由两肩收入脊骨，注于腰间，此气之由上而下也，谓之合。由腰形于脊骨，布于两膊，施于手指，此气之由下而上也，谓之开。合便是收，开即是放。”收则存于方寸（丹田）之中，放则弥于六合之内。听自由者，听凭自然也，即“拳法贵天生”之谓，“天生”即天然、自然。此处作“自由”，皆因诗的押韵关系。

《老子》云：“道之尊，德之贵，夫莫之命而恒自然也。”太极拳无为之修，顺应天道，其功擅开合，用在曲伸，修为在自然。自然既立，则阴阳生，变化出，形势具，神气备矣。形势练之成拳，神气练之得道，曲伸有动作，开合有运会，曲伸开合，神意相照，随曲就伸，开合相连，曲伸潜踪，开合无迹，功夫自然而修，功力自然而长，功法自然而生，功境自然而得，故曰：“曲伸开合听自由。”

武禹襄《十三势行功要解》曰：“以气运身，务顺遂，乃能便利从心，所谓‘曲伸开合听自由’也。”是为注。

**8.［正文］入门引路须口授，功夫无息法自修。**

**［校注］**

（1）“引路”［万本］作“道路”。

（2）“功夫”［姚本］［微本］［炎本］［图本］作“工夫”。［李本］作“工用”。［郝本］［祖本］作“功用。”

（3）“法自修”［姚本］［微本］［微本］［董本］［李本］［少本］［祖本］作“法自休”。

**［诠释］**

溯流达源，太极拳出于无为而出乎自然的修为，故第一个修炼的人“大道全凭静中得”，绝无师承传可言。

然而其毕竟是偏于实践性的学科，是积累式的功能性修为。无数前辈为走通这条崎岖曲折的道路，在漫长的岁月中付出了沉重的、甚至无可弥补的代价，时至今日，再无必要披荆斩棘，重蹈荒原，重复前人的教训。同时由于太极拳的实践性、积累性和功能性，故决定了其承传上不可避免地需要传法的具体灵活及阶段的有效保密。为此历代传法，不得已而崇尚师徒授受，而以读书为辅，尤其是初学。若以书为师，书难尽言，言难尽意，法难尽陈，难以达变，若遇疑难，多致延误。何况伪书遍地，杂说林立，牵强附会，支离驶说，讹言误人，因此还是得求得道之明师。“师父领进门”，以端正功行，加持劲力，开窍导脉，融通精神，以免误入歧偏，防患于未然，故曰：“入门引路须口授。”

炼修太极拳，是一个改造弱化后天，脱胎换骨，化力换劲，炼劲积劲；开发强化先天，虚空心灵，美化身心，回掘潜能，重新认识世界、认识人体、认识调整自我，达到“道法自然，天人合一”的过程。其中玄奥深藏，学无止境，它需要绝顶聪颖的领悟力与极其敏锐的理解力，更需要累月长年浸淫拳经，默识拳法，揣摩拳功，坚持勤恒礼诚，努力进取，自修无间，方能“真积力久”，由入门而登堂入室，登堂犹浅，入室为深，才能对拳理、拳论、拳法、拳学有一个系统的了解、认识、掌握和继承，了解它的渊源、理论、特长和弱点，掌握它的练法、技法及运用和改造的能力，才能达到通晓拳理，见解通达，触类旁通，故曰：“功夫无息法自修。”

陈鑫说：“每一势，往往数千言不能罄其妙，一经现身说法，甚觉容易。所难者功夫，所尤难者，长久工夫。谚曰：拳打万遍，神理自现，信然。”适可为此二句之注。

**9.［正文］若言体用何为准？意气君来骨肉臣。**

**［校注］**

“意气君来骨肉臣”［刘本］（《太极拳架与推手》刘晚苍、刘石樵著，1980年1月上海教育出版社出版）作“意气均来骨肉沉”。

**［诠释］**

“体用”，“体”即本质、本体，基础；“用”即运用、应用、使用。原指事物的性质与作用，这里借指支配与被支配的主从关系。“君、臣”与“体、用”只是同一意思的两种比喻，若问体用两者哪一样起主导作用而作为准则呢？自当以内在的精神“意气”为主宰（君），而以外在的形体“骨肉”为辅佐（臣）。前后二句一问一答。沈寿老师指出，或许为了反封建，有拳家将“意气君来骨肉臣”改为“意气均来骨肉沉”，一改之下，答非所问，且词义牵强。若连古籍上以“君、臣”作比喻的都要改掉，那真是改不胜改了。这种改法显然是不足为训的。

孟乃昌先生指出，此处的“意气用事”绝非贬义，“意气为君”之说，应是太极拳理论早期的提法，太极拳等内家拳一向强调“意气”，以有别于外家拳。清初蒲松龄《聊斋志异·武技》有：“李在侧，不觉技痒，意气而进。”作为与少林较量一方，在此“意气”已作贬义而用。而后又如何可以为君？故必先此有“意气为君”之说，而不在此后。适至清中叶以后，提出“心为令，气为旗”“心在先”，以取代“意气君来”之说。由此可以断言，持“意气君来”观点的十三势歌，及其歌中后文“益寿延年不老春”

的提法，并不是近代武器或火器引进，拳技之勇在战场上日益式微之后提出来的，而较此要早数百年。故近人张士一等认为此歌作于王宗岳太极拳论之前，而唐豪则认为“十三势之后学于黄河之南，复得宗岳太极拳论、太极拳释名、打手歌，益以已作十三势功歌，此舞阳盐店谱之内容也”。

武禹襄《十三势行功要解》曰：“心为令，气为旗，神为主帅，身为驱使，所谓‘意气君来骨肉臣’也。”即是在此时代背景下提出来的，是为注。

**10.［正文］详推用意终何在？延年益寿不老春。**

**［校注］**

“详推”［澄本］［姚本］［孙本］［微本］［徐本］［董本］［炎本］作“想推”。

**［诠释］**

“详推”，详细地推敲。

黄帝曰：“天覆地载，万物悉备，莫贵于人。”明代著名医家章潢认为：人身与天地同重，除却此生，圣人所说之修身立命，存心养性以至参赞天地之化育，一切无从谈起。所以太极“详推用意”，必究养生。因为养生是大道、是“体”，即内在因素；技击是小道、是“用”，即外在因素。“体”是本质，是潜在的条件；“用”是发挥，是机缘际会。“有体而无用”或“有用而无体”都不能成事。所以太极拳家，必须注重“体用”结合、“体用”一致，也就是练养结合，技击观和养生观的高度一致。然而“小道”必须服从“大道”，技击必须服从养生，这是因为太极技击源于养生，仅仅是养生的延续和延伸，又最终归结为养生，所以养生是技击的发源和归宿，是太极的基础、本质和生命，此歌反复发问，步步深入，由“须留意”，而“存心揆用意”，而“刻刻留心”，而“意气君来”，在肯定了以内炼精神意气为主的基础上，进而设问“详推用意终何在”？顺理成章地提出了养生保健、延年益寿的终极目标。此非苟延残喘，而是体魄健壮、神气充沛的“不老春”。使文章结语与开篇相互呼应，全篇理法一脉贯通。文章至此结束，嘎然而止，七言二十句，计一百四十字，故有下文“歌兮歌兮百卌字”的赞美诗。

查《太极拳论》篇末有原注云：“此系武当山张三丰祖师遗论，欲天下豪杰延年益寿，不徒作技艺之末也。”这段注文可能是后人根据此歌的最后两句歌诀精神，加以润饰所加的。一百多年来，太极拳循着这个方向健康地向前发展。

**11.［正文］歌兮歌兮百卌字，字字真切义无遗。**

**［校注］**

（1）“百卌字”［澄本］［孙本］［董本］［图本］［王本］作“百四十”。

（2）“义无遗”［郝本］［李本］［祖本］作“义无疑”，［澄本］［万本］［孙本］作“意无遗”。

**［诠释］**

歌诀此二句以上恰好为二十句一百四十字，故曰：“歌兮歌兮百卌字”。卌，音细（xī），《说文》：“数名，亦直为‘四十’字。”《字汇补》：“四十并也。”即四十的合体字。

“百卌字”，今本多改作“百四十”，皆为免破格而删“字”字。如此模棱顿生，此歌究竟是百四十首、百四十句，抑或百四十字呢？“字”字是断不可省的。

《十三势歌》字字切实，“并无一字敷衍陪衬”；知无不尽言，言无不尽义，句句切中要窍；大法悉备，大义要略，无一遗漏，故曰：“字字真切义无遗。”

**12.［正文］若不向此推求去，枉费工夫贻叹息。**

［**校注**］

“贻叹息”［李本］［郝本］作“遗叹惜”，［祖本］作“遗叹息”，一作“贻太息”。

［**诠释**］

贻，音遗（yí），遗留，此处音义皆同。

歌诀以恳切的语言，剀切的劝导，殷切希望后学获得真诀好用功，向此仔细推敲，详切求学，以免“枉费工夫”，而为日后遗留下无穷的叹息。

自“歌兮歌兮百卌字”至“枉费工夫贻叹息”最后四句，“分明是一首赞美诗”。缘古代太极拳巨擘皆深明大义，自知之明之人，绝无可能自吹自擂“字字真切义无遗”，“若不向此推求去，枉费工夫贻叹息”。若果真如此，则真该让人“贻叹息”了。故可断言，二十四句本是两篇诗文，而不是一篇，后篇四句绝非王宗岳原著，应为歌诀在传抄中后贤补写的夹注，而串入正文。如此方可体现“三切”（恳切、剀切、殷切）而避狂妄。

**歌诀七：极柔即刚极虚灵，运若抽丝处处明。开展紧凑乃缜密，待机而动如猫行。**

［**校注**］

（1）“歌诀七”［寿本］［邹本］作“歌诀六”，

［赵本］作“歌诀五”。

（2）“开展”［唐本］（唐豪、顾留馨编著《太极拳研究》，1964年人民体育出版社出版）作“门展”，系误植。

［**诠释**］

太极拳运动，唯刚与柔，其为用无非气与势而已。气行诸外而内持静重，刚势也；气屯于内而外现轻和，柔势也。势柔者，善随机而变，随势而化，随形而体，随神而应；势刚者，善随机而催，随势而乘，随心而用，随神而谋，各擅所长，故刚柔不可偏用。此处的气势实为太极的内劲。拳诀有云：“有意放松，无意成刚。”劲的成就，由静入手，由松入柔，以至招熟，是为初阶。积柔成刚，刚柔互运，以至既济和合，渐悟懂劲，是为中阶。刚复归柔，刚柔浑然，知缠绵而进取，知依随而退守，缱绻卷舒，旋绕环化，皆成自然，“极柔软然后极坚刚”，蓄发相变，奇正相生，阴阳合德，神气因应，神而明之而阶及神明，是为高阶。功臻上乘，内神虚灵不昧，外气清明在躬；内不觉其一身，外不知宇宙，天人合矣，故曰：“极柔即刚极虚灵。”

五灵沉着，气归丹田，以气运身，以意使劲，是谓运劲。运劲须松、静、稳、匀、缓、合、连，其状如抽丝，故谓“运若抽丝”，即“运劲如抽丝”。

“查抽丝两字，非仅指缓缓直拉而出，乃指旋转出入，如来福线之螺旋形也”，故也称“缠丝劲”。运劲如抽丝，或作缠丝劲，诸家见解不同，其实抽与缠绕螺旋相连相成，君见过江南缫丝，即可见证。太极拳用来喻劲的曲使之道，力的直出之门，是何等的确切精妙。一喻其五灵沉着，用意不用力，绵细不断，不顶不丢，无过不及；劲的大小、刚柔、虚实、动静、开合的变化皆把握得毫厘不差，恰到好处。一喻其圆满无亏，轻灵贯串，环而无间，动作走螺旋。陈鑫曰："运劲如抽丝。""运劲如缠丝。""缠丝者，运中气之法门也。""皆用螺丝缠劲，断不可直来直去，一直则无缠绵曲折之意。无缠绵意，不唯曲伸无势，即与人交手，亦不能随机应变，妙于旋转。转关不灵，在我先觉输人一筹，何以制胜？"唯运劲如抽丝，动作走螺旋，环而无间，周而复始，方能得其环中，以应无穷。此即是由懂劲阶及神明而豁然贯通，即"处处明"也。得其环中应无穷而"处处明"，"处处明"则应无穷，此辩证也，故曰："运若抽丝处处明。"

开展、紧凑、缜密为太极自初发悟至于有成递次的三层次。"开展"者，放大也，开张展舒之谓。初学练拳，柔软为道，用意不用力，先求姿势开大，各部顺畅，动作适意，即所谓舒筋活血、起衰振羸。强壮以后，研究筋骨劲气合一，练气入骨，练劲归根；动分静合，开合有致，动转有位，太极有宰；劲骨宣合，百脉流真，劲气贯串，劲意不断，气势相连，聚精会神，此谓之"紧凑"也。自此而后，舒散怀抱，自忘其身，虚静为上，内外兼修，鸿濛一气不散，精神圆满无亏，悟透希微之机，练成化劲，拳心合一，拳无拳，意无意，劲断意不断，意断神相连，太极随处见圆光，妙手一招一太极；有丝丝入扣，斗榫入壳之恰当，乃臻形神合一、体用合一的缜密之境。而后有太极拳"放之则拳弥六合，收之则存于方寸之中"之妙，故曰："开展紧凑乃缜密。"

顾留馨《咏太极拳》句：“初练转圈要宽大，功久转圈渐收拢，收小小到没圈时，紧小脱化妙用洪。”可作备注。

“待机而动如猫行”，其精髓在神似而不尽在形，警示太极学者宜与猫性通灵，举止虚灵若惕，临阵不乱，量敌而进，俟机而动；动必有由，驱身动步，屏心静气，涌开两肾，串连（尾）闾脊，精神贯满全身；步起步落，骨沉脉和，缓中见雄，笃中含灵，虚实分明，沉稳轻灵；一俟有隙，突发而出，出其不意，攻其不备，一掣万钧，灵活骄健而富有变化，一如搏鼠之猫，故曰：“待机而动如猫行。”

## 七、《二十字诀》校注诠释

**［正文］披闪担搓歉，黏随拘拏扳，软掤搂摧掩，撮坠续挤摊。**

**［校注］**

（1）正文依［姚本］《太极拳讲义》。

（2）诸本均同。

**［诠释］**

《太极拳谱歌诀》原题《乾隆旧抄本太极拳谱（经）歌诀》，共有七首。［姚本］在歌诀六和歌诀七之间插入《二十字诀》。姜容樵在［姚本］第十章《太极拳谱释义》篇首写道：“拳谱为清初王宗岳所著，惟递嬗至今，其中不无讹错，故市井所传之太极拳论，多有令人不解之语。余与姚君馥春得抄本于汤君士林，并得汤君详细解说，其原文较世所传者，多三分之一，皆太极之要诀。兹特笔述于后，以公同好，并加注释。”又在歌诀五末言：“并披闪担搓之皆论指此长拳而言也。”其篇末又云：“以上原文，相传为王宗岳著。余与姚君馥春，得乾隆时之抄本，复得光绪初年之木板（版）书，与近世所传者，大同小异，其理与法则一耳。”

武术史学家唐豪在《王宗岳考》中直斥姜、姚“扯谎”。而徐震（哲东）对所谓“乾隆旧抄本及光绪木版本书”一说，曾在其1937年《太极拳谱》中评说：“右文见于姜容樵、姚馥春合编之太极拳讲义，谓据乾隆时旧抄本及光绪木版本也。今按姜容樵本既有十三势行功心解之文，即为出于武禹襄以后之证。乃云乾隆时旧本，已堪大噱。至太极拳谱，清代从未有刻本，何来光绪本版本乎？此实诬妄之尤者矣。至于二十字诀后之文显为出于习形意者之手笔，按姜氏之太极出于许占鳌，许氏为形意拳师郭云深之徒，则此等窜入之文，大抵出于许氏也。”后也未见姜、姚有辩驳之论，《二十字诀》也未见于当时太极拳诸家的拳谱，由此看来，二十字诀可能为形意窜入之文。然而既与武术一脉相承，且又同为内家拳术，仍不失其对于太极拳的指导意义，故在［姚本］的基础上加以诠释。

### 1. 披

《说文解字》：从旁持曰披。从手，皮声。

（1）分，分散，分解。吴均《共赋韵咏庭中桐》：“华晖实掩映，细叶能披离。”《三国志·魏志·张辽传》：“权（孙权）人马皆披靡，无敢当者。”

（2）开，裂，劈开，劈去。《史记·五帝本纪》：

“（黄帝）披山通道，未尝宁居。”《汉书》：“披心腹见情素。”又《范雎蔡泽列传》：“木实繁者披其枝。”

（3）服，复盖。《三国演义》第三十八回：“头戴纶巾，身披鹤氅。”

以身躯为准，人体两侧称为侧翼，如两侧肩、两腋、两胁、两侧腰及两髋皆是。太极拳中，由敌侧方分进，以我的竖线找准对方的横线，侧翼抢攻，是谓披。即《五字经诀》所谓：“披从侧方入。”拳谚说：“侧翼抢攻，一臂双功。”“跟身到腋是良方。”都说明经过对方的侧身进势进招的“披”是克敌制胜的奇招。

### 2. 闪

《说文解字》：窥头门中也。从人在门中。

（1）亮光突然显现，或忽隐忽现，也指倏忽一现的光。《三国演义》第一回：“为首闪出一将，身长七尺，细眼长髯。”

（2）闪开，躲避，侧身急避。《水浒传》第十一回：“林冲赶将去，那里赶得上！那汉子闪过山坡去了。”

（3）闪赚。《拳经·捷要篇》：“而其柔也，知当斜闪。”又如崔彭年撰的《螳螂拳谱》对“闪赚腾挪”的专门解释：“闪者，如炸目瞬，见像而化，杳无可寻。掌拳肘膝，俱宜用之。若只是作闪躲，则辜负此字矣。赚者哄也；腾者搁也；挪者移也。俱有闪字在内。”（转引自马明达教授《从“闪赚腾挪”说起》一文）可见闪除作“闪躲”解外，“闪赚腾挪”四字里“俱有闪字在内”，即有闪闪、闪赚、闪腾、闪挪，其含义广矣。太极拳中不顶而粘连，不丢而黏随，倏忽之间而知当斜闪，闪赚腾挪而后有接应，不为全空而无后继，即《五字经诀》所谓：“闪展无全空。”闪还具有“蓄发卷放如迅雷”、迅猛闪击敌人之义。

### 3. 担

承当，负荷。引申为承担、担任、担负，如勇挑重担。《战国策·秦策一》：“负书担橐。”《左传》：“驰于负担。”在太极拳中，任敌袭击，待其将着身时，即以我的粘掤之劲，承当其攻势。负荷以下松，沉化其劲，曰“担”，即《五字经诀》所谓：“担化对方力。”既不以顶抗担当敌击或担出敌手足，也不以瘪丢脱离与敌接触。顶抗则生断续，瘪丢则失依随，皆失粘连黏随，即失“担”意。行拳时，心中有敌情，无人作有人，有假想敌，是谓“担着打”。

### 4. 搓

用手掌揉擦。

韩偓《大庆堂赐宴》诗：“绿搓杨柳绵初软，红晕樱桃粉未干。”《红楼梦》第十八回：“（黛玉）却自己吟成一律，写在纸上，搓成个团子。”在太极拳中，以我的手腕臂肘与敌的手腕臂肘相抵，两膊相系，含合抱圆滚提搓之意，接入彼劲，息心体认，以探彼的虚实，以试其劲的去向，因敌变化，敌进我退，敌退我进，粘黏不脱，伺机搓发，是谓“搓”，即《五字经诀》所谓：“搓磨试其功。”

### 5. 歉

《说文解字》：歉食不满。从欠，兼声。

（1）年岁欠收。《广雅•释天》：“一谷不升曰歉。”

（2）吃不饱。李商隐《行次西郊作一百韵》诗：“健儿立霜雪，腹歉衣裳单。”

（3）心觉不安。如抱歉，歉仄，引申为不足。

在太极拳中，劲不外露，功蕴于内，懦弱谦下，能仄不盈。以劲试敌，总须留有余地，把握分寸。劲以曲蓄，直以发放，知缠绵而进取，知依随而退守，是谓“歉”，即《五字经诀》所谓：“歉含力蓄使。”

### 6. 黏

《说文解字》：相着也。从黍，占声。

（1）沾也，染也，相着也，胶附曰黏。陶宗仪《辍耕录》卷二十九《黏接纸缝法》：“古法用楮树汁、飞面、白芨末三物调和如糊，以之黏接纸缝，永不脱解。”

（2）具有黏性。如发黏，黏逼。白居易《朱藤谣》：“泥黏雪滑，足力不堪。”

在太极拳中，黏为黏贴、黏逼。人施以刚直之劲，唯顺应其势，柔以承之。劲柔者，随形而体，随神而应，随机而变，随势而化，使彼劲落空，陷被动而至背势，而我势得其中，得主动而至顺势，人背我顺，以顺黏背，敌进我退，敌退我进，进退相随而丢不开、投不脱，如胶着物，是谓“黏”。能黏能走，走即是黏，黏即是走，黏走相生，走黏相乘，则应化无穷矣，此即《五字经诀》所谓：“黏粘不离宗。”

### 7. 随

跟从，顺从，顺便，沿着，遁。《仪礼•聘礼》：“使者入，及众介随入。”《易》：“随时之义大矣哉。”刘长卿《题灵祐和尚故居》诗：“风竹自吟遥入磬，雨花随泪共沾巾。”

在太极拳中，敌为主动，我为被动，即舍己从人。舍己从人者，随人而动，循其后而行，黏则相随，走则引化，进退相依，屈伸相随，循彼之劲，随彼之势，亦步亦趋，是谓“随”，即《五字经诀》所谓：“随进随退走。”

### 8. 拘

（1）捕捉，拘留，拘禁，不变通。《战国策·赵策三》：“故拘之于牖里之车百日，而欲舍之死。”

（2）拘束之谓也。《汉书•司马迁传》：“使人拘而多畏。”

（3）限制。例不拘多少。

在太极拳中，拘就是执拿的意思，即与敌进退周旋，实施掤捋挤按采挒肘靠八法时，始终要保持似执非执和似拿非拿的拘拿之意，此即《五字经诀》所谓：“拘意莫放松。”拳谚说：“拘意一松，必露破绽。”说明拘意莫松是太极技法用意的重要组成部分。如能做到拘拿意气占先，神如水银泻地，随曲就伸，敌我一体，我顺彼背，就能拘拿引衡顺势借力拔其根。

### 9. 拏

《说文解字》：牵引也。从手，奴声。

（1）又同挐。纷乱。《淮南子•览冥训》：“美人挐首墨面而不容。”

（2）“拿”的异体字。①为握持，王之道《春雪和袁望回》诗："老夫僵不扫，稚子走争拏。"②取，例拿过来。③擒捉、逮捕，《三国演义》第六十六回："操连夜点起甲兵三千，围住伏完私宅，老幼并拏下。"

太极拳的拿，是拿准控制管住敌劲的意思，故拳谚说："拿人如入榫，一对准，二落实，三吃牢。"这是拿的三项基本原则。其由擒拿法的节拿抓闭发展而来，而又不完全等同于通常所谓的擒拿法。即不再采用反骨背筋、抓筋、抓把、闭穴等毒手，而只采用无伤害性的节、拿两种。节，节制，俗称"节拿"。就是在粘黏的基础上，以我肢体的击发部位，掌控管制对方肢体易着力的发落点。拿，拿节，一般拿活节，就是拿住对方活动的关节部位。因为太极拳是以采拿为主体，采拿以拇、食、中指三指为主，其余二指为辅，钳制对方腕、肘、肩、踝、膝等活节向旁牵引，如选物者，先择而后取，转置他方之意。经过长期的实践和发展，从而演绎形成为独具太极特色的拿法。但是一旦脱离了四正推手，形成散手或对方来势阴毒时，则不再局限于节拿，就可用抓闭的手法，也可以在对方身体的任何要害部位落手，钳制对方，或者使其窒息，暂时失去攻击的能力，此即《五字经诀》所谓："拿闭敌血脉。"

### 10. 扳

《广韵·二十七删》："扳，挽也。"

（1）拉，拨动，如扳开关、扳网和扳枪机。

（2）扭转，挽救，如扳回一局。

（3）援引，挽引，牵引。《公羊传·隐公元年》："诸大夫扳隐（隐公）而立之。"何休注："扳，引也。"

（4）抓住。冯梦龙《山歌》：“双手扳窗看日光。”

在太极拳中，以挽住敌人各部，顺势牵引反转以制敌为扳。如倒撵猴诀：“退步稳匀求轻灵，倒卷肱臂无滞病；若得坠身挽扳劲，闪赚腾挪退即进。”就充分显示了挽扳劲的特点，其要妙在于身桩稳定，坠身沉劲，挽扳才能得力。《五字经诀》：“扳挽顺势封。”则表示如我遭遇敌方扳挽手法时，要顺其来势，以封闭其来手，使不得逞之谓。

## 11. 软

柔也。张耒《春日遣兴》诗：“日烘烟柳软于丝。”

太极拳尚松静，崇柔弱，全身意思皆用精神。所谓柔者乃娴静松柔之柔、自然柔弱之柔、软和柔润之柔、运化轻柔之柔和气血柔和之柔。“柔弱施于旋绕，先天劲力所以滋生；柔弱施于松长，后天技巧所以契神，决远者原须柔弱松长为要妙之技，破远者当靠柔弱旋转而作环化之资”。

太极拳崇尚松静柔软，正如《五字经诀》所谓：“软非用拙力。”外操柔软，内含坚刚，内要含蓄坚刚而不外施，外终柔软而迎敌，柔软在前，坚刚紧随于后，而听其天然的粘黏力以探敌的劲力。太极势分刚柔，势柔者，善随机而变，随势而化，随形而体，随神而应；势刚者，善随机而催，随势而乘，随形而用，随神而谋，各擅所长。故刚柔不可偏用，用刚不可无柔，无柔则环绕不速；用柔不可无刚，无刚则催逼不捷。刚柔相济，则粘连黏随，极尽其能；刚柔浑然，则敷盖对吞，无不尽得其自然矣。所以，所谓柔软并非消极之一味地虚弱无力，而为柔中寓刚、棉里藏针之艺术。

## 12. 掤

《说文解字》：所以覆矢也。从手，朋声。架也，烘托也。《诗》曰："抑释掤忌。"杜预注："箭筒也。"

在太极拳中，掤为相承架托之意，膨也；逆敌势承而向上，使敌力不得降。掤劲是由肢体放长撑开的弹性劲。沉肩垂肘、坐腕舒指本身就是掤，全身松开就有掤劲，没有掤劲也就没有太极拳。掤劲就是内劲，即太极劲。为似松非松、将展未展、刚柔相济、如棉裹铁膨向各个方向的富有弹性和韧性的劲，具有粘连黏随、笼环逼化作用的劲。掤劲的特点是"掤撑圆而沉"，意气鼓荡，既圆且满，全身无使有凹凸处，即《五字经诀》所谓："掤臂要圆撑。" 掤手是太极拳的总手，故曰："掤劲不可丢，八法掤为首。"

《八手歌》曰："掤手义何解？相承架托膨。柔软以迎敌，内中蓄刚强。周身弹簧力，曲伸似弓张。笼环逼化劲，圆撑似围墙。"完整地演绎了掤的含义。

## 13. 搂

《说文解字》：曳，聚也。从手，娄声。《广韵》："搂，探取。"

（1）牵引，拉拢。《孟子•告子下》："五霸者，搂诸侯以伐诸侯者也。"朱熹注："搂，牵也。"

（2）抱持。《红楼梦》第三回："（黛玉）正欲下拜，早被外祖母抱住，搂入怀中。"

（3）聚集。如搂柴火。引申为搜括，如搂钱。

（4）撩起。如搂起衣服。

在太极拳中，以握持或曳抱敌手腕臂膀、足踝膝腿，使不得脱曰“搂”。搂有正搂反搂之分。《五字经诀》曰：“搂进圆活力。”圆活力就是浑元劲，也就是横竖上下、前后左右，整个空间都有一种隐性的潜在的力，即内劲。此劲丰满、曲接、含蓄和隐蔽，刚柔不现端倪，如环无端，生生不已。在搂劲的运用上要牵曳圆活、相连不断、无过不及。

### 14. 摧

《说文解字》：挤也。从手，崔声。一曰挏也，一曰折也。挏，拥引也，从手，同声。拥，抱也，从手，雍声。

（1）折断，破坏，毁坏。《史记•孔子世家》：“泰山坏乎，梁柱摧乎。”《晋书•甘卓传》：“将军之举武昌，若摧枯拉朽。”《司马光诗》：“空使寸心摧。”

（2）挫败。《楚辞•九叹•优苦》：“折锐摧矜。”王逸注：“摧，挫也；矜，严也。”

太极拳炼劲入骨，炼劲归根，功入化境，劲贯周身，内劲潜涌，天然逸出，奕矣奇能，极柔软然后极坚刚，猝然临敌，有触乃发，空灵纵放，勃然焕然。若雷霆所击，能摧刚折柔、摧坚陷阵、摧枯拉朽，故《五字经诀》曰：“摧坚戳敌锋。”

### 15. 掩

《说文解字》：敛也，小上曰掩。从手，奄声。

（1）遮蔽，遮盖。《礼记•月令》：“（仲夏之月）

君子齐戒，处必掩身，毋躁。”《聊斋志异·婴宁》：“幸媪不闻，犹絮絮究诘，生急以他词掩之。”

（2）隐匿。《左传·文公十八年》：“毁则为贼，掩则为藏。”杜预注：“掩，匿也。”

（3）关闭。苏轼《和子由首夏官舍即事》诗：“垂柳阳阴昼掩扉。”

（4）停止，消止。班昭《女诫和叔妹第七》：“是故室人和则谤掩。”

（5）乘人不备而袭取。《宋史·赵善俊传》：“岁饥，民群趋富家发其廪，监司议调兵掩捕。”

太极拳“浑身是手手非手，但须方寸随时守所守。”因其主守，必然主虚。虚者空也，空始能容，应物虚己，忘怀随顺；虚者无也，无而责有，寂寞求音，往复始终；虚者伪也，伪能隐藏，虚笼诈诱，机关转矣。此即谓“掩”。掩是双向的，横掌遮障敌双眼，使其迷乱，惊慌失措，乘此遮蔽势以击敌；或闭封钳制敌锋，实施掩护，以求自保，再寻机进袭，此为掩彼。暗藏我的攻手，出其不意，隐蔽以击敌；或守我之中，遮避要害，覆护以柔化彼劲，此谓掩己。无论掩彼或掩己，不外乎“致人而不致于人”，即控制人而不被人所控制。《五字经诀》云：“掩护敌猛入。”则不免有所偏废。

### 16. 撮

《说文解字》：四圭也。一曰两指撮也。

（1）用两三个指头取物，如撮药。亦指用两三个指头撮取的分量。又借以形容极少的坏人。

（2）古容量单位：《汉书·律历志上》：“量多少者

不失圭撮。”按六十四黍为圭，四圭为撮。

（3）摘取，摄取。《汉书•艺文志》：“撮其旨要。”

（4）聚合。《后汉书•袁绍传》：“拥一郡之卒，撮冀州之众。”

（5）抓。元曲《赵氏孤儿》三折：“元帅，小人是草泽医生，撮药尚然腕弱，怎生的行杖？”

太极拳中以手指取敌各部或戳点其要穴，谓之“撮”。《五字经诀》曰：“撮点致命攻。”即当敌施以毒手攻击，而我又不及掩护时就应用撮的手法，以毒攻毒，攻其要害，以避其凶。如“海底针”，以针喻指，四并指像钢针插点敌方的裆部要穴。又如“单鞭”的吊手，以拇、食、中三指撮拢，无名指及小指自然附着成“鹰嘴钩”。防守时以勾尖钩开敌手，进攻时以勾背击人，或以勾尖啄人要害，都是撮法应用的范例，撮法属于指法。

### 17. 坠

（1）落下。《离骚》：“朝饮木兰之坠露兮。”《列子》：“杞人有忧天坠者。”

（2）失去。《国语•晋语二》：“敬不坠命。”

（3）下垂，沉垂。如把绳子坠下，也指下垂的东西，如扇坠。

（4）陨越。陨越者，颠坠也。《左传•僖公九年》：“小白（齐桓公）余敢贪天子之命，无下拜，恐陨越于下，以遗天子羞。”后以比喻失败、失职，如幸免陨越。

太极拳锻炼要求沉肩坠肘、坐腕舒指、含胸拔背、虚领顶劲、气沉丹田、松腰落胯敛臀、收正尾闾和提肛吊裆等，除虚领顶劲、提肛吊裆向上虚虚领劲外，其他百骸均要求向下沉坠，可谓一领百沉（坠）。“一领”而神贯顶，提挈全身，使轻清上升，升发一身阳气而满身轻利。百骸沉坠，则浩然之气直沉丹田，常存而沛然，劲涌绵绵而众莫能御。顶劲虚领，百骸沉坠，互逆相撑，竖其线路，贯通上下。此处一通，全体气脉胥通，自无倾倒之弊。又因肢体放松柔顺，而自然舒适，意定桩稳，不唯支撑八面；因肢体引长舒展，而虚领含拔，知觉灵敏，岂独见微知著。

《全体大用诀》曰：“退行三把倒转肱，坠身退走扳挽劲。”此诀言倒撵猴势的奥妙在于“坠身扳挽”。敌受沉劲顿挫，必失其势，再乘隙以袭之，无不应手奏效。此势可作太极拳退走的典范，故《五字经诀》曰：“坠走牵挽势。”

## 18. 续

《说文解字》：连也。从系，卖声。

（1）连接起来。《史记•扁鹊仓公列传》：“死者不可复生，而刑者不可复续。”

（2）继，连接下去。《史记•夏本纪》：“于是舜举鲧子禹，而使续鲧之业。”《史记》：“此亡秦之续耳。”

太极拳之途是懂劲之途，由招熟而渐悟懂劲，由懂劲而阶及神明。王宗岳《太极拳论》说：“阴不离阳，阳不离阴；阴阳相济，方为懂劲。”能懂劲始可言形的环起环落，曲曲相通，如环无端；言劲的粘连黏随，舍己从人，不顶不丢；言气的穿珠九曲，圆转自如，无微不到；神意相衔，劲断意不断，意断神相连。故《五字经诀》曰：

"继续勿失空。"

## 19. 挤

《说文解字》：排也，推也，以手向外挤物前进也。

（1）榨，用力压使排出。《儒林外史》第四回："众和尚挤挤眼，僧官就不言语了。"

（2）拥挤，挨挤。《红楼梦》第七回："贾母说孙女们太多，一处挤着倒不方便。"

（3）排挤。《左传•昭公十三年》："小人老而无子，知挤于沟壑矣。"

在太极拳中，用后手的掌根、合于前手的前臂内侧自肘凹至脉门的任何一处，以前手为垫衬，劲点在后手着力处，以两手合拢之劲将对方排放出去，此即谓"挤"。所以，挤时要略成横形，即"挤要横"，就是"挤要横排"。横排易借助肘劲，得势得力，气势沉雄，劲力浑厚。反之，如两手太往外，呈锐角之势前挤，由于可着力的作用面积太小，易被对方化解，以致被对方乘势引跌。虽说挤要横排，但动作仍须中正圆满。前挤要沉肩坠肘，即肩关节松沉、锁骨平准微下沉、肘关节略低于腕，两臂始终保持适当的弯曲和沉垂，从而做到"三垂"，即气垂、肩垂和肘垂。气垂则气沉丹田，身稳如山；肩垂则臂松劲活，肩催肘前；肘垂则臂膊自圆，能固两肋。同时注意做到肘不离肋和肘不贴肋，以肘不过膝为度，既不可过于靠拢胸部，又不可过于挺伸。过于靠拢就"瘪"，"瘪"了就容易落实，造成被动；过于挺伸既不得力，又易为对方化解或乘势引进空放。两手合而前挤，须稍向上起，方能起拔人根基之效，然而既不可过高也不可过低，正确的方法应沉肩屈臂齐胸挤出，平直向前，方向要正，劲力要整，落点要准。然如要做到这几点，则要做好“挤打提前量”“挤前一化”及“假手轻挤”。正如《五字经诀》所言：“挤他虚实现。”这样才能使挤手上下随合妙无穷、发落点对即成功。

### 20. 摊

（1）铺开，摆开，展开，平铺。杜甫《又示宗武》诗：“觅句新知律，摊书解满床。”引申为揭示，明白表示，如把问题摊到桌面上来谈。

（2）分担，分配。如分摊、摊派。

（3）量词，凝聚的一片。如一摊泥。

摊者，开也，展也。太极拳功擅弛张，用在开合。开合之劲，开则俱开，开中有合；合则俱合，合中有开。合而不开，其劲究窄，放手亦嫩。开劲，陈炎林解为：“见人则开，即见人劲来时化开之谓也。开劲乃方劲，而有开展之意，用以达人之内门。……开敌到适当程度，恰到好处时，当即发之。……艺高者，往往故意自开其门，任敌进入，待彼深入，即乘机反攻……开劲非仅化人，亦可发人，其发人含有掤意，故开后须即发，不发则失其机矣。”太极功至广深，开己胸门，开之以利，示之以虚，以诱敌深入；开敌胸门，化其来劲，引进落空，而合以击出，一举成功。

太极拳道，本灵通之道、开放之道，若能摊开肺腑，坦荡心怀，舒散怀抱，虚怀若谷，接纳自然，融入宇宙，则天人合矣。故《五字经诀》曰："掤开即成功。"

## 八、《十六关要论》校注诠释

**［正文］活泼于腰，灵机于顶，神通于背，不使气流行于气，行之于腿，蹬之于足，运之于掌，足之于趾，敛之于髓，达之于神，凝之于耳，息之于鼻，呼吸往来于口，纵之于膝，浑噩一身，全体发之于毛。**

［**校注**］

（1）正文依杨家家藏旧抄本。

（2）"十六关要论"［午本］［刘本］作"十六关要诀"，［于本］（于化行著《武当真传太极拳全书》1935年济南民众书局出版）作"十六关论"。［南本］（吴图南著《吴图南太极拳精髓》1991年人民体育出版社出版）作"太极拳十六关要说明"。

（3）"灵机于顶"［万本］作"灵机于头"，［炎本］［南本］［邹本］（邹开生撰《太极拳法诠释》1997年元真图书出版社出版）作"神贯于顶"。

（4）"神通于背"［炎本］［于本］［南本］［邹本］作"灵通于背"。

（5）"不使气流行于气"《太极拳真诠》作"气沉丹田"；王新午编著的《太极拳法实战》（［午本］）作"（不使气）流行于气"；［炎本］［南本］作"流行于气"，［于本］作"法行于气"，均脱"不使气"三字。

（6）"蹬之于足"［炎本］作"足旋之于足"，［邹本］作"旋之于足"。

（7）“足之于趾”［午本］［南本］［炎本］［顾本］作“通之于指”；《太极拳真诠》作“绕之于指”；［张本］（张文元著《太极拳常识问答》1968年香港太平书局出版）作“贯之手指”。

（8）“呼吸往来于口”［万本］作“呼吸来往于口”；［南本］作“呼吸于腹”；［张本］［清本］（马有清著《太极拳规范》1983年友谊出版社出版）作“呼之于腹”；［刘本］作“呼之于口”；［炎本］［邹本］则作“呼吸于肺，往来于口”。因添增“于肺”两字而变成了“十七关要论”肯定是后人所妄加。

（9）“浑噩一身”［午本］［炎本］［顾本］［于本］作“浑噩于身”，［于本］并作注：“浑噩——后世称上古为浑噩之世。浑噩于身者，言完全包括于身之意也”；［万本］作“浑灵一身”。

**［诠释］**

因正文欠工正，原文“不使气流行于气”“足之于趾”亦似有未妥之处，而致使诸家竞改纷至沓来，故愈见原本之远古近真。原本及［万本］十六关要次序为：腰、顶（头）、背、气、腿、足、掌、趾（指）、髓、神、耳、鼻、口、膝、身、毛。陈炎林改动次序为：足、腿、膝、腰、背、顶、气、掌、指、髓、神、耳、鼻、口、身、毛。貌似顺序连贯，实则立意锐减，灵动顿失，大失原文“活泼于腰”横空出世，以腰为主宰的精髓神韵气魄。

### 1. 活泼于腰

即腰为主宰。

腰位于腹背之中，胯之上，身之下；为全身的重心，中定所在，触之则灵，枢纽也。为链状关节，有三根轴。其中冠状轴，能做前后俯仰屈体运动；矢状轴，能做左右体侧屈体运动；垂直轴，能做左右旋转运动。三轴联合，能做环转运动。

太极拳运动，一动无有不动，一静无有不静。“一动”就是腰动，腰动无有不动，腰静无有不静。源动腰脊，全身百骸九节无不随腰的虚实变换而转换虚实。转换失灵，触之不能旋转自如，病在腰僵滞涩；牵挂抽扯，前俯后仰，掤劲不足，病在腰软塌陷；迎送失当，引进落实，未能尽化，病在腰间缺少折叠；上重下轻，骶骨无力，脚下无根，病在腰脊欠缺松沉；劲气不畅，发劲不透，劲力不能专注一方，病在腰隙虚实不清。太极拳以腰为纛、为轴、为枢纽，主宰在腰，变换虚实，在外为动作，在内为心意。中和在抱，分清虚实，活泼于腰，作意转换自然，而周身方能圆活自如。

### 2. 灵机于顶

即虚领顶劲或顶头悬，为提起精神，领袖全局，以求贯彻。

常应常静为之灵，随势主发为之机。俗说“灵机一动，计上心来”，可见灵机即是心神，为精气所化，心主官能，其生发于顶。顶即是头顶，周身之主，全体之纲领。头顶比乾，乾卦属天，是为天根，位居至高清虚之地。百会朝天，天门洞开，此方寸之地虚灵（领）而高耸直竖，使六阳之首如临虚空，提起精神而使神贯彻于顶；

提挈全身，使轻清上升，升发一身阳气，达到炼气化神的成功，而使满身轻利。

虚灵（领）顶劲宜在似有若无之间，不及则萎颓，太过则僵直皆失灵机。适中则虚灵含拔，知觉机敏，自可免除太极拳板滞迟涩之病，而带来一片灵动和生机。

### 3. 神通于背

即含胸拔背，劲发于脊背。

胸背为胸腔的前后，脊背犹如栋梁之于屋宇。通过胸微内含，两锁骨松沉，束肋下气含胸致胸舒，使劲力利于在胸中运化；而通过背部肌肉的向下舒松及两肩脊骨的微提并略往后上方拉起，胸音开劲拔背致背顺，使劲力利于在脊背卷放。此即含胸拔背，即舒胸顺背。背顺肩，肩顺项，项顺顶，顺舒中自寓含拔之义。如此方能端直其身，中和在抱；空洞其心，真一其意。能端直其身，中和在抱，则脊梁松竖，五脏得位；能空洞其心，真一其意，则气机和调，神得凝炼。如此，含胸以虚而下气，拔背而正以通神，神通脊背三关，力由脊发，自然得路。

### 4. 流行于气

即行气如九曲珠，轻灵贯串，气遍身躯不稍滞。

虚明通达者神也，流通活泼者气也。太极拳的修炼模式以先天之气（丹田之气）补后天之气（上焦之气），即炼气补宗，使整个身心与宇宙融为一体，其旨在宁定松静自然。心静则天机活泼，身静则浩气流行，圆转如意，轻灵贯串，过三关，行周天，往来六虚，融通百脉，被于谷中，畅于四肢；百骸九节，五脏六腑，虽极微处，心意所至，无微不至，亦无往不利。

### 5. 行之于腿

即举步行动发之于腿。

太极动步以腰为轴，动转有位，实腿踝转，出步落腿，两胯两腿相联相随；变化如箩圈，顺逆起伏，进退转换，相联相制，轻灵贯串，刚柔从容，虚实渗透；以实腿控制举迈之腿，实腿蹲虚脚伸，实脚送虚脚，起脚无须蹬，落地毋有声，犹如猫之蹑足潜行，轻灵、沉着、稳固。是谓太极步。

太极步变换在腿，根节胯、中节膝、梢节踝，相联相制，出步落腿有缠绵意，有曲伸势，柔和利滑，细绵不断，节节贯串。动势时，以足领膝，以膝领胯；静势前，以胯催膝，以膝催足。以致动静一源，不知谁之为领，孰之为催；而又领之为催，催之为领。轻轻提起，慢慢潜行，默默催止，弧进弧退，全神贯注，气势腾挪，神行连绵如行云，恍若身置太虚中。

太极步行于腿，举步要轻，动步要灵，落步要准，虚实分明。所谓虚者，非空，非全然无力，其神相连，其势不断，而留有伸缩变化的余意。所谓实者，确实而已，非完全占煞，用劲过分、用力过猛之谓。两腿虚实的变换，不能骤然而来、倏然而去，变转交替得越细致越细腻越好，此渐虚而彼渐实，此渐实而彼渐虚，不断流变，逐步转换，中和在抱，气定神闲，沉着而轻灵地前进后退，自然无迟钝滞泥之弊。

### 6. 蹬之于足

其根在脚，脚踏实地，足蹈五行（或足趾五行），劲起足根，非仅止起脚蹬而外击也。“蹈”与“趾”均为踩字的古异写，故蹬义在此主要为“蹈”“趾”，即踩、踏。

足方，象地比坤，以其能承载一身之重，静如山岳，有磐石之稳，动如舟楫，无倾倒之忧，故为一身的根基，稍有不合，全体之气俱不和矣。故曰：“足为地关生命扉。”

太极拳运动其根在足，发于腿，主宰于腰，形于手指，由足而腿而腰，总须完整一气，完整一劲。完整之劲通过足而作用于地，蹬而反作用于全身，故其根在足。正如陈鑫所说：“（足之）运动是后跟踏地，渐至趾、通谷、大钟、外腓，以及隐白、大敦、厉兑，实实在在踏在地上。”实实在在地踏在地上，是合力之谓，要紧在足跟踏实，五趾微微蹑摄，整个脚掌掌缘贴地，而足心涌泉形洼虚含，如猫之蹑足而行，“千变万化由我运，脚打踩意不落空”，此即为“脚踩涌泉”。脚踩涌泉，则足有蹬劲而下盘稳固，举步轻灵。配合虚领顶劲，则有顶天立地的气概。若“涌泉无根腰无主”，则“力学垂死终无补”。

### 7. 运之于掌，贯之于指

即一身劲气，练成一家，劲起脚跟，注于腰间，敛入脊骨，布于膊，通于掌，贯于指。

《太极指掌捶手解》曰：“自指下至腕上，里者为掌，五指之首为之手，五指皆为指。”即自指根端至腕间的部分（不包括手指）里则为“掌”，俗称掌心。掌连手指，即上肢腕以下，为“手”，俗称手掌。五指为“指”，俗称手指。

掌指为力梢，为喉头之宾辅，门户也。故须“运之于掌，贯之于指”。以杨式太极拳为例，行拳掌要含虚，四指自然微分，拇指圆张，成八字瓦楞掌，或称荷叶掌，亦称美人掌。掌宜坐而指宜舒，掌心形凹而含虚则灵，善粘贴而运而利蓄劲。蓄劲时，其气由上而下、由指掌而肘而两肩收入脊骨，注于腰间，沉于足跟，反作用于全身而行发劲。发劲时掌心劳宫微吐，其意微凸，则能得实而弹发。其时气由下而上，劲起足根，发于腿，主宰于腰，敛入脊骨，布于两膊，运于掌，贯于指，喷薄而出，是谓“出劲”，亦是“出精”。蓄发吞吐之间能“运于掌，贯于指”，方能做绕指之柔而至柔至刚，充分发挥“手是天关机势门”的作用。

### 8. 敛之于髓

即内敛其神，外聚其气，动牵往来气贴背而敛入脊骨。

太极拳以修心养性为旨，故放心之意，外驰之神，宜收敛于内而心神专一；虚静归定，聚气敛神而不外散越。欲要神气不外散越，先要神气收敛入骨，欲要神气收敛入骨，须腹心松净，五灵沉着，劲宜曲蓄，气宜直养。概言之即“先天之气宜稳，后天之气宜顺”。先天之气宜稳是指，以心行气，务沉着，而收敛入骨；以气运身，务顺逐，而便利从心。后天之气宜顺是指，呼吸和顺，吐唯细细，纳为绵绵，似有若无，一任自然。气无暴动则二气和也，和则气垂中宫，八方鼓荡，流通活泼，虚明通达。中和之气周匝一身，轻通腠理，穿渗于膜络，深入于筋骨，浅入于五脏，深存于丹田。一开一合，百脉融通，是谓直养浩然之气。炼气至极处，开中寓合，合中寓开，开即是合，合即是开，气皆敛入脊骨。气即是劲，故为劲气，气敛入骨，即劲敛入骨，亦即“敛之于髓”。炼劲入髓，炼劲归根，劲贯周身，则功入化境，天然逸出。故陈鑫曰：“若问此中真消息，须寻脊背骨节中。”

### 9. 达之于神

即虚宁归定，神得凝炼，虚明通达，总归神聚。

神有广义的神，即神、魂、魄、意、志、思、虑、智等。《灵枢•本神篇》曰：“心藏脉、脉舍神”“肝藏血，血舍魂”“肺藏气，气舍魄”“脾藏营，营舍意”“肾藏精，精舍志”。古人认为人的心、肺、肝、肾、脾、胆，各有其神主宰，是谓“六神”（汉张衡《髑髅赋》）。神又有狭义的神，是单指藏于心的神。神是统帅人的精神、意识、知觉运动最高的生命活动，在人身居于首要地位。

太极拳之所重者，唯精、气、神、劲。精者元精，神者元神，气者元气，劲者内劲，亦即内气。精炼而聚，气炼而凝，神炼而固，劲炼而整。可见精气神劲实无分割，其性、功、体、用亦相统一于神。所以太极拳敬以直内，主张神聚而达于神。神固于内，则清虚栖心而不诱于外，故神自宁定、体自松静。神定则心意空灵，卓然常明；体静则百骸松和，常应常灵。神形和合，诚于中而形于外，在精神的启迪下，以心行气，意到气到，气到劲至。此由神而到劲，即由神达劲，是谓“上情下达”。上情下达，用功日久，由懂劲而豁然贯通，知眇瞻顾盼之视，觉起落缓急之听，知闪还撩了之远，觉转换进退之功，而阶及“浑然无跡，妙手空空，若有鬼神，助我虚灵”之神明。此由懂劲而达于神明，是谓“下情上达”。上情能下达、下情能上达，是谓通达；能通达则曲伸开合攸往自由。太极达此境界，则其运动之功，浑浑穆穆，全泯跡象，而达虚化，是为达神。

### 10. 凝之于耳

即行功专注，务求心静，凝思寂听。

耳乃灵性之物，监听之官；系肾之窍，为络脉会聚，肾气通达之舍。太极拳行功神定自若，守中气、绝杂念、蓄眼神、凝耳韵，皆为聚神固肾。肾欲固，耳须凝，耳不可使有所听，能勿听则心专。初时听而不闻，功弥久而心愈静，神愈宁，听觉凝闭，声不入耳，而致闻而不听矣。此非不灵敏，而是致虚极，守静笃，耳听左右背后，恐有不虞侵凌，人有后来者，虽微动风声，也能察觉，皆因心气极静极平至耳目聪灵，而能无所不听，故凝之于耳使无所听与高度灵敏之无所不听为之统一。

### 11. 息之于鼻

即神蛰气穴，以心驭气，绵绵若存，似有若无，一任息于鼻孔出入。

肺开窍于鼻，鼻为肺之征候。息之于鼻，是因为鼻子在人体中属于呼吸系统，与咽喉、气管和支气管共同组成的人体内的呼吸通道，由其达到柔顺定聚的调息状态。

首先，鼻子是一个理想的“空调器”。它由外鼻、鼻腔和旁鼻窦所构成，由于鼻腔内黏膜上有丰富的毛细血管，有收缩和扩张功能。无论环境多么恶劣，气候是否变化无常，都能进行不断的调节。这样当外界的空气经过鼻子通道时，通过腔内循环的散热或加热，以及黏膜的调节，使进入的空气接近于体温，从而避免了下呼吸道因气温过于悬殊而受到不良刺激。

其次，鼻子又是一个奇妙的“调湿器”。由于鼻腔内黏膜上含有大量的黏液腺、浆液腺及杯状细胞，它们每昼夜可以排出约1升左右的液体，这些液体除一小部分流入咽部外，大部分起润湿进入鼻腔内空气的作用。保证进入腔内的空气其相对湿度始终维系在75%，从而有助于气管的纤毛运动，以及肺泡内气体的良好交换。

再次，鼻子还是良好的“过滤器”。当浊气（含烟尘、细菌及有毒物质的气体）经过鼻子通道时，鼻子的第一道关卡鼻毛，就能阻止这些不速之客的入侵。有幸经过第一道关卡者，还会被鼻腔内的溶菌和抗病毒的免疫球蛋白所清除，从而达到初步过滤的目的，避免侵袭肺部。

鼻子良好的天然条件，可使太极拳“仰仗于鼻息”而使呼吸细、匀、深、长。呼吸时舌自然抵上腭，口虚合，脸容正色从容，吸入呼出勿使有声；升降开合，悉从心起；呼吸相随，神息相依；心肾相交，下照海底；内收丹田，息息归根。呼则形松如落雁，吸则意紧气随行，自然地保持肺部顺畅换气，自可避免气息乖乱，去掉伤害心神的机因；从而使太极拳符合静、松、稳、匀、缓、合、连的要旨而问津太和元气；使太极拳圆满，一气贯串。

## 12. 呼吸于腹

即采取吐纳之术，调息生气之道。

呼吸、采取、吐纳是生命活动的特征之一。采取者，采天地灵秀，取日月精华。吐纳者，吐胸中恶浊，纳自然清虚。太极拳的吐纳呼吸纯任自然，所以太极拳的气法须从浅近利用肺器官的后天呼吸，即由“息之于鼻，呼吸往来于口”调息外气而入门，而由利用丹田的先天呼吸，即由“呼吸于腹”调息内气而登堂入室。

腹为内外通衢，劲气之源。呼吸于腹，就是负阴抱阳，“拿住丹田炼内功”即拳论所谓“拿住丹田之气，练住元形，能打哼哈二气”。何为拿住丹田？就是上则上提玉楼，舒胸顺背，“无留横气于上”，气沉丹田而护肫，是谓“天覆”；下则“裆间撑开半月圆”，尻道上提，龟尾升起，托起丹田而裹裆异腹，是谓“地载”。天覆而地载，则拿住丹田了。太极拳是以虚其心、实其腹为炼养原则的，虚心即须含胸拔背，实腹则须气沉丹田。气能沉丹田，则腹心松净，而后气能腾然；气能腾然则鼓荡，而后意气换得灵。“意气换得灵”即为自然的腹式深呼吸，亦即“呼吸于腹”。吸气蓄为合，呼气放为开，一呼而气沉丹田，一吸而气贴脊背。开合鼓荡，活泼变化，气动身随，载沉载浮，忽隐忽现，哼哈二气随丹田之动而无有不动，随丹田之静而无有不静。静极而嘘，如春沼鱼，动极而吸，如百虫蛰。绵绵密密，幽幽微微，柔顺定聚，呼则百骸万窍气随以出，吸则百骸万窍气随以入。内气潜转，劲由内换，调息不废，真气丛生。炼气至此地位，其力不可限量。

“息者，自心也，自心为息；息者，真息也，即南华之踵息，泥丸之胎息”。故太极拳“息之于鼻，呼吸于腹”，纵心奔放，采取吐纳，调息生气，皆为自然应激的反应。蓄吸发呼，合吸开呼，虚吸实呼，既不用力鼓荡，也不假意支配，不急不徐，顺其自然，呼则随吸，吸则随呼，即吸即呼，即呼即吸，开合鼓荡，川流不息。能于不觉呼吸而为呼吸，则全身血脉通畅，腹内松净气腾然，而气遍身躯不稍滞了。

## 13. 纵之于膝

膝由股骨、胫骨及髌骨（膝盖骨）构成，其有纵身之灵，闪展纵跳之赋，盘旋曲伸、蹿奔弹腿之能。在走架行功中，根节胯，中节膝，梢节踝足，相联相制，其中膝起曲伸、传导、回转、纵腾的作用，故谓“纵之于膝”。

太极的步法，模拟五行即进、退、顾、盼、定，回转扶势都须先提大腿，蓄劲于膝，膝曲而伸，虚实渐变，脚下有腾虚之感；出步落腿，纵膝投足，动必有源，而使膝寓有伸缩弹动的活力，犹如猫之蹑足而行，沉着轻灵、虚实分明。虚，非空，其势仍未断，而留有伏而后起、起而后伏和伸缩变化的余意，是谓纵。实，确实而已，非用劲过分、用力过猛之谓，行拳运步，足起望膝，膝起望怀，合而即离，离而即合，有缠绵意，有曲伸势，由根到梢节节贯串，是谓腾。能纵腾，则气势腾挪，见象而闪，见形而化，飘若凌云，形踪杳然；能纵腾，则支撑八面稳固厚重，八面转换轻灵圆活。如是则精气神贯注，意透脊背，劲发于根，注于丹田，形于足趾，千变万化由我运，行之于腿，而蹲伸；纵之于膝，而连腾；蹬之于足，而踩沉。气之鼓荡，劲之纵腾，周身全局，脚打踩意，一呼而纵，一吸而敛，伸可成曲，住亦能行，曲如伏虎，伸比腾龙，行住无迹，曲伸潜踪，犹如猫行，则完整的太极步成矣。

### 14. 浑噩一身

浑噩即浑浑噩噩的缩略词。浑浑，浑厚博大貌；噩噩，严正肃穆貌。后则用浑浑噩噩形容混沌无知、愚昧糊涂。后世称上古为混沌之世。浑噩为太极拳所用则是指阴阳未判、虚实莫测、动静无分、开合未定和刚柔浑然，万般浑然皆归返朴归真的混沌状态。故阴阳、虚实、动静、刚柔和开合相对，即为一混沌。浑噩一身者，完全包括于身之意也。

太极拳心驻清光，敬以直内，外整齐肃穆，内虚静统一，敬静之功夫也；行拳炼功，五灵沉着，抱神以静，敬静之气象也；笃恭以安身，虚无以静心，外忘宇宙，内遗形骸，摄末归本，阴阳会通，一意冲和，包裹混沌，则劲气盈满于内，形骸浑圆于外，拳艺达神明而豁然贯通，复又何疑？太极难运是精神，炼拳行功能做到心中无物、念头不起，则心意虚静而终跻浑然。此即为浑噩一身，“浑然人天尽浑然”此太极之道也。

### 15. 发之于毛

合气血之和，导劲气之行，引津微之泄，阳而不期，阴而不密，刚气不怒，柔气不慑，和顺积中，畅交于内而泄于外，发之于皮毛之谓也。

人体毛发，遍布人体外（阳）侧，六阳经（手阳明大肠经、足阳明胃经、手太阳小肠经、足太阳膀胱经、手少阳三焦经、足少阳胆经）遁行之表，即手背、膊外、腿侧、脊背。因系神经、经脉、膜络分布密集之处，触觉非常敏感，故曰："浑元一气感斯通。"

毛发所系，虽不列于五行（五脏），无关于四体，似不足论，然而毛发为血之梢，血为气之海，气为劲之源，劲为太极神明之途。故纵不必本毛发以论气，然而断不可离乎血生气，不得不兼及于毛发。张三丰曰："太极混元皮毛功，无形无象全是空。"此即《太极拳打手要诀》所谓："筋骨要松，皮毛要攻，节节贯串，虚灵在中。"所谓皮毛要攻，就是"发之于毛"。皮毛如何攻？空洞其心而气机和调，心无挂念，处处关津处处松静，内应五脏，外通五官，精气神旺，气充劲足，贯透于骨膜，穿透于筋膜，敷布于皮膜。劲气布于皮膜之外形成罡气，致使浑身毛发皆凌竖警起，坚如我身之力。毛发能冲冠，则血梢足矣，出露体外而胜于攻守。如此修炼皮毛之功，真积力久，自得运动知觉，外在听之以觉、触之以觉。听之灵，则意有所感，神有所施，稍触即知，至轻如一羽，极微如蝇虫；均能不暇思索，不烦拟议，即松化虚净而不能粘着其身而加着也；听之灵，触之则旋转自如，无不得力，方能得拳权引进落空之妙；听之灵，则有触乃发，接而化打，勃然焕然，人不知我，我独知人。

发之于毛又解释为津微泄于皮毛，轻透表汗。何为津？"腠理发泄，汗出溱溱，是谓津"。（《灵枢·决气篇》）太极行功，精神熔融躯体，心意顺达四梢，功劲通透体态，气血遍布经络脏腑。在有氧代谢的情况下，保证太极拳运动的质和量以及适量的强度，从而气血通畅而汗津，使人汗水湿润，通体爽透而又决不过量，如此六经通道疏通，“水道”通调，疏泄平衡，人体气血旺盛，精神充沛，自然能得精气神之里，而促筋骨皮毛之表，露华于外而肤华毛灵。皆因血脉流行，毛发健举，应乎自然，内充实而溢发于外，即拳论所谓“血旺则发毛盛”。发之于毛是太极拳进入“无形无象，全体透空，应物自然”高层次的特征之一。

《十六关要论》总结了太极拳对于全身的要求，“表里精粗无不到”，若不明个中道理，虽依势作用，法无效矣，于太极拳道终难问津。

## 九、《三十七周身大用论》校注诠释

**[正文]一要性心与意静，自然无处不轻灵。二要遍体气流行，一定继续不能停。三要猴头永不抛，问尽天下众英豪。如询大用缘何得，表里精粗无不到。**

[**校注**]

（1）本文依[万本]。

（2）篇题[于本][炎本][邹本][清本][赵本]作“周身大用论”，[午本][刘本]及《太极拳阐宗》作“周身大用歌”。

（3）[于本]无“一要”“二要”“三要”“如询”八字，成为五七长短句。[邹本]无“一”“二”“三”三字。

（4）“性心”[于本][清本][邹本][寿本][赵本]作“心性”，而[午本][刘本]及《太极拳阐宗》作“心灵”。

（5）“继续”杨氏家藏抄本作“断续”，系误植。

（6）“猴头”［炎本］［于本］［顾本］［清本］［邹本］［赵本］作“喉头”。

（7）“问尽”［邹本］作“向尽”。

（8）“大用缘何得”《太极拳全书》作“大缘因何得”，［炎本］［清本］［邹本］作“大功因何得”，皆有违篇题，应以“大用缘何得”为是。

［诠释］

“三十七”系指传统的太极拳共有三十七式而得名，又因其谐音而讹误为“三世七”。故有拳家穿凿皆因“人有三世，天有九重（或九天），拳分七品。所以命名太极拳为‘三世七’”。人有三世为前世、今世、后世。天之九天为钧天、苍天（皞天）、变天、玄天、幽天、颢天（昊天、成天）、朱天、炎天（赤天）、阳天。拳之七品为门外、入门、阶级、当（登）堂、入堂（室）、开窍、神化（明）。更有拳家讹衍为“‘三世栖’，即于前世、今世、来世中修炼，神于古往、现今、未来三重世界中遨游”。这些说法皆牵强附会。

太极拳体用相对而统一。体者，本体、根本、基础、法则也，即内在因素；用者，应用、使用、效用、实施也，即外在因素。体是本质，是潜在的条件，用是发挥，是机缘际会；有体而无用或有用而无体都不能成事，所以修炼太极功夫的人，必须注重体用结合、体用一致，也就是练养结合，技击观和养生观的高度一致。

“大用”者，用之大也。拳道之大，实为民族精神之需要，人生哲学之基础，社会教育之命脉。其使命要在修正人心，隆德尚礼，养心修性，和气凝神，改造生理，发挥良能，强身却病，发掘潜能，功臻上乘，阶及神明。不仅仅技击之一端，因为太极不仅仅是技击。太极无为而修，我们须在无为而无不为的进取思想指导下，既向外部世界大宇宙求知，研其生长发展、变化消亡和宏观微观之物理，又向人类自我内部小宇宙探索，穷其阴阳转化，炼神还虚，复返婴儿，参赞天地之化育，成就“天人合一”之道。

**※一要性心与意静，自然无处不轻灵。**

性，就是本心，心之本体，天然之本质。也叫空性、自性、真心，就是未动心前的心，所以性心二字往往通用。张松谷《丹经指南》云：“灵光一点，浩气常存，本来面目，性也。”李道纯《性命论》云：“性者，先天至神，一灵之谓也。”

人之生生之初，都有一个“性”和“灵”，此为人之本。故谓性心（心性）、灵心（心灵）和性灵（灵性）。《养生修真证道弘典•天人万物性见论》曰：“人之性，具有先天与后天这两方面的特点，先天之性，妙在无欲，后天之性，本具有贪。”故人之四性分别为：

无心无贪，谓之天性，天性无欲。
有心有贪，谓之人性，人性有欲。
无心有贪，谓之兽性，兽性嗜欲。
有心无贪，谓之真性，真心泯欲。

心，就是心念，也叫妄心、幻心，包括各种感受、印象、思维、认识等思想现象，指人的意识与无形的精神作用。《至游子》有云："心者，一身之主，神之帅也。"《素问•灵兰秘典论》曰："心者，君子之官也，神明出焉。"古典医籍《灵枢》曰："心者，五脏六腑之宝也。"《拳权洞极》曰："心者，绛宫，为君子之官，思虑智谋神化之源。"杨氏家传手抄古谱《人身太极解》曰："人之周身，心为一身之主宰，主宰太极也。"因此，心就是一身之主宰，万物之类应，合德运一之太极，只是一个生理精神合一的代名词。

性心本来不二，不过有真妄、静动、明昏的不同。"性"譬如水，"心"好像波，水与波同是湿性，本来不异；但水是静象，波是动象，水静则月现，波动则昏乱，这样水波又是不一。所以性心是不一不异。当波泛起时，就有峰有谷，有彼有此；当水平静时，无峰无谷，又有何此何彼？原来就是平静和谐的整体。所以性心在宁静时又是合德混沌的整体，即同一不异。

意者，亿也，心之所发谓之意；就是一种思想，即我心的意思。意旧称"源之于心"，乃脾之藏神，心神之子，神之使者，故心之于意，常常是相连互用而难以厘清，所以有心意之说。太极门秘承三大要诀之一为，守心不守意。心主知觉，意为识感，发功之际，当常守心主神的性元知觉，而不问内生外感的各种识感杂念。心之未发谓之性，性之造化谓之心，心之已发谓之意。由此可见性、心、意尚存区别，而又为紧密关联的整体。这就是性为心之本，自性是一切起心动念的源泉，心为意之主，意为心之副，心动则意起，意起则气随，气到劲至，劲断意不断，意断神（心）相连。所以练太极拳性心意须合一。合一的产物即为拳论所指的广义的"心"。

心之本体，本来不动，心静可以通神，有无限妙处，无限生机便微妙地潜藏于静体之中，所以太极拳以静为体、以动为用而根于虚静，以清静为归旨。专精养神，不为物杂，谓之清；返神复气，安而不动，谓之静。清为清其心源，静为静其心海。心源清，神静而心和，性定而神明；心海静，心和而形全，精足而腹净。所以能恬和养神以安于内，清虚栖心而不诱于外。人是身体与性心之共融，“放心”难收，心虑散乱以后很难收敛凝静，心粗气浮以后再难潜心会悟。唯能虚静，“性海澄渟平少浪，心田洒扫净无尘”（白居易《狂吟》）。心境宁静则清轻上浮，渣滓沉降。宁静久之，自尔明心见性，改变气质，逐渐化解为柔和，使肢体松沉，柔体如春风，心君指挥若定，则感觉自然灵敏。静定久之，自然功劲中和，动之则分，静之则合，随曲就伸，分合变化，闪赚腾挪，周身协调运动，则百骸自然灵动。故曰：“一要性心与意静，自然无处不轻灵。”

本篇的性（情）、心（田）、意（识），虽为作诗铺陈的需要而列，然而比一般拳论仅以论心，其范围更广、层次更深，是有其积极意义的。“要性心与意静”是谓炼心，就是炼去俗心以复其本心，使心不为外物所扰，不为人事所迁，不为物欲所蔽，以澄明愚昧之心，纠正偏颇之心，摒弃邪恶之心，收敛云游之心，静谧浮动之心，安定攀缘之心，使放诞之心专一，使痴迷之心顿悟。笃恭以安身，虚无以定心，于敬笃泰定之中，纯正性心，扩充心量，弘大心力，把握阴阳开合之机，洞悉消息盈虚之数，踏上太极“轻则灵，灵则动，动则变，变则化”的登真之路而渐臻神明。

**※二要遍体气流行，一定继续不能停。**

“拳技之道尚精神”，太极拳纯以神行，不尚气力，全身意思皆用精神。以心会意，以意行气，以气运身。气的运行，一要遍体，二要不停。意有所注，气有所归，五灵沉着，气机活泼，虚明通达，轻通腠理，穿渗膜络，深入筋骨，浅入五脏，深沉丹田，敛入脊骨，周流六虚，融贯百脉。百骸九节，苟心意所至，未有不立至者，无微不到，亦无往而不利，谓之遍体。太极行动，气沉丹田。气能入丹田，为气总机关，由此分运四体百骸，意至气至，意无间断，意气相连，浑然一气，从头流到足，究竟复上升，环而无间，周而复始，绵绵不断，滔滔不绝，如串珠九曲，玲珑宛转，圆转如意，轻灵贯串，灵活无滞，谓之不停。

此即为拳论论气详尽的概括：“气遍身躯不少滞”“腹内松净气腾然”“行气如九曲珠，无微不到”“动牵往来气贴背，敛入脊骨”“气如车轮”“全身意在精神不在气，在气则滞”“气宜鼓荡”“呼吸自然，一线串成”“气能入丹田，为气总机关，由此分运四体百骸，以气周流全身，意到气至”。

太极拳经义就是“着着以意与气贯串之”。气能“遍体”流行且贯串“不停”，则劲气如长丝连带，不显生硬凑泊之弊，一泻千里，仗手汩汩而生，完整一气，周身一家。如此则能用意而不强，用气而不努，用劲而不僵，一气浩然，轻灵贯串，万般浑圆而归中，从而明性见心而渐达一身浑噩之境。故曰：“二要遍体气流行，一定继续不能停。”

**※三要猴头永不抛，问尽天下众英豪。**

“猴头”，于化行著《武当真传太极拳全书》及唐豪、顾留馨著《太极拳研究》均作“喉头”。“于本”注曰：“喉头在喉间气管之上端，上通咽喉，为空气出入之道。”也有拳家认为头顶“百会”为“猴头”。其实“猴头”与“喉头”是同物异名，是男子喉结的俗名，借喻其状如猢狲头而已。

猴头又名重楼、重堂、玉环，位居颈项之间，人之喉咙也。务成子注曰：“喉咙十二环，相重在心上。”为打开人真气上下循环必须经历的七个门径之一，七个门径即天门泥丸、地门尾闾、中门夹脊、前门明堂、后门玉枕、楼门重楼、房门绛宫。又为身前三关之一，即上关印堂、中关重楼、下关绛宫。系沟通任督的重要关隘，咽喉的要津，空气出入的要道，生存的依恃。所以被太极拳视为第二主宰。

“猴头永不抛”，即下腭既不抬起，也不低下，使“猴头”不“抛头露面”，以免遭敌如《杀手歌》所言“上打咽喉下打阴”之杀着。其次，下腭微收，有坠下之意，神自下起，上贯于顶，有冲天之意，致“猴头不抛”，从而使顶平、眼平、肩平、心平而内外中正宁定。此外“猴头不抛”，十二重楼以下舒然，气脉关窍自然因松弛而开启，则血脉畅舒，气机浩荡。涓涓玉液精津由舌下玄膺经十二重楼降于绛宫、下达丹田，而得以灌溉润泽。久而劲气盈足充沛，而可“问尽天下众英豪”矣。问者，探问讨教、访问切磋。可以访少林、朝武当、上峨眉，争雄天下，笑傲江湖，而足以自信。故曰：“三要猴头永不抛，问尽天下众英豪。”

**※如询大用缘何得，表里精粗无不到。**

本篇最后以自己设问、自己回答的形式，突出要达到太极拳“全体大用”的条件是“表里精粗无不到”。

询，咨询、打听、讨教，引申为查考。缘，原因、因为，佛教指事物生灭的辅助条件。表者，外、筋骨皮也；内者，内功内劲、精气神也。粗非粗造、粗卑之谓，乃放旷随缘，大处着眼，遵循拳法“十要”“八要”；精者，精到、精细，血脉络膜，百骸百脉，五脏六腑，九节四梢，无微不至。粗得气魄，精得神韵。为拳之体，须入其形（外），为拳之用，须合其神（内）。拳能练得放旷随缘（粗）而又细致入微（精），方能内则一心、外则一身，雄中见笃，笃中含灵，功臻上乘，阶及神明，以致能全体大用。故曰：“如询大用缘何得，表里精粗无不到。”

# 后 记

谚语说："众擎易举，独立难成。"这本书在当前太极拳学术著作出版不景气的情况下能够面世，提供给爱好太极推手和散手的拳友，共同分享其中的精义，除了感激恩师傅钟文、赵安洲、沈寿、王宝燮（保还）、徐德成等无私的、毫无保留地精心传授外，承蒙人民体育出版社独具慧眼，赐助编印。并特别经李彩玲编辑加工，提供意见，帮助修改。使本书的内容更加充实和完善，以致克奏全功，尤足感佩。

本书的照片仰仗传人石玲珠和弟子叶芳示范，由王志峰君拍摄。书中采用的照片虽只有200余张，但实际上足足拍摄了4000多张。一个招式有误重拍，一个步型步法欠正确重拍，一个拳头反了重拍，甚至连一个眼神不对也要重拍，一再地重拍，没有一个动作不是经过10余次的拍摄才完善的，整整拍摄了3个月。我曾戏曰："堪称拍大片。"说到辛苦，汗流浃背，腰酸背痛，累得连站立行走都困难。但是他们从不喊一声苦，漏一声呻吟。尤其应该感谢的是石玲珠，除了参与拍照的全过程外，还完成了先期全稿的打印及后期所有照片的校对修饰与光碟制作工作。他们热情，然而冷静，他们顽强，然而从容。他们静静地工作，默默地战斗，把健康的心力献给了太极，献给了信仰，献给了热爱太极拳的人们，这些人真的太好了。

本书《杨式太极推手与散手诠释》，始作于杨式太极宝典从书之四《杨式太极剑诠释》完成后的2006年6月。夏天过去了，秋天过去了，冬天又来了，寒暑相推，日复一日，年复一年，我默默地想、慢慢地写、细细地修订。因我深知，此书一旦出版发行，文字流布人间，也就成为天视民视、天听民听的对象，是绝不能掉以轻心的。所以此书在写作构思方面，我是颇用过一番心的，当我的二卷书至2016年6月脱稿，呈献在亲爱的拳友、尊敬的读者面前时，我已经进入70古稀之年，时间的跨度竟达10年之久。

现在终于写成了，虽不算仓促成书，自视亦复仍有疏漏，需要修订，可我已经十分疲倦了，更关键的是好友李彩玲编辑即将退休，我就不遑再计工拙，就靦然出版面世了。

为人一生，活着能为国为民做些有益的事，才算不枉虚度此生。回顾以往，说来惭愧，学了一辈子拳，练了一辈子功夫，写了一辈子书稿，及至白发苍颜、举止迟缓、思想呆滞之期，回首一看，成绩是如此的单薄贫弱，所谓的“桃李春风，门墙盈盛，著作等身。”竟然是如此的苍白，缺乏说服力，并且已难有补救之力。正如拙诗《月夜》所云：“月色明如许，嗟余困不酣，英雄惊迟暮，难圆太极梦。”内心的苦涩滋味，富有仁爱之心的拳友和宅心宽厚的读者一定能够理解。

我的生命里充满着矛盾，梦和现实相纠结，知与情相扞格，《杨式太极宝典丛书》自1996年受人民体育出版社委托，撰写至今，已完成6册，前后累计已整整20年，期间又为《武当》《中华武术》《武林》《太极》等杂志写了难以计数的文章和论文。我每天的写作时间严格要求保证在5个小时，加上每天的教学时间是4个小时以上。这可不是一年、十年，而是几十年的坚持，苦了我自己，也苦了我夫人，个中况味只有一位武术著作家和武术著作家的夫人才能体会得到。正如沈寿老师所说："搞太极，写太极真是太寂寞、太枯燥、太辛苦了，如果换作写小说之类的文艺作品，境况可能就好得多了。"他说的是自己，也是说我。真的，搞太极、写太极的书，在中国的武坛上是个"梦魇"。别的运动的研究，别的文艺作品的写作，不发生什么学，而写太极、谈太极拳的便有了个"太极拳学"的浑名，你越研究便越觉得深奥、便越觉得糊涂。可丛书后面还有数册要写呀！有时候确实想让心剥落掉所有的浮华和喧嚣，撇开红尘，放下太极，捻一指清风入怀，摘一片绿叶细语，停下来，做一些、写一些轻松的，不再是什么太极拳学之类的东西。但每当我想打退堂鼓的时候，与我灵魂并存、与我精神相通的先师傅钟文、赵安洲、王宝燮（保还）及师兄范思尧等的话，立刻会在我耳边响起："杨家内家的东西在你手上，在你心里，你不去写，恐怕再没别人去写了，难道你就忍心看着这些东西失真失传，希望你千万不要忘记自己的承诺和责任。"此外，师兄傅声远请我写杨家傅家历史及名人传略的委托书也一直在我的身边，这时候我就会突然从迷糊中惊醒。我知道我一生为太极痴，为太极狂，心甘情愿，太极已融入我的生命，此生已无法脱离太极拳。正如拙诗《长伴情深》咏之："人到老年万事休，唯有不休太极拳，留恋缱绻意为何？长伴相知有深情。"有深情，有鼓励，有目标，我就会一直写下去，一直走下去，像荒漠中的骆驼一样，走到生命的尽头，直至消亡。

2016年7月2日于宁波寓舍

王志远